Marta Kijowsk~

WAS IST
MIT DEN
POLEN
LOS?

Porträt einer
widersprüchlichen Nation

dtv

Ausführliche Informationen über
unsere Autoren und Bücher
www.dtv.de

Dieses Buch ist auch als eBook erhältlich.

Die Arbeit der Autorin wurde durch ein gemeinsames Künstlerstipendium der
Stiftung für deutsch-polnische Zusammenarbeit und der Villa Decius gefördert.

FUNDACJA WSPÓŁPRACY
POLSKO-NIEMIECKIEJ
STIFTUNG
FÜR DEUTSCH-POLNISCHE
ZUSAMMENARBEIT

VILLA
DECIUS

MIX
Papier aus verantwor-
tungsvollen Quellen
FSC® C083411

Umschlaggestaltung: Katharina Netolitzky
Satz: Fotosatz Amann, Memmingen
Gesetzt aus der Concorde und Franklin Gothic
Druck und Bindung: CPI, Ebner & Spiegel, Ulm
Gedruckt auf säurefreiem, chlorfrei gebleichtem Papier
Printed in Germany · ISBN 978-3-423-26214-9

Jeder hätte gern ein Vaterland ohne Nachbarn
und ein Leben in der Pause
zwischen zwei Kriegen.

Wisława Szymborska

Inhalt

VORWORT

Vor etwa zehn Jahren erschien hierzulande ein Buch, das
›Alphabet der polnischen Wunder‹ hieß. Es war ein gemeinsames Werk mehrerer Autoren, die in knapper, oft scherzhafter
Form (Letzteres schlug sich auch im Stil der Illustrationen nieder) dem deutschen Lesepublikum die wichtigsten polnischen
Eigenarten erklären wollten. Ich habe daraus einige von diesen
kleinen Dingen gelernt, die einem nicht unbedingt geläufig
sind, wenn man in diesem Land seit vielen Jahren nicht mehr
lebt. Warum zum Beispiel nicht nur der Handkuss, sondern
auch das Tanzen ein polnisches Phänomen sein soll. Wieso der
Erdapfel, also die Kartoffel, als die »ideologisch gefährlichste
Pflanze« anzusehen ist, die in Polen je angebaut wurde. Was
ein Gargamel ist. Welchem Umstand es zu verdanken ist, dass
in bestimmten Städten Straßenbahnen »die Helmuts« heißen.
Weshalb die »Wasserschlacht« von 1974, von der ich noch nie
gehört habe, eine der wichtigsten deutsch-polnischen Schlachten gewesen ist. Und einiges mehr.

Als ich anfing, mein Buch zu schreiben, blätterte ich das
›Alphabet‹ wieder durch. Nur diesmal aufmerksamer, geziel-
ter – auf der Suche nach erklärungsbedürftigen Themen, die ich
bei meinem Versuch, die Polen zu porträtieren, möglicherweise
übersehen oder vergessen könnte. Als ich beim letzten Stichwort unter dem Buchstaben Z angelangt war, lachte ich zwar
kurz auf – es lautete »Zwillinge« und galt natürlich den Brüdern Kaczyński –, doch gleich danach, während ich den Beitrag
überflog, verspürte ich eine Mischung aus Irritation und Trau-
rigkeit. Denn als ich zum wiederholten Mal darüber las, wie die
beiden als Kinder die Hauptrollen in einem Film spielten und
dabei den Mond vom Himmel stahlen, wurde mir plötzlich be-

wusst, wie lange schon diese zwei Männer, die von Anfang an belächelt und karikiert wurden, das politische Leben und das gesellschaftliche Klima in Polen beeinflussen. Dreizehn Jahre nämlich, wenn man nur vom Beginn ihrer ersten Regierungszeit (2005–2007) an rechnet. Und wie schnell das Schmunzeln und die harmlosen Witze aus jener Zeit – ich kann mich noch an eine Szene in einem Warschauer Park erinnern, in der ein Mann sich mit einer Ente unterhielt und dabei herauszufinden versuchte, ob er mit Lech oder Jarosław das Vergnügen habe (der Name Kaczyński stammt von *kaczka*, Ente) – zu etwas sehr Ernstem und Ungutem wurden.

Inzwischen hat dieses Etwas längst tragische Züge angenommen. Der eine Bruder ist tot, und der andere und die von ihm angeführte Partei »Recht und Gerechtigkeit« (PiS) sorgen seit drei Jahren für eine Situation, die ebenso verblüffend wie beängstigend ist. Aus dem einst eifrigsten und erfolgreichsten Neu-Mitglied der Europäischen Union ist ein Land geworden, das alles zu tun scheint, um das Vertrauen seiner europäischen Partner und seine Position in der gesamten Staatengemeinschaft zu verlieren. Die politische Szene, zu der schon immer ein Freund-Feind-Denken gehörte, erinnert endgültig an ein Schlachtfeld. Und die Gesellschaft ist gespalten wie nie zuvor.

Doch sind Kaczyńskis diktatorischer Führungsstil und das ultrakonservative Programm seiner Partei der einzige Grund für diese merkwürdige Metamorphose Polens? Natürlich nicht. Die Ursachen liegen tiefer und sind recht kompliziert, weswegen es auch so schwierig ist, einem Außenstehenden die Entwicklung der letzten drei Jahre zu erklären. Man versteht, dass er angesichts der jetzigen Lage den Kopf schüttelt und sich fragt: Was ist passiert? Wie kann ein Land, das sich so schnell vom Kommunismus befreit und in eine moderne Demokratie verwandelt hat, sich plötzlich wieder um 180 Grad drehen? Wieso sind die Menschen dort nicht imstande, ihre politischen und wirtschaftlichen Erfolge zu genießen, sondern stecken immer noch mit einem Fuß in der Vergangenheit, beschwören alte Dämonen und wittern ständig irgendwelche Bedrohungen?

Wie kommt es, dass ihre anfängliche Begeisterung für Europa sich auf einmal in einen solchen EU-Skeptizismus verwandelt hat? Wie ist ihre berühmte Gastfreundlichkeit mit ihrer plötzlichen Abneigung gegen Fremde zu vereinbaren? Warum sind sie auf einmal für chauvinistische und xenophobe Töne so empfänglich geworden? Wie verhält sich das zu ihrem sprichwörtlichen Katholizismus? Weshalb ist ihre politische Streitkultur auch nach dreißig Jahren Demokratie auf einem so niedrigen Niveau? Und so weiter.

Diese Fragen sind völlig berechtigt – auch viele Polen begreifen ihr Land nicht mehr. Doch gleichzeitig ist man sich als Insider dessen bewusst, dass ein Ausländer, der nach Antworten verlangt, nur das Hier und Jetzt sieht, während man selbst weiß, dass diese neue und schwierige Situation aus mindestens drei Dingen resultiert: aus dem Geschehen in den letzten dreißig Jahren, der polnischen Geschichte und nicht zuletzt aus dem polnischen Nationalcharakter. Und dass man nur dann halbwegs brauchbare Antworten auf all die Fragen liefern kann, wenn man auch diesen Hintergrund erzählt oder zumindest kurz beleuchtet – was ich auch in diesem Buch versuche.

Als ich anfing, es zu schreiben, dachte ich, dass ich die Stimmen einiger inzwischen verstorbener Intellektueller sehr vermissen würde. Stimmen von Menschen, die einst in Polen als moralische Autoritäten galten und zudem eine besondere Fähigkeit hatten, den Zustand der polnischen Gesellschaft zu beschreiben: Leszek Kołakowski, Józef Tischner, Władysław Bartoszewski oder Bronisław Geremek, von dem der deutsche Historiker Heinrich August Winkler einmal sagte, er sei der politischste Intellektuelle, dem er je begegnet sei. Und auch einige Schriftsteller und Künstler, Ryszard Kapuciński etwa, in dessen Diagnosen sich so beeindruckend analytischer Geist mit Weltkenntnis verband. Andrzej Szczypiorski, der in jeder Lage den Mut hatte, die Dinge beim Namen zu nennen und den Polen unbequeme Wahrheiten ins Gesicht zu sagen. Sławomir Mrożek mit seinem Sinn fürs Absurde und Groteske. Oder Andrzej Wajda mit seinem besonderen Talent, sich offen zu Werten wie Ehre und Patriotismus zu bekennen, ohne dabei pathetisch oder peinlich zu wirken.

Und meine Befürchtung stimmte – ich habe sie vermisst. Doch zum einen hat sich herausgestellt, dass viele ihrer Diagnosen immer noch aktuell sind, und zum anderen gibt es natürlich auch im heutigen Polen Intellektuelle, die das Geschehen nicht minder genau beobachten und treffend kommentieren. Historiker, Politologen, Soziologen, Journalisten und Schriftsteller, auf deren Meinung man, wie ich finde, besonders aufmerksam hören sollte, weil sie über eine ganz besondere Sensibilität für kulturelle Codierungen verfügen, die in den heutigen gesellschaftlichen Konflikten stecken. Ihnen allen schulde ich meinen Dank dafür, dass sie mir ihre Stimmen geliehen haben.

M. K.

DIE KLUFT

Ein Land – zwei Gesellschaften

Eine leise, sanfte Stimme, ein verschmitztes Lächeln und dazu
dieser Satz wie ein Donnerschlag: »Meine Damen und Herren,
am 4. Juni 1989 ist der Kommunismus in Polen zu Ende gegangen.« So sah der berühmteste Fernsehauftritt der ohnehin bekannten Warschauer Schauspielerin Joanna Szczepkowska aus,
der sie in den Augen der Polen zu einer Symbolfigur des Stur-
zes der kommunistischen Diktatur machte. Er war auch der
Grund dafür, dass sie Anfang 2018 von einer Journalistin gefragt wurde, ob sie nun beabsichtige, das Ende der Demokratie
in Polen zu verkünden. Die Schauspielerin griff sofort den bitteren Ton der Fragenden auf: »Verkünden könnte ich es«, gab
sie zurück. »Nur wem? Denjenigen, die es sehen, muss man es
nicht verkünden. Die, die so tun, als würden sie es nicht sehen,
werden es nicht hören wollen. Und die, die es wirklich nicht
sehen, werden mich zur ›Feindin des Vaterlands‹ erklären. Es
gibt in Polen keine Dreiteilung der Macht mehr, und die regierende Partei hat sogar die Kontrolle über die Gerichte übernommen. Nicht um ein solches gesellschaftliches System haben
wir gekämpft.«[1]
Was sie mit dem letzten Satz meinte, dürfte allgemein bekannt sein. Seit in Polen die nationalkonservative Partei »Recht
und Gerechtigkeit« (PiS) regiert, findet dort die letzte Phase
eines Prozesses statt, der sich am kürzesten mit »vom Kommunismus über Entkommunisierung und Demokratie bis zur Ent-
demokratisierung« umschreiben ließe. Einige – die nämlich, die
sich durch die jetzige Situation immer öfter an die ganz alten
Zeiten erinnert fühlen – kürzen zwar sogar diese Definition

auf ein schlichtes »vom Kommunismus zur Demokratie und zurück« ab. Doch die meisten stellen noch keine endgültige Diagnose, sondern suchen, während sie abwarten, nach Antworten auf die Frage, ob der neue Regierungsstil sich Autoritarismus, Tyrannei, Diktatur oder noch anders nenne. Manche von ihnen lassen sich dabei von einer Zeichnung des beliebten Satirikers Jacek Fedorowicz inspirieren: Sie stellt einen Mann dar, der unverkennbar die Gesichtszüge von Jarosław Kaczyński trägt, und ist mit »Vorsicht! Der Kleine Bruder sieht dich!« überschrieben.

Denn seitdem im November 2015 die PiS die Regierungsgeschäfte in Polen übernommen hat, dreht sich alles um ihn, den Gründer und Vorsitzenden der Partei. Nicht um den Staatspräsidenten Andrzej Duda, der damals, bei den Wahlen, als Erster einen völlig überraschenden Sieg davontrug. Nicht um die Person des Premierministers, die mal Beata Szydło, mal Mateusz Morawiecki und bald vermutlich wieder anders heißt. Sondern um ihn, den Großen Zwilling, der in der Regierung gar keine Funktion hat und dennoch alle Fäden in der Hand hält. Niemand polarisiert die Gesellschaft so stark wie er, zumal genau darin, so die Meinung derjenigen, die seine politische Karriere von Anfang an verfolgten, seine besondere Begabung liegen soll. Konflikte schaffen, politische Gegner gegeneinander ausspielen, unter den eigenen Verbündeten Angst säen – das seien die Methoden, deren er sich schon immer bedient habe. Dass die PiS so viele negative Emotionen wecke, sei Kaczyńskis Werk, die Folge seiner »toxischen Persönlichkeit«, so der Politologe Robert Krasowski, Autor mehrerer Bücher über die Dritte Republik (wie die Zeit nach 1989 in Polen bezeichnet wird). »Es ist nicht etwa Donald Tusk, der für diese Emotionen gesorgt hat«, sagte er einmal in Anspielung auf die Feindschaft zwischen den beiden Politikern. »Es ist Kaczyński selbst, der seit zwanzig Jahren den Menschen Angst einflößt, ja sie geradezu hypnotisiert. Seitdem er in der Politik aufgetaucht war, kannte er kein Maß und keine Grenzen. Er ging den größten Spielern an die Gurgel, immer brutal, ohne Achtung vor der

Wahrheit. Seine Anschuldigungen waren jedes Mal sehr gewagt: Tadeusz Mazowiecki – ein Kryptokommunist, Lech Walesa – ein Mitarbeiter des KGB, Aleksander Kwaśniewski – der Kopf einer Verschwörung, Donald Tusk – ein Diener des deutsch-russischen Kondominiums und ein Mittäter beim Attentat auf den Präsidenten in Smolensk.« Es gebe diesen Mythos, dass Kaczyński der Ritter irgendeiner großen Sache sei, um die er sich schlagen würde, doch das sei ein völliges Missverständnis: »Er hat sich noch nie um etwas geschlagen. Er ist einfach ein großer, genialer Parteiführer, der immer alles tut, was für diese Rolle erforderlich ist. Ich kenne keine einzige Situation, in der er wirkliche Prinzipien gezeigt oder etwas konsequent verteidigt hätte. In den zwanzig Jahren tauschte er alle seine Ansichten aus, und zwar immer im Rhythmus seiner politischen Interessen. Prinzipien hatte sein Bruder Lech – nicht er. Deswegen ist er so erfolgreich.«[2]

Ein begnadeter Politstratege oder charismatischer Redner ist Jarosław Kaczyński in der Tat nicht – als er 2006 die Regierungsgeschäfte übernahm, erwies er sich als ein so unfähiger Premierminister, dass er schnell wieder abgewählt wurde –, aber er ist ganz offensichtlich jemand, aus dessen diktatorischem Gehabe, Zerstörungswut, Hang zur aggressiven Rhetorik und Rachsucht sich auch so politisches Kapital schlagen lässt. Denn was die PiS unter seiner Führung im Herbst 2015 erreichte, war ebenso überraschend wie imponierend. Zum ersten Mal seit der Wende von 1989 gelang es einer Partei, in beiden Kammern des Parlaments, dem Sejm und dem Senat, die absolute Mehrheit zu erreichen und eine Regierung zu bilden, ohne mit einer anderen Gruppierung koalieren zu müssen. Zwar bekam sie nicht viel mehr Stimmen als im Jahr 2007, in dem sie die Wahlen verlor und die Macht nach ihrer ersten, zweijährigen Regierungszeit an die neoliberale Bürgerplattform (PO) abgeben musste, doch die 37,58 Prozent der Wähler (bei einer Wahlbeteiligung von 51 Prozent) genügten diesmal, um ihr zu diesem fabelhaften Sieg zu verhelfen. Ihre Mitglieder und Anhänger jubelten, ihre Gegner schlugen die Hände über dem

Kopf zusammen, und der Rest der Gesellschaft zog erstaunt die Augenbrauen hoch oder zuckte gleichgültig mit den Schultern, doch wie immer die Reaktionen auch ausfielen – Tatsache war, dass sich zwar nur jeder fünfte Pole dieses Wahlergebnis gewünscht hatte, die ganze Nation nun aber mit ihm leben musste.

Was es konkret bedeutete, eine extrem konservative, populistische und mit der absoluten Macht ausgestattete Partei an der Spitze des Staates zu haben, sollten die Polen sehr bald erfahren. Die PiS machte sich daran, alles nach eigenem Gusto umzubauen, und zwar in einem solchen Tempo, als würde sie selbst an der Dauerhaftigkeit ihrer Siegesposition zweifeln und in der ihr verbleibenden Zeit möglichst viel erreichen – um nicht zu sagen: von dem Werk der Vorgängerregierung zerstören – wollen. Sie fing sofort an, im Parlament entsprechende Gesetze durchzubringen, oft ohne der völlig überraschten und verunsicherten Opposition die Möglichkeit der Stellungnahme zu geben. Genauso energisch arbeitete die Regierung daran, die öffentlichen Medien und alle anderen wichtigen Institutionen und Einrichtungen – diplomatische Vertretungen und Kulturinstitute im Ausland eingeschlossen – mit ihren Leuten zu besetzen. Diese Säuberungen waren ein wichtiger Teil dessen, was Kaczyński selbst einen »guten Wechsel« nannte und wozu im Wesentlichen zwei Dinge gehörten.

Zum einen war damit die endgültige »Entkommunisierung« aller Schlüsselpositionen in Politik, Verwaltung, Wirtschaft und Kultur gemeint; sie zielte auf Menschen ab, die in kommunistischen Zeiten ihre Karrieren begonnen hatten und die nach seiner Überzeugung mit dem damaligen Sicherheitsdienst kollaboriert haben mussten. Von diesem Gedanken waren er und seine Parteigenossen schon vor und während ihrer ersten Regierungszeit (2005–2007) besessen, wobei sie für politische Gegner, denen sie eine solche Kollaboration nicht nachweisen konnten, noch eine zweite Art »Lustration« bereithielten: die Überprüfung ihrer Vorfahren. Ihr prominentestes einschlägiges Opfer war der spätere Premierminister und heutige EU-Ratspräsident Donald Tusk, der bei der Präsidentschaftswahl 2005 als Kandidat der Bürgerplattform gegen den PiS-Kandidaten Lech Kaczyński, den verstorbenen Zwillingsbruder von Jarosław, antrat. Sein falscher »genetischer Patriotismus«, der möglicherweise zu seiner Niederlage beitrug, sei laut PiS die Folge davon, dass sein kaschubischer Großvater als Freiwilliger in der Wehrmacht gedient habe – während er in Wirklichkeit dazu gezwungen wurde. »Es gab damals viele Männer in Kaschubien, die von der Wehrmacht zwangsrekrutiert wurden«, notierte später der Danziger Schriftsteller Stefan Chwin in seinem Tagebuch, »und manche kaschubische Familie leidet bis heute unter diesem unerfreulichen Umstand, aus dem die ›echten Polen‹ Donald Tusk einen Strick drehen wollen. Nur wenige in Polen wissen, dass der eine Großvater des Premierministers in die Wehrmacht eingezogen und der andere, Józef Tusk (sein Großvater väterlicherseits), bereits am 2. September 1939 direkt in ein KZ-Lager deportiert wurde. Das kam in den kaschubischen Familien öfter vor, doch von diesem anderen Großvater wird irgendwie gar nicht gesprochen.«[3]

In der jetzigen Regierungszeit hat die PiS zwar noch niemanden »falscher« Vorfahren beschuldigt, doch auch so liegt es auf der Hand, dass im Vordergrund der geistig-ideellen Erneuerung, die Kaczyński als zweiter Bestandteil des »guten Wechsels« vorschwebt, das »wahre Polentum« steht. Eine Gesinnung also, die auf traditionellen Werten wie Heimat, Religion und Familie basieren soll und die er der Gesellschaft über die regierungsnahen Medien, mit Hilfe der Kirche und durch die »patriotische Erziehung« an den Schulen zu verordnen versucht.

Sein rigoroses Durchgreifen fällt umso stärker auf, als sein Vorgänger Donald Tusk genau das Gegenteil tat: Er und seine Bürgerplattform, aus der sich acht Jahre lang (2007–2015) die Mehrheit der Regierung rekrutierte, hatten nicht im Geringsten das Bedürfnis, den Bürgern irgendein Wertesystem aufzuzwingen, geschweige denn, sie nach einem bestimmten Muster zu formen. Sie waren vor allem daran interessiert, eine pragmatische, den Anforderungen der Zeit entsprechende Politik zu machen. Außerdem gab es in der Bürgerplattform neben dem progressiven Kern durchaus auch einen konservativen, kirchennahen Flügel, der bei Themen wie Abtreibung, gleichgeschlechtliche Ehe oder In-vitro-Befruchtung der PiS näherstand, als mancher Wähler vermutet hätte.

Auch das machte sich Kaczyński sofort zunutze, nachdem er im Oktober 2015 erneut die Macht übernommen hatte. Aus einem patriotisch-katholischen Elternhaus stammend, wusste er genau, welche Töne er anschlagen musste, um für seine »konservative Revolution« möglichst viele Menschen zu gewinnen. Und er tat auch dies mit solchem Eifer, dass er alle früheren Einschätzungen seiner Person schnell obsolet machte. Etwa die von Günter Verheugen, der in den Jahren 1999–2004 als EU-Kommissar für die Osterweiterung zuständig war. »Meine Begegnungen mit Jarosław Kaczyński, einschließlich langer und vertraulicher Unterredungen, erweckten in mir nicht den Eindruck, mit einem Fanatiker zusammengetroffen zu sein«, so die Erinnerung des deutschen Politikers. Allerdings fielen ihm auch schon damals einige negative Züge des PiS-Chefs auf: »Er ist misstrauisch gegenüber jedem, der nicht im Widerstand gegen das kommunistische System aufgewachsen ist; er hat nicht die Weltläufigkeit eines Aleksander Kwaśniewski, und er sieht Polen als eine Art christliches Bollwerk gegen immer noch gegenwärtige Gefahren aus dem Osten.« Und: »Seine Empfindlichkeit gegenüber vermeintlichen oder wirklichen Herabsetzungen oder Benachteiligungen liegt weit über dem Durchschnitt der polnischen Politik, und dort ist allgemein das Maß der Empfindlichkeit Kränkungen jeder Art gegenüber schon sehr hoch.«[4]

Inwieweit Kaczyńskis Komplexe und Empfindlichkeiten, seine Unerfahrenheit in internationalen Fragen und sein Mangel an Sprachkenntnissen und diplomatischer Begabung Einfluss auf die polnische Außenpolitik der letzten Jahre hatten, wird die Geschichte zeigen. Schon jetzt steht aber fest, dass seine Partei bzw. die von ihr gestellte Regierung das Land zunehmend in die Isolation treibt. Durch den Konflikt mit der EU wegen der Flüchtlingsverteilung; die Weigerung, auch nur einen kleinen Teil der Menschen aus Syrien und Nordafrika aufzunehmen, bewirkte, dass Polen innerhalb der EU in kürzester Zeit von einem vielgelobten Musterschüler zu einem Außenseiter wurde. Durch die hochumstrittene Justizreform, die 2016 mit einer Reform des Verfassungsgerichts eingeleitet und ab Sommer 2017 mit etlichen weiteren Reformen fortgesetzt wurde. Sie hatte die Einmischung der Europäischen Kommission zur Folge, die Polens Rechtsstaatlichkeit in Frage stellte und ihm mit dem Entzug des Stimmrechts nach Artikel 7 des EU-Vertrages drohte. Oder durch das Anfang 2018 verabschiedete sogenannte Holocaust-Gesetz, das ursprünglich nur eine Abwehrreaktion auf die (tatsächlich falsche) Formulierung »polnische Todeslager« sein sollte, sich aber zu einer Reihe von grotesken Restriktionsandrohungen auswuchs und Polens Beziehungen mit Israel, Deutschland, den USA und sogar der Ukraine verschlechterte.

Das alles sind Fehlentscheidungen, die aufs Konto des omnipotenten PiS-Chefs gehen, der sich dennoch gern in der Rolle eines weisen Landesvaters à la Marschall Piłsudski sieht. Eine Selbsteinschätzung, in der er von seinen Claqueuren immer wieder bestätigt wird, die aber bei Menschen wie dem renommierten Historiker Norman Davies auf vehementen Widerspruch stößt. »Solche Leute wie Kaczyński und seine Gefolgschaft würde Piłsudski in Gefängnisse stecken«, fauchte der Brite, als er auf diesen Vergleich angesprochen wurde. »Wofür? Für Handlungen, die sich gegen den Staat richten, für Manipulationen, fürs Provozieren von Konflikten mit den Nachbarn. Polen ist ein kontinentaler Staat, der für alle Krankheiten anfällig ist, die diesen Kontinent heimsuchen. Ihn also wie eine Insel zu behandeln, auf der alles völlig ohne Zusammenhang damit, was um sie herum passiert, laufen könnte, ist politisch unverantwortlich. Eine Isolierung des Landes ist das Schlimmste, was eine Regierung dem heutigen Polen antun kann.«[5]

Trotz solcher Kritiken und vieler Proteste aus dem In- und

Ausland setzt aber die PiS-Regierung ihre Politik unbeirrt fort, und die Zahl ihrer Sympathisanten bleibt, von leichten Schwankungen abgesehen, recht konstant. Über die Frage, warum das so ist, denken zurzeit sehr viele Menschen nach, ja sie ist sogar schon Gegenstand eines neuen Fachgebietes an der Warschauer Universität geworden. »Die Soziologie des Jarosław Kaczyński«: Unter dieser Überschrift bietet die dortige soziologische Fakultät seit dem Frühjahrssemester 2018 einen dreißigstündigen Kurs an, dessen Teilnehmer die Möglichkeit haben, dem Phänomen des umstrittenen Politikers und seiner Partei auf den Grund zu gehen. Man wolle dabei, hieß es in der Ankündigung, solche Aspekte erörtern wie: Wie ist Kaczyński an die Macht gekommen, und was tut er, um sie zu halten? Was macht die Ideologie seiner Partei aus? Wie kommt es, dass er und die PiS trotz massiver Kritik eine so hohe Unterstützung in der Gesellschaft haben? Welche Elemente ihrer öffentlichen Sprache sind für diesen Erfolg entscheidend? Und ähnliche Fragen mehr.

Allein die Sprache der PiS bzw. der ganzen politischen Klasse könnte ohne weiteres das Thema eines ganzen Kurses bilden. Es herrscht allgemein eine sehr starke verbale Aggression, wobei das Regierungslager von Anfang an zur Sprache des Hasses und der Verachtung tendierte, während die Abneigung ihrer Gegner sich eher in Form von beißender Ironie ausdrückte. Mittlerweile haben sich die Fronten aber so verhärtet, dass auch die Opposition um keinerlei deftige, beleidigende oder zumindest abwertende Ausdrücke mehr verlegen ist. Manches ist längst zu einem geflügelten Wort geworden. Etwa »die Mohair-Koalition« oder kurz »die Mohair-Mützen«, wie der harte weibliche Kern der PiS-Wählerschaft aufgrund seiner Lieblingskopfbedeckung von den Politikern der Bürgerplattform getauft wurde. Und vor allem natürlich die »schlechteste Sorte der Polen«, eine bereits legendäre Formulierung, die Jarosław Kaczyński sich gleich zu Beginn seiner erneuten Herrschaft leistete. Es gebe in Polen eine fatale Tradition des nationalen Verrats, sagte er im Dezember 2015 in einem regierungsnahen

Fernsehsender, nachdem in ausländischen Medien die ersten Kritiken der neuen Regierung aufgetaucht waren. Diese Tradition bestehe darin, meinte Kaczyński, dass manche Menschen gern ihre Heimat im Ausland denunzieren würden – das hätten sie, diese »schlechteste Sorte der Polen«, einfach in den Genen. Seitdem ist seine Umschreibung der PiS-Kritiker in verschiedenen Varianten im Umlauf (»schlechtere«, »zweite Sorte«), wobei viele, die sie in Form einer Selbstbezichtigung zitieren, gern betonen, dass in ihrem Fall die höchste Stufe der Abwertung zutreffe. So der bereits erwähnte Jacek Fedorowicz, der bei einer Lesung von dem Moderator freudig als Vertreter der »zweiten Sorte« begrüßt wurde und sofort auf einer »starken Tendenz zur dritten« bestand.

Allem Anschein nach sieht Jarosław Kaczyński inzwischen noch weniger Anlass, seine Ausdrucksweise und seine Angewohnheit, die politischen Gegner zu beschimpfen – unvergessen bleibt der Satz »ganz Polen lacht über euch, ihr Kommunisten und Diebe«[6], mit dem er die Bürgerplattform in einer Rede vor dem Verfassungsgericht zu disqualifizieren versuchte –, im Zaum zu halten. Als er jedenfalls im Juli 2017 während einer Parlamentsdebatte von Seiten der Opposition mit der Bemerkung provoziert wurde, dass eine von ihm vertretene Position in krassem Gegensatz dazu stehe, wofür sein Bruder Lech eingestanden habe, lieferte er sofort eine Kostprobe seines aufbrausenden Temperaments. Ohne die Sitzungsordnung zu beachten, stürmte er ans Rednerpult und brüllte in Richtung seiner Widersacher: »Wischt euch nicht eure verräterischen Mäuler am Namen meines seligen Bruders ab! Ihr habt ihn zerstört, ihr habt ihn ermordet! Ihr seid Kanaillen!« Ein Hassausbruch, mit dem das ohnehin sehr niedrige Niveau der politischen Streitkultur in Polen einen (vorläufigen) Tiefpunkt erreichte.

Dass das Land sich in einem permanenten (Meinungs-)Krieg befindet, erkennt man auch an der Häufigkeit, mit der die Politiker auf das Vokabular der Militärs zurückgreifen. Ständig ist von einem Feind die Rede, den man »beseitigen«, »fertigmachen« oder »eliminieren« muss. Jeder aus den eigenen Reihen, der sich versöhnlich oder kompromissbereit zeigt, wird zum Verräter bzw. Agenten des Feindes; jede politische Auseinandersetzung bekommt die Züge eines Rachefeldzugs. Verständlich, dass auch Berichte in den Medien zunehmend an die Beschreibung kriegerischer Handlungen erinnern. »Die Opposition verteidigt die Städte – die PiS in der Defensive«: Unter dieser Schlagzeile veröffentlichte die liberale Warschauer ›Gazeta Wyborcza‹ die Ergebnisse einer Umfrage zu den Kommunalwahlen 2018, um gleich am Anfang des Artikels anzukündigen: »Das wird im November 2018 die prestigeträchtigste Schlacht sein.«[7]

So sehen es auch alle, die sich zur Aufgabe machen, die Regierungszeit der PiS möglichst schnell zu beenden. Doch wie Stefan Chwin, ein Autor mit absolutem Gehör für Stimmungen in der Gesellschaft, in einem Interview treffend bemerkte, das Problem des heutigen Polen ist nicht so sehr die PiS, sondern es sind die fast sechs Millionen Menschen, die sie gewählt haben und die nun jede ihrer Entscheidungen gutheißen. »Gewiss«, sagte der Schriftsteller wörtlich, »diese Partei hat auch deshalb gewonnen, weil sie in ihrem Wahlprogramm einige ihrer Absichten verschwiegen hat, zum Beispiel die Lahmlegung des Verfassungsgerichts und die Abschaffung der Unabhängigkeit der Richter. Heute spielt das aber keine Rolle mehr, denn all diese Schachzüge, die bei den Anhängern eines liberaldemokratischen Rechtsstaates höchsten Widerstand wecken, stoßen auf ungebrochene Akzeptanz der statistischen Mehrheit der aktiven polnischen Wählerschaft.«[8]

Woher kommen also die Standhaftigkeit und die Begeisterung der PiS-Wähler? Und wieso war der Sieg dieser Partei überhaupt möglich? War er die Folge der schwachen Wahlbeteiligung, die aus der allgemeinen Politikverdrossenheit und Demokratiemüdigkeit resultierte? Oder eher aus der Enttäuschung über die Politik der Vorgängerregierung? Etwa darüber, dass die Bürgerplattform in ihrer achtjährigen Regierungszeit der Gesellschaft nicht mal ansatzweise den Eindruck vermittelte, etwas gegen die zunehmende soziale Schere unternehmen zu wollen? Hatte sie wirklich übersehen, dass von dem vielgepriesenen wirtschaftlichen Aufschwung nur ein Teil der Polen profitierte und der wahre Mentalitätswandel weit hinter dem angenommenen lag? Und dass ihre zunehmende Arroganz und Selbstzufriedenheit immer öfter auf Kritik stießen? Besonders stark kam das 2014 in der sogenannten Abhöraffäre zum Vorschein: Ein Nachrichtenmagazin hatte die Mitschnitte der in einigen Warschauer Restaurants aufgezeichneten Gespräche mehrerer Mitglieder der Regierung und hoher Beamter veröffentlicht, die davon zeugten, dass diese weder ihre Aufgaben noch die Bevölkerung sonderlich ernst nahmen und das dazu oft in verächtlicher oder vulgärer Sprache zum Ausdruck brachten. Die Gesellschaft war so empört, dass Premierminister Donald Tusk sich gezwungen sah, im Sejm die Vertrauensfrage zu stellen. Seine Regierung konnte die Affäre zwar überstehen, doch ein Jahr später wurden die fatalen Mitschnitte erneut thematisiert und kosteten schließlich mehrere Minister und hohe Beamte, darunter den langjährigen Außenminister Radosław Sikorski, ihre Karrieren.

Solche Ereignisse trugen gewiss zum Machtwechsel von 2015 bei. Doch welche Fehler die Bürgerplattform auch begangen hatte – Tatsache war, dass die Polen wirklich seit Jahren in zwei nebeneinander existierenden Welten lebten. Da die Welt der Konzerne und Handelszentren, der neuesten Automodelle und durchgestylten Eigentumswohnungen, der McDonald's-Filialen und Coffeeshops, des Internets und der Smartphones, der Urlaube in Tunesien und Einkaufstrips nach Berlin und London. Dort die Welt der Armut, der Arbeitslosigkeit, der nicht abbezahlten Kredite, der kleinen Renten, der billigen Secondhandläden, der Sozialhilfe. Während die Bewohner der einen Welt sich an ihren Lebensstil immer mehr gewöhnten und ihn als selbstverständlich ansahen, empfanden die der anderen zunehmend Neid, Verbitterung, Demütigung und Wut.

Die PiS, die diese Kluft schnell erkannte, gab nicht nur den Letzteren das Gefühl, dass sich ihre Situation durch sie ändern werde, sondern sie unternahm auch etwas in diese Richtung. Vor allem durch die Einführung des sogenannten Programms 500+, das darin bestand, dass alle Eltern ab dem zweiten Kind monatlich vom Staat 500 Złoty (ca. 110 Euro) bekommen sollten – eine Wohltat für kinderreiche Familien, die noch nie vom Kindergeld gehört hatten. Gleichzeitig machte sich die neue Regierung daran, das Rentenalter zu senken, Mietwohnungen zu bauen, Mehrwertsteuereinkünfte zu steigern sowie die Arbeitslosigkeit und die Korruption zu bekämpfen. Mit dem Ergebnis, dass viele heute, drei Jahre später, tatsächlich von sich sagen können, ihr Leben sei besser geworden.

Es gibt im Nordosten Polens, unweit der weißrussischen Grenze, eine kleine Gemeinde, die es dadurch zu einer gewissen Berühmtheit geschafft hat, dass ihre Einwohner immer vollzählig wählen gehen und im Herbst 2015 zu 85 Prozent für die PiS gestimmt haben. Es sind meist ältere Leute, die ein Leben hinter sich haben, zu dem kaum etwas anderes als Armut, Krankheiten, Alkoholismus, mehrere Kinder und viel Arbeit gehörten. Heute leben sie von einer bescheidenen Rente und von dem, was ihnen ihre Kinder schicken. Die meisten Jungen sind nämlich in den Westen, vor allem nach Amerika ausgewandert, weswegen das Dorf auch manchmal »polnisches Chicago« genannt wird. Und die, die geblieben sind, leben nicht anders als ihre Eltern – sind arm und haben viele Sorgen. Zwei Jahre nach den Wahlen wollten gleich mehrere Medien von ihnen allen wissen, ob sie sich auch heute für die PiS-Kandidaten entscheiden würden, und wenn ja – warum. Von vier von ihnen bekamen sie zu hören: »Weil sie nicht stehlen!« – »Weil sie sich um die einfachen Leute kümmern und in der Kirche niederknien.« – »Weil es gläubige Menschen sind, die in die Messe gehen. Und weil es die erste Regierung ist, die uns etwas gegeben hat. Die Leute profitieren von dem Programm 500+. Manche haben dadurch wirklich ein leichteres Leben.« – »Weil es Katholiken und Patrioten sind. Und weil es Menschen mit Niveau sind. Man sieht sofort, dass sie Klasse haben, dass wir uns ihrer nicht schämen müssen. Andere Regierungen haben sich nicht um das Volk, sondern um sich selbst gekümmert.«[9] Andere Antworten klangen ähnlich.

Wer den Verdacht hat, dass Polen immer noch ein Land ist,

in dem allgemein die Meinung herrscht, dass ein nichtkatholischer Pole nur ein halber Pole sei, dass jemand, der sich vom Katholizismus abwende, zugleich der nationalen Gemeinschaft und seiner Tradition entsage, der wird in solchen Dörfern nur darin bestärkt. In den Großstädten hat man sich längst von diesem Klischee verabschiedet, nicht aber in der Provinz – was nicht unbedingt bedeutet, dass es ein tiefer, bewusster Katholizismus ist. »Bei uns«, klagte einmal der Schriftsteller Andrzej Szczypiorski einem deutschen Journalisten gegenüber, »fehlt das Denken über die Religion. Es ist viel Religiosität da, aber wenig Religion. Es gibt nur viele rituelle Gesten und gewisse Verhaltensmuster, die von einem sehr oberflächlichen Glauben zeugen.«[10] Dennoch gehört dieser Glaube immer noch zum Selbstverständnis vieler Polen, und diese Tatsache hat die PiS genauso sorgfältig in ihre Strategie einkalkuliert wie die Bedeutung der Kirche, die sich in bestimmten Gesellschaftsschichten weiterhin großer Autorität erfreut.

Allerdings hat sich das Selbstverständnis der Kirche in den letzten dreißig Jahren stark gewandelt. In Zeiten des Kommunismus war sie eine Institution gewesen, für die Polentum und Glaube ebenfalls eng beieinanderlagen, sie selbst hatte aber bei dieser Verbindung vor allem eine schützende Rolle gespielt. Sie war der Ort, wo beides, Religion und nationale Identität, vor den Einflüssen des Sowjetkommunismus bewahrt wurden. Unter der kommunistischen Diktatur war es für sie auch leichter gewesen, ihre Autorität zu behalten, denn die Eindimensionalität des politischen Systems erzeugte eine einfache Schwarz-Weiß-Konstellation: Die Kommunisten verkörperten die Lüge, die Kirche – die Wahrheit. Dann, nach der Wende, hatten sich die politischen Verhältnisse radikal verändert, doch sie wollte weiterhin auf die Politik Einfluss nehmen. Diesem Bestreben der Kirche stand aber die Mehrheit der Polen kritisch gegenüber – sie verlangte von ihr, sich ab sofort nur noch auf ihre religiöse Kompetenz zu beschränken.

Die neue Ablehnung seitens großer Teile der Gesellschaft verunsicherte die Kirche zutiefst. Eine besonders starke Demütigung erlitt sie bei den Parlamentswahlen von 1993, aus denen überraschend die Postkommunisten als Sieger hervorgingen, was naturgemäß die Niederlage aller kirchlicherseits unterstützten Kandidaten bedeutete. Ein solcher Wahlausgang bedeutete zwar die Gefahr der Wiederbelebung alter politischer Verhältnisse, doch offenbar waren die Polen entschlossen, lieber dieses Risiko einzugehen als die Entstehung eines klerikalen Staates zuzulassen. Seitdem bemühte sich die Kirche, ihr Selbstbild zu korrigieren und einerseits zurückhaltender, andererseits moderner und weltoffener zu wirken. Als jedoch einige Jahre später der polnische Episkopat den nächsten Schritt wagte und sich offiziell für die europäische Integration und den EU-Beitritt Polens aussprach, machte sich auf niedrigeren Stufen der Kirchenhierarchie eine Strömung bemerkbar, die in krassem Widerspruch zu dieser neuen Fortschrittlichkeit stand.

Zu ihrem Sprachrohr wurde ein Rundfunksender, der bereits seit 1991 existierte, nun aber in kürzester Zeit eine beachtliche neue Anhängerschar um sich versammelte und dessen populistisch-konservativer Charakter schon in seinem Namen anklang: Radio Maryja. Er ging auf einen Marienkult zurück, der seit dem 17. Jahrhundert – damals hatten die Polen aus Dankbarkeit für den Sieg über die protestantischen Schweden die Mutter Gottes zur »Königin Polens« ausgerufen – als die Grundhaltung eines naiven, volkstümlichen Katholizismus galt. Er ging mit einer vormodernen, alles Neue und Fremde ablehnenden Weltsicht einher. Früher waren in diesem Denken vor allem Menschen aus dem bäuerlichen Milieu gefangen – jetzt aber all diejenigen, die sich als Opfer der neuen politischen Verhältnisse sahen: die Alten, die Arbeitslosen, die Ungebildeten. Die Kluft, die auf diese Weise innerhalb der polnischen Kirche entstand – hier der um den Anschein der Modernität und Offenheit bemühte Episkopat, dort der fundamentalistische Teil des Klerus –, war kaum zu übersehen und sorgte für einige Spannungen in der Gesellschaft.

In dem Sender steckte aber vor allem auch ein gewisses politisches Potenzial, das einer Formation wie der PiS-Partei im geeigneten Moment von Nutzen werden konnte – und auch wurde. Das Programm von Radio Maryja, das von Anfang an von seinem Gründer und Direktor, dem für seine nationalistischen, fremdenfeindlichen und antisemitischen Äußerungen bekannten Redemptoristen-Pater Tadeusz Rydzyk, bestimmt wurde, hatte eine einfache Struktur. Es bestand aus Kirchenliedern und Gebeten, am liebsten solchen wie dem Rosenkranz oder Litaneien, bei denen die gemeinschaftliche Frömmigkeit sich beliebig in die Länge ziehen lässt, sowie aus Hörerstunden, Reportagen, Gesprächsrunden und Kommentaren. Und diese sollten vor allem einem Zweck dienen: die Zuhörer in ihren Ängsten und Phobien bestärken. Indem sie das nämlich taten, gaben sie ihnen das Gefühl, dass sie zwar ärmer als all die Systemgewinner waren, die sich für Konsum, Globalisierung, Kosmopolitismus, Europa und weiß der Teufel was noch aussprachen, aber bestimmt nicht schlechter – weil sie für das »wahre«, also patriotische und katholische Polen standen. Von da an war es nur noch eine Frage der Zeit, wann sie ihr neugewonnenes Selbstbewusstsein (durchsetzt mit alten Komplexen) in die Öffentlichkeit tragen würden. Dieser Zeitpunkt kam im Jahre 2010, als das Flugzeug mit Lech Kaczyński und 195 weiteren Personen an Bord über Smolensk abgestürzt war und sie vor dem Präsidentenpalast ein riesiges Kreuz aufstellen durften. In diesem Moment der nationalen Trauer wurde es geduldet, dann nach heftigen Protesten der Gegner entfernt. Doch fünf Jahre später, als die PiS die Macht übernahm, wusste sie bereits, wie sie die Klientel von Radio Maryja zu ihrer eigenen machen konnte: indem sie sich selbst auch nationalistisch und erzkatholisch gab.

Das tut sie bekanntlich bis heute, was den Effekt einer verkürzten Distanz zwischen Regierenden und Regierten erzeugt – einer neuen, gemeinsamen Stärke, die der Politologe und Jurist Wojciech Sadurski ohne Umschweife als eine »Tyrannei des Pöbels« bezeichnet. Er wisse, dass das abwertend und arrogant klinge, doch es umschreibe leider am besten die heutige polnische Realität: »Menschen ohne oder bestenfalls mit geringer

Bildung, die nicht nur die Welt nicht kennen und sie auch nicht kennenlernen wollen, sondern diese Weltfremdheit als Grund zum Stolz betrachten, werden zur neuen polnischen Elite, zu den Nutznießern der sogenannten Prestige-Umverteilung.« Und was am schlimmsten an dieser Situation sei: »Diejenigen, die früher Mitglieder der Bildungselite waren und als solche Erfolge hatten, müssen sich heute, wenn sie in dieser Mannschaft mitspielen wollen, dümmer stellen, als sie wirklich sind. Wir haben mit einer sehr starken Senkung des intellektuellen Niveaus der Machthaber zu tun – was immer schlecht ist.«[11]

Allerdings haben es diejenigen, die in der gegnerischen Mannschaft mitspielen wollen, auch nicht leicht. Denn die Bürgerplattform, die Partei also, die früher die Mehrheit der Intelligenz in ihren Reihen und darum herum versammelte, ist für viele keine Alternative mehr. Seit dem Wechsel von Donald Tusk nach Brüssel hat sie keine starken Führungspersönlichkeiten mehr und auch kein Programm, das mit dem der Regierungspartei wirklich konkurrieren könnte. Oder besser gesagt: Sie hat ein Programm, das so stark darauf ausgerichtet ist, die PiS zu stoppen, dass es den Eindruck erweckt, als wäre dies im Wesentlichen sein einziger Inhalt. Das irritiert ihre bisherigen Anhänger umso stärker, als sie nach den verlorenen Wahlen von 2015 keine Bereitschaft zeigte, über die Gründe für ihre Niederlage und damit über ihre früheren Fehler nachzudenken. Ihre Position ist also stark geschwächt und das Ergebnis ihrer Versuche, mit anderen, kleinen Parteien, die sich als Opposition verstehen, eine Front zu bilden, bis jetzt noch ziemlich mager. Verständlich, dass die Pessimisten sich bereits fragen, ob der aus den US-Wahlen bekannte Spruch von Donald Trump, es gebe niemanden, gegen den er verlieren könne, bald auch für Jarosław Kaczyński zutreffen könnte. Und dass Intellektuelle wie Wojciech Sadurski dies unter bestimmten Umständen durchaus für möglich halten. »Sollte es der PiS gelingen«, warnt er, »bei den Kommunalwahlen ihre Position noch weiter zu stärken, auch die privaten Medien unter ihre Kontrolle zu bringen oder gar das Wahlrecht so zu ändern, dass es ihr den Sieg selbst dann garantierte, wenn ihre Popularität nachließe, dann würde sich Kaczyński tatsächlich für unbesiegbar halten können.«[12] Ein düsteres Szenario angesichts des sozialpsychologischen Schadens, den die PiS-Regierung bereits angerichtet hat.

Ihre penetranten Versuche, aus den Polen eine große, nationalkonservative Gemeinschaft zu machen, haben nämlich genau das Gegenteil bewirkt: eine beispiellose Spaltung der Gesellschaft, die oft mitten durch die Familien geht und die immer öfter offene Ausbrüche von Hass und Gewalt nach sich zieht. Ein Außenstehender könnte meinen, ausgerechnet in diesem Land, das seinerzeit eine Organisation, die bis heute als Symbol seines Sieges über den Kommunismus gilt, »Solidarität« getauft hatte und das auch später, beim Aufbau der demokratischen Strukturen, im Wesentlichen mit einer Stimme sprach, wäre das kaum denkbar gewesen. Doch die Polen selbst sehen es anders – viele von ihnen sind der Meinung, dass es schon früher eine Spaltung gegeben habe. Und wenn man sie fragt, wann diese angefangen habe, nennen sie oft jene Nacht vom 12. auf den 13. Dezember 1981, in der nach sechzehn hoffnungsvollen Monaten der Solidarność-Bewegung ein ganz neues Kapitel der polnischen Nachkriegsgeschichte begann: die Zeit des Kriegszustands. »Die jüngeren Generationen sind sich dessen gar nicht bewusst, was für tiefe Wunden der Kriegszustand in den Herzen der Polen hinterlassen hat«, schrieb im Dezember 2017, zum Jahrestag jener Ereignisse, der rechte Publizist Ryszard Makowski. »Die Propaganda der Dritten Republik hat aus ihm ein unschuldiges Pfadfinderspiel gemacht und die Theorie des kleineren Übels in den Vordergrund gestellt. Man hat Jaruzelski zu einem großen, innerlich zerrissenen Patrioten stilisiert. Dabei war er ein Mörder, der mit Panzern gegen unschuldige Menschen vorging und der für eine dauerhafte Spaltung der Nation sorgte.«[13] In diesem Sinne äußerte sich auch Jarosław Kaczyński einen Tag zuvor bei einer Gedenkveranstaltung, die am Warschauer Dreikreuzplatz mehrere Tausend Menschen versammelt hatte. Auch für ihn sei der Kriegszustand eine

»innere Okkupation Polens« gewesen, die »bis heute nicht verheilte Wunden« hinterlassen habe. Allerdings konnte er es auch diesmal nicht lassen, mit einem sehr allgemein gehaltenen Aufruf zur aktuellen Situation überzuleiten: Dieser Tag, der 13. Dezember, solle an die Bereitschaft der Polen erinnern, »ihre Freiheit zu verteidigen«.[14] Dabei schienen weder er noch die Menge, die ihm mit »Freies Polen«-Rufen antwortete, zu wissen, wer oder was diese Freiheit eigentlich diesmal bedrohte.

Sosehr solche Instrumentalisierungsversuche Kaczyńskis Gegner ärgern, in einem Punkt stimmen die älteren von ihnen mit ihm oder mit Publizisten wie Ryszard Makowski überein: Die junge Generation wisse über die Zeit des Kriegszustands in der Tat erstaunlich wenig. Dieser Meinung ist unter anderem die Journalistin und Autorin Małgorzata Niezabitowska, bekannt geworden als Pressesprecherin des ersten nichtkommunistischen Regierungschefs Tadeusz Mazowiecki. Vor einigen Jahren will sie erfahren haben, dass 90 Prozent der Jugendlichen im Geschichtsunterricht bis zu den Ereignissen vom 13. Dezember gar nicht vorgedrungen seien, seitdem nimmt sie jedes Jahr um diese Zeit an Veranstaltungen teil, die es ihr ermöglichen, wenigstens einigen von ihnen davon zu erzählen. So auch im Dezember 2017, als sie, zusammen mit ihrem Mann, dem Fotografen Tomasz Tomaszewski, in einem Warschauer Kino einem jungen Publikum von der eigenen konspirativen Tätigkeit während des Kriegszustands berichtete. Etwa von ihren Treffen mit einem französischen Diplomaten, dem sie regelmäßig im Eingangsflur eines Cafés einen Umschlag mit Texten und Fotos übergab, die später in der Presse Deutschlands, Frankreichs und Italiens erschienen. Auch sie geht bei solchen Gesprächen auf das Hier und Jetzt ein und betont, dass man die Jugendlichen einen »modernen Patriotismus« lehren sollte, nur versteht sie darunter etwas anderes als Jarosław Kaczyński, nämlich »der Welt gegenüber offen zu sein, niemanden auszuschließen, sich selbst kritisch zu betrachten. Dinge, die uns in unserem Land nicht gefallen, zu ändern, statt zu jammern oder davonzulaufen«.[15]

Mit Letzterem spielt sie auf eine weitere, bis heute spürbare

Folge des Kriegszustands an: Die vielen meist jungen Menschen, die im Ausland von dessen Ausrufung überrascht wurden und danach niemals zurückkehrten oder die später, sobald die Grenzen wieder offen waren, das Land verließen. Überrascht war damals natürlich die ganze Gesellschaft, doch ein Teil von ihr hatte mit dem Eingreifen der Militärs gerechnet – weil die Situation im Lande explosiv geworden war und weil zwei Monate zuvor General Wojciech Jaruzelski, bis dahin Verteidigungsminister, zum neuen Parteivorsitzenden und zugleich zum neuen Premierminister ernannt worden war. Was dann passierte, dürften sogar noch einige in Deutschland in Erinnerung haben: In der besagten Dezembernacht wurde die gesamte Führung der Opposition verhaftet, die Macht im Lande vom Militärrat zur Nationalen Rettung (WRON) übernommen. Die Grenzen Polens wurden geschlossen, alle Telefonleitungen unterbrochen, öffentliche Veranstaltungen verboten. Viele Oppositionelle, darunter Intellektuelle wie Władysław Bartoszewski oder Tadeusz Mazowiecki, wurden interniert, andere mit der Drohung eingeschüchtert, jede Verdienstmöglichkeit zu verlieren, oder dazu gezwungen, die sogenannte »Loyalitätserklärung« zu unterschreiben. Auch ihr Austausch untereinander war kaum noch möglich, jedenfalls nicht im Rahmen der alten Strukturen, denn alle Institutionen des öffentlichen Lebens waren suspendiert oder sogar ganz abgeschafft worden.

So erging es zum Beispiel dem traditionsreichen Schriftstellerverband, der aufgelöst und durch einen regimefreundlichen ersetzt worden war, woraufhin das Literatenmilieu sofort in zwei Gruppen zerfiel: Die einen sprachen sich offen für den Kriegszustand aus und publizierten weiterhin in staatlichen Verlagen. Die Bücher der anderen, zu denen die Mehrzahl der renommierten Autoren gehörte, erschienen nur noch im Ausland oder im »zweiten Umlauf«, wie die Untergrundverlage genannt wurden. Ihre Lesungen, ähnlich wie Theatervorstellungen, Diskussionen oder Ausstellungen, fanden in Privatwohnungen und Kirchen statt, was insofern eine wichtige Rolle spielte, als während der gesamten Dauer des Kriegszustands ein Boykott offizieller Kulturveranstaltungen und des staatlichen Fernsehens stattfand. Autoren, Schauspieler und Regisseure verweigerten ihre Mitarbeit, die Zuschauer blieben aus. Eine Zeit lang verließen die Menschen sogar während der Abendnachrichten ihre Häuser und spazierten ostentativ durch die Straßen.

Doch, wie sich bald zeigte, war auch die Lahmlegung des Landes keine richtige Lösung. Die katastrophale Versorgungslage und die harten Lebensbedingungen zogen neue Spannungen nach sich, die Situation drohte erneut zu eskalieren. Dazu trug im Juni 1983 der zweite Besuch von Papst Johannes Paul II. bei, der keine Gelegenheit ausließ zu betonen, dass er in erster Linie zu den Verfolgten gekommen sei. Seine Äußerungen lösten also Gewissenskonflikte bei denen aus, die offiziell auf Seiten des Regimes standen: Polizisten und Soldaten, die lieber auf den Papst als auf ihre Vorgesetzten gehört hätten. So bemühte sich die Regierung immer stärker um versöhnliche Töne, um schließlich im Juli 1983 den Kriegszustand ganz aufzuheben.

Die Atmosphäre blieb trotzdem weiter angespannt, denn die Gesellschaft war von dem Kriegszustand zu stark traumatisiert, um schnell zur Normalität überzugehen. Diese Anspannung erreichte auch bald einen neuen Höhepunkt, als im Oktober 1984 der oppositionelle Priester Jerzy Popieluszko vom polnischen Sicherheitsdienst ermordet wurde. Zu seinem Begräbnis im Warschauer Stadtteil Żoliborz kam etwa eine Viertelmillion Menschen, und die Trauerzeremonie wurde zu einer politischen Demonstration. Es gab einige, die behaupteten, für den Tod des Priesters seien gewiss Fremde verantwortlich, weil Polen so etwas nicht tun könnten, doch für die meisten war es ein klarer politischer Mord. Für viele markiert er bis heute nicht nur eine Zäsur in der Geschichte der Opposition, sondern sogar den Anfang vom Ende des kommunistischen Regimes in Polen: Spätestens von diesem Moment an sei den Kommunisten klar gewesen, dass sie auf verlorenem Posten stünden und in diesem Land nicht mehr lange regieren würden.

Fünf Jahre später folgte tatsächlich der Sturz des Kommunismus, doch der Riss, der seit der Ausrufung des Kriegszustands durch die Gesellschaft ging, war dadurch nicht gekittet. Im Gegenteil, nun begann der Kampf um die Macht, durch den es sehr schnell zu einer Spaltung innerhalb der Solidarność kam. Solange sie einen gemeinsamen Feind gehabt hatten, waren die Differenzen nicht besonders auffällig gewesen. Nun aber zeigte sich deutlich, dass es innerhalb der Bewegung mehrere Flügel mit unterschiedlichen politischen Programmen gab. Doch, wie der renommierte Soziologe Edward Wnuk-Lipiński die damalige Entwicklung einmal umschrieb, statt den Wählern zu erklären, was es bedeute, ein Konservativer, Liberaler oder Sozialdemokrat zu sein, und um ihre Gunst zu werben, hätten die Aktivisten der Solidarność sich darauf konzentriert, die früheren gemeinsamen Verdienste und damit auch bestimmte historische Begriffe und Werte für sich in Anspruch zu nehmen. Zudem hätten sie sofort begonnen, sich gegenseitig verschiedener Dinge zu beschuldigen, die Zusammenarbeit mit dem kommunistischen Sicherheitsdienst eingeschlossen. »Auf diese Weise«, so Wnuk-Lipiński, »verwendeten sie ihre Kraft nicht darauf, die eigenen Unterstützer zu mobilisieren, sondern darauf, die Unterstützer der politischen Gegner zu demobilisieren, die sie auch immer öfter als Feinde definierten.«[16]

Letzteres hatte sich im politischen Leben Polens schnell eingebürgert und wurde in den folgenden Jahren weiter perfektioniert. Je mehr Parteien entstanden, je öfter die Regierungen wechselten, desto stärker wurde die politische Szene durch das Freund-Feind-Denken bestimmt. Hinzu kam, dass etliche Politiker kein Problem damit hatten, bei einer passenden Gelegenheit ihre Partei zu verlassen und einer anderen beizutreten, was in Verbindung mit dem besagten Schwarz-Weiß-Denken oft einen grotesken Effekt hatte: Menschen, die sich gestern noch verbissen bekämpft, öffentlich beschimpft und beleidigt hatten, wurden plötzlich zu Verbündeten – oder andersherum: zu Gegenspielern. Das Ergebnis war, dass die Gesellschaft immer desorientierter und misstrauischer wurde, was zusammen mit den alten und neuen Konflikten ein gewisses Spaltungspotenzial ergab.

Und nun ist sie endgültig in zwei Lager zerfallen. Man fragt sich, inwieweit dies auch für junge Polen gilt; ob die Mehrheit von ihnen doch nicht zu modern, zu »europäisch« geworden ist, um eine so rückwärtsgewandte Formation wie die PiS zu unterstützen. Doch die Umfragen zeigen, dass es auch unter ihnen recht viele Anhänger von Kaczyński und seiner Partei gibt. Wenn man sie nach den Gründen fragt, antworten sie: »Unsere Regierung kümmert sich um unsere Zukunft. Die Arbeitslosigkeit ist so niedrig wie noch nie. Junge Familien bekommen finanzielle Hilfen vom Staat.« Aber auch: »Wir unterstützen die PiS, weil wir in einem sicheren Land leben wollen.« Oder: »Wir wollen, dass unsere Kinder später stolz sind, Polen zu sein.« Allem Anschein nach sollte also ein Programm, das aus sozialen Leistungen, Anti-Immigrationspolitik und patriotischen Parolen besteht, der PiS-Regierung auch in Zukunft genügen, um bei einem Teil der Jungwähler Erfolg zu haben. Allerdings sind da noch die anderen Jugendlichen, die Dinge sagen wie: »Man kann Polen kein demokratisches Land mehr nennen. Polen wird Schritt für Schritt zu einem Land, das vom Wohlwollen eines einzigen Mannes abhängt. Das Niveau der öffentlichen Debatte ist so niedrig wie noch nie; es finden überhaupt keine Diskussionen im Parlament mehr statt. Die öffentlichen Medien werden komplett von der Regierungspartei kontrolliert. Fremdenfeindlichkeit und Nationalismus nehmen zu.«[17] Junge Menschen also, die der aktuellen Entwicklung kritisch gegenüberstehen und dadurch in den Augen der PiS zweifellos zur »schlechteren Sorte der Polen« gehören, die sich aber dennoch auffallend viele Gedanken über ihr Land machen.

Mit anderen Worten: Um einen Generationenkonflikt handelt es sich hier nicht. Die jungen Polen sind vielmehr ein Abbild dessen, was mit der ganzen Gesellschaft passiert ist; auch sie sind Teil dieser beiden Lager, die sich auf einmal so ablehnend und unversöhnlich gegenüberstehen, als wären sie zwei fremde Völker, die nur aus Platzmangel innerhalb derselben Grenzen leben. Das PiS-Lager hat sogar einen eigenen Barden: Jarosław Marek Rymkiewicz, einen einst allgemein geschätzten Dichter, heute temperamentvollen Verfechter der rechten Ideologie. Dass er ein polemischer Geist ist, hat er schon in der Vergangenheit mehrmals bewiesen. So etwa in den 1980er-Jahren, als er der antikommunistischen Opposition angehörte, in seinem vielgelesenen 1984 erschienenen Roman ›Polnische Gespräche im Sommer 1983‹, in dem er die frischen Erfahrungen der Solidarność-Bewegung und des Kriegszustands verarbeitete, oder in dem halb dokumentarischen Prosawerk ›Umschlagplatz‹ (1988), das um die Ermordung der polnischen Juden kreist. Und in jüngster Vergangenheit unter anderem in der historischen Skizze ›Das Henken‹ (2007), einer Nachzeichnung des gegen Russland gerichteten Aufstands von 1794, in der er sich auf eine weniger bekannte Episode, das öffentliche Hinrichten polnischer Kollaborateure, konzentrierte. Oder in den sehr umstrittenen autobiografischen ›Kinderszenen‹ (2008), in denen er den Warschauer Aufstand (1944) zwar als das Trauma seiner Kindheit, aber auch als das größte Ereignis in der Geschichte Polens darstellte.

Dass auch seine öffentlichen Äußerungen oft voller Pathos sind, seitdem er sich als geistiger Vater der »echten Polen« versteht, ist man längst gewöhnt. So verwunderte es auch nicht besonders, als er Ende 2017 bei der Entgegennahme des Preises als bester »Hüter der Erinnerung« den Versammelten verriet, dass er sich Gedanken über sein Polentum gemacht habe. Erst, als er hinzufügte, er habe in seinen Adern »nicht einen Tropfen polnischen Blutes« und in seinen Zellen »nicht ein einziges polnisches Gen«, horchten die Gäste auf. Er sei, erklärte er, eine Mischung aus einem Deutschen, Litauer, Tataren, Franzosen und »vielleicht sogar« einem Russen. Doch im Endeffekt spiele das alles überhaupt keine Rolle, weil »das Polentum nicht vom Blut, nicht einmal, wie man an meinem Beispiel sieht, von der Herkunft« komme. Es sei vielmehr »eine schreckliche Geisteskraft, die nicht von uns gewählt wird, denn eine Wahl ist hier gar nicht möglich, sondern von der wir gewählt werden«.[18]

Das Oppositionslager hat keine literarische Galionsfigur, und das ist in diesem Fall auch nicht nötig: Es sind viele Schriftsteller da, die dieselbe Sprache sprechen. Die Mehrheit von ihnen bringt ihre Enttäuschung, Empörung oder Wut in der einen oder anderen Form zum Ausdruck – mit der Gegenseite zu polemisieren versuchen nur wenige. Solange es die Kluft in der Gesellschaft gibt, halten sich die meisten lieber an die Regel, die ihnen der 1996 verstorbene Dichter Artur Międzyrzecki hinterlassen hat: »Im Nervenkrieg siegt, wer weniger nervös ist / Wer überflüssige Streitgespräche meidet und wer genau weiß / Dass das Stinktier von der Natur des Stinktiers nicht loskommt / Und dass man das seelische Gleichgewicht bewahren muss.«[19] Er selbst galt zu Lebzeiten als Verkörperung der vornehmen Zurückhaltung und Eleganz; seine Freunde und die Mitglieder des polnischen PEN-Clubs, dem er jahrelang vorstand, sahen in ihm eine große Autorität. Einst gehörte zu diesen Freunden auch Jarosław Marek Rymkiewicz, der sogar zu einem seiner Gedichtbände das Vorwort schrieb. Der Text trug den Titel ›Der Dichter und die Erinnerung‹, doch von einer »schrecklichen Geisteskraft« namens Polentum war darin zum Glück keine Rede.

DAS HÄSSLICHE SPIEGELBILD

Die Krise des polnischen Selbstwertgefühls

Wenn ein Ausländer, der in Polen lebt oder sich dort immer wieder aufhält, ein schmeichelhaftes Buch über dieses Land und seine Bewohner schreibt, hat es meist eine doppelt positive Wirkung. Seine eigenen Landsleute werden dazu animiert, Polen zu besuchen, und der Teil der Beschriebenen, der es gelesen hat, ist dankbar und versucht umso mehr, diesem – meist übertrieben vorteilhaften – Bild zu entsprechen. Ein besonders sympathisches Beispiel einer solchen Verklärung ist das vor drei Jahren erschienene Buch ›111 Gründe, Polen zu lieben‹ von Matthias Kneip. Schon wenn man diesen Titel liest und dann, beim Blättern, nur einige dieser Gründe erfährt, die bereits in den Überschriften der Kapitel formuliert sind, wundert man sich, wieso nicht längst die Hälfte der Deutschen nach Polen ausgewandert ist (laut Statistiken gibt es in Polen zurzeit etwa 24 000 deutsche Einwanderer, nach inoffiziellen Schätzungen liegt die Zahl aber weit höher). Hier ein paar besonders dringende Gründe nach Kneip: »Weil die Hilfsbereitschaft der Polen umwerfend ist.« – »Weil die Verständigung mit Polen nur selten ein Problem ist.« – »Weil Spontaneität und Improvisation zum Lebensstil gehören.« – »Weil Polen seltener Konflikte offen austragen.« – »Weil Höflichkeit selbstverständlich ist.« – »Weil Polen über alles lachen können.« – »Weil Polen begeisterte Europäer sind.« Und für diejenigen, die Bedenken historischer Natur haben könnten: »Weil die Polen uns den Krieg vergeben haben.«[1]

Was die Polen selbst betrifft, so müssten sie dem Regensburger Autor für den therapeutischen Dienst, den er ihnen mit dem Buch erwiesen hat – inzwischen ist es auch auf Polnisch erschienen – einen weiteren Orden verleihen (einen oder zwei hat er schon). Allerdings könnte jemand fragen, warum sie überhaupt einen Außenstehenden brauchen, der ihnen ihre guten Eigenschaften vor Augen führt. Dafür gibt es vor allem einen Grund: weil sie selbst meistens eine schlechte Meinung von sich als Gemeinschaft haben; der Satz »der Pole hasst die anderen Polen« dürfte die meistgebrauchte Umschreibung dieses Zustands sein. Und darin bestärken sie regelmäßig ihre eigenen Schriftsteller, flankiert durch unzählige Historiker, Journalisten, Soziologen, Psychologen etc. Die Liste der Kritiker des polnischen Nationalcharakters ist mindestens genauso lang wie die der bemängelten Charakterzüge. Ob die Dichter der Romantik, die Schriftsteller des 20. Jahrhunderts oder die Autoren der Gegenwart – viele empfanden bzw. empfinden es als ihre Pflicht, die nationalen Untugenden beim Namen zu nennen, wobei sich manche dieser Kritiken nahezu leitmotivisch durch die Literatur zieht. Etwa die – heute wieder besonders aktuelle – Kritik an der Unfähigkeit der Polen, in Krisensituationen einen gesellschaftlichen Konsens zu finden. Was der Romantiker Cyprian Kamil Norwid mit der vielzitierten Behauptung, die Polen seien unbestreitbar groß in ihrem Patriotismus, doch ebenso nichtig als Gesellschaft, auszudrücken versuchte, wurde später noch viele Male in der einen oder anderen Form gesagt. Von der Schriftstellerin Maria Dąbrowska zum Beispiel. »Die Polen neigen als Nation zu einer heroischen Ethik, die unter außergewöhnlichen, pathetischen Umständen das Opfer des Lebens und der Habe fordert«, notierte sie einmal in ihrem Tagebuch. »Es fehlt ihnen aber fast völlig die soziale, normale Ethik der Forderungen und Verpflichtungen, die von der jahrhundertealten Tradition des Westens gepflegt wurde und zu einem glücklichen, weil redlichen Leben im Alltag führt.«[2]

Noch weiter ging Witold Gombrowicz, der ewige Spötter und Provokateur, der sein Tagebuch unter anderem dazu nutzte, die Mentalität der Polen von allem zu befreien, was sie seiner Meinung nach einengte, und ihnen etwas von ihrem Selbstverständnis, »die hitzigsten Patrioten auf der Welt zu sein«[3], zu nehmen. Nach fünf Jahren dieser Befreiungsversuche erklärte er seinen Landsleuten sogar, warum er mit ihnen immer so streng umgegangen war. Für ihn sei es sonnenklar gewesen, schrieb er in einem Eintrag von 1957, dass sie »im Grunde ihres Herzens mit einem zwiespältigen Gefühl lebten. Sie vergötterten Polen? Gewiss, aber sie verfluchten es auch. Sie liebten es? Ja, aber sie hassten es auch. Es war ihnen Heiligtum und Fluch, Stärke und Schwäche, Ruhm und Erniedrigung – aber im polnischen Stil, einem Stil, der von der Gemeinschaft geformt und aufgezwungen war, ließ sich nur die eine Seite der Medaille ausdrücken.« Daran sei auch die Literatur schuld, der es »an wirklichem Individualismus immer« gefehlt und die »nur eine Affirmation der Nation« zustande gebracht habe. Das andere Gefühl hingegen, »das unwillige feindliche, gleichgültige oder gar verächtliche«, sei unausgesprochen geblieben. Sein Ziel sei es also gewesen, »einen Grundsatz zu schaffen, der es erlaubte, jenen anderen Empfindungspol zu aktivieren, zum anderen Aspekt der polnischen Seele vorzudringen, die Häresie zu sanktionieren«.[4]

Die Schwächen des polnischen Nationalcharakters (und die Umstände, durch die er geformt wurde) sahen nach ihm auch Schriftsteller wie Czesław Miłosz, Sławomir Mrożek, Andrzej Szczypiorski oder Ryszard Kapuściński. Nur hatten sie, im Gegensatz zu Gombrowicz, der niemals im Nachkriegspolen gelebt hat, mit der Gesellschaft die Erfahrung des Lebens in einem totalitären System geteilt, was bewirkte, dass sich hinter ihrer Strenge eine gewisse Bereitschaft zur Nachsicht verbarg. Allerdings waren auch ihr klare Grenzen gesetzt, vor allem nach dem Sturz des Kommunismus. Die Zeiten, da sie gern über die Einmaligkeit der polnischen Geschichte und die Rolle der Polen als »Christus der Völker« räsonierten oder sich selbst als »Gewissen der Nation« apostrophierten, waren vorbei. Nun war kritischer Pragmatismus angesagt. Die Welt zwinge den Menschen die unterschiedlichsten Rollen auf, sagte Szczypiorski einmal, und so zu tun, als wäre es nicht wahr, würde bedeuten, sich dem allgemeinen Chaos gegenüber hilflos zu zeigen. Ihm lag auch besonders viel daran, diese Hilflosigkeit zu verhindern. Deshalb ermahnte er die Polen so oft, die alten Mythen nicht unreflektiert anzunehmen; deshalb verlangte er ihnen Tugenden ab, zu denen sie (noch) nicht fähig waren. Eine Zeit lang ging er gar so weit, dass er seine literarische Arbeit stark einschränkte, um sich so oft wie möglich in publizistischer Form zu Wort zu melden. Er polemisierte nahezu gegen jeden und alles: gegen alle Arten von Fanatismus, Rückständigkeit und Intoleranz, gegen Rassismus, Chauvinismus, Bigotterie und Antisemitismus. Er kritisierte das niedrige Niveau der öffentlichen Debatten, die Rückständigkeit des Klerus, die Peinlichkeit der Kombattanten-Mentalität. Er setzte sich auch mit der neuen Politklasse auseinander, indem er aufzeigte, wie viel Demagogie und billige Phraseologie in ihren Reden steckte, mit welchen unfairen Mitteln um Macht und Einfluss gekämpft wurde, wie oft in die Politik Menschen drängten, die nichts anderes als ihre eigenen privaten Ziele im Sinn hatten.

Er sah auch die Gefahr neuer Mythenbildung heraufziehen. Etwa in dem Moment, als der Arbeiterführer Lech Wałęsa zu einem Demiurgen der Geschichte stilisiert und als solcher zum Staatspräsidenten erhoben wurde. Szczypiorski hingegen sprach ihm jede Qualifikation für dieses Amt ab, womit er sich viele Feinde machte. Denn die meisten Polen war durchaus bereit, über die einfache Herkunft und mangelnde Bildung ihres Präsidenten hinwegzusehen. Dafür konnten sie partout keine weltgewandten Intellektuellen ausstehen, die oft anderer Meinung als die Mehrheit der Nation waren und dieser auch noch die Leviten lesen wollten. Szczypiorski wusste allerdings auch dagegen zu polemisieren: »Bei uns«, höhnte er einmal, »wird jeder, der anders als die meisten denkt, sofort als Verräter der nationalen Sache, Feind der Arbeiterklasse, heimatloser Kosmopolit, russischer Agent, Hitler-Anhänger, Stalinist, Mörder der ungeborenen Kinder, Diener der Schwarzen, sibirischer Henker, Verleumder der linken Patrioten oder käuflicher Agent des Westens abgestempelt. Oft auch als Jude, denn das klingt immer gut.«[5]

Doch welche negative Eigenschaft oder schädliche Tendenz er auch immer kritisierte, ständig hieß es, er würde an den nationalen Heiligtümern rühren, das eigene Nest beschmutzen und sich bei Fremden – vor allem bei den Deutschen – anbiedern. »Wenn ich in letzter Zeit aus dem Ausland nach Hause komme«, notierte er einmal resigniert, »habe ich das Gefühl, dass der Himmel über Polen immer dunkler wird.«[6] Es gebe immer weniger gesunde Vernunft, Mäßigung und Zurückhaltung.

Wenn man die öffentlichen Diskussionen im heutigen Polen verfolgt, oder besser: die verbalen Schlachten, die sich politische und weltanschauliche Antagonisten liefern, dann sehnt man sich geradezu nach jemandem wie Andrzej Szczypiorski. Seine Äußerungen würden zwar bestimmt auch jetzt gemischte Reaktionen hervorrufen, selbst bei jenen, die mit ihm grundsätzlich übereinstimmten. Wie schon damals, als die einen für seine Fähigkeit schwärmten, einfach, oft unkonventionell argumentierend, politische Prozesse zu diagnostizieren und historischen Zusammenhängen auf den Grund zu gehen, während die anderen ihm vorwarfen, zu schnell auf jede Frage eine Antwort parat zu haben, zu leicht komplizierte Sachverhalte auf wenige Slogans zu reduzieren, sich zu oft in Widersprüche zu verstricken. Doch die Autorität, das Gehör, die Beliebtheit, die er zu Lebzeiten genoss, würden auch heute ihre Wirkung tun, zumal seine Stärke gerade darin lag, den Menschen ihre eigene Denk- und Verhaltensweise in einer Form zu erklären, in der sich Rationalität und Emotionalität die Waage hielten.

Und der Erklärungsbedarf ist größer denn je. Die Polen genießen zwar seit fast dreißig Jahren alle Privilegien einer modernen europäischen Gesellschaft, leben in Freiheit, Demokratie und Wohlstand, doch all die Einbrüche, Eilprozesse und Schocktherapien, die sie auf dem Weg dahin begleitet haben, bewirken, dass ihr Selbstbild sich stark verwischt hat und ihr Selbstwertgefühl immer wieder ins Wanken gerät. In letzter Zeit stärker denn je. Zum Teil ist daran gewiss die allgemeine

Krise der europäischen Kultur und der Demokratie schuld, die täglich spürbare Abwendung von einem gesellschaftlichen Modell, in dem Werte wie Dialogfähigkeit, Offenheit und Toleranz als selbstverständlich galten und Begriffe wie Meinungsfreiheit oder Pluralismus nur eine positive Konnotation hatten. Zum Teil aber die ganz eigene Krise, die weitgehend durch die jetzige, nationalkonservative Regierung ausgelöst wurde. Etwa durch ihre plump-penetranten Versuche, den Polen ein einheitliches und um jeden Preis positives Image zu verpassen, die oft fehlschlagen. Denn ihre Grundparole, die ungefähr »Wir sind eine große, stolze, außergewöhnliche Nation, deren Geschichte abwechselnd aus Heldentaten und edlem Leiden besteht« lautet, empfinden viele entweder als peinlich oder als nicht zutreffend – und meistens als beides zugleich.

Natürlich hätten die Polen nichts dagegen, das einst geltende, idealisierte Selbstbild aufrechtzuerhalten. Sie würden sich gern weiterhin als ein Volk sehen, das niemals andere Völker unterdrückte, sondern immer nur selbst verfolgt und fremdbestimmt wurde. Eines, das während des Zweiten Weltkrieges wie ein Mann gegen die Deutschen kämpfte und den Juden in unzähligen Fällen zu Hilfe eilte. Und das während des Kommunismus so gut wie vollzählig in der Opposition war. Doch sie in diesen »Zustand der Unschuld« zurückversetzen zu wollen, wie es die regierende PiS-Partei zurzeit zu tun versucht, ist ebenso grotesk wie schädlich. Dank der vielen öffentlichen Debatten, die in den letzten dreißig Jahren stattgefunden haben, und der unzähligen Publikationen, die erschienen sind, weiß nämlich fast jeder Pole – auch wenn das nicht jeder wahrhaben will –, dass diese selbsthagiografischen Mythen heute nicht mehr aufrechtzuerhalten sind. Dass es während des Krieges Helden und Opfer, aber auch Verbrecher und Kollaborateure gab und dass in der antikommunistischen Opposition in Wirklichkeit »kein Gedränge herrschte«, wie es einst die Publizistin Teresa Bogucka formulierte.

Zu diesen Publikationen gehören übrigens etliche belletristische Werke, auch der jüngsten Autorengeneration. Szczepan

Twardochs Roman ›Morphin‹ (2012, dt. 2014) zum Beispiel, der in Warschau im Herbst 1939 spielt. Als er auf Polnisch erschien, glaubte man anfangs, die Kulisse und die Realien nun wirklich gut zu kennen. Denn womit konnte ein Buch, dessen Handlung zum Zeitpunkt des Kriegsbeginns einsetzt, sonst aufwarten, wenn nicht mit einem deprimierenden Stadtbild und einer traumatisierten Bevölkerung? Und gleichzeitig natürlich mit ihrem Patriotismus, ihrer Tapferkeit und ihrem natürlichen Talent zu Widerstand und Konspiration? Doch man hatte sich getäuscht. ›Morphin‹ ist ein herrlich provokanter Roman, dessen Protagonist, der 30-jährige Konstanty Willemann, zwar einer der demobilisierten Reserveoffiziere ist, die in das besiegte Warschau zurückgekehrt sind und die versuchen, mit dem Schock der Niederlage fertigzuwerden. Er ist aber auch jemand, den diese Niederlage nur insofern bekümmert, als sie ihn aus seinem bisherigen Leben eines Bonvivants, Frauenhelden und Morphinisten reißt und jene Orte zerstört, an denen sich vor dem Krieg die Warschauer Society getummelt und wo auch er seine Zeit am liebsten verbracht hat. Er ist ein Anti-Held, mit dem sich in Polen vor allem junge Leser identifizieren können, weil sie damit einige Antworten auf ihre Zweifel bekommen, ob es sich bei der Kriegsgeneration wirklich um lauter Helden und Märtyrer gehandelt habe.

Zu den besagten »Selbstbild-Korrekturen« kommt aber noch etwas, womit die PiS-Regierung bei ihren Anhängern besonders gut ankommt, nämlich die bewusst geschürte Angst, sich im vereinten Europa aufzulösen und die nationale Identität zu verlieren. Zwar mögen die Polen in anderen, weniger gewichtigen Situationen imstande sein, ihre Neigung zu Skepsis und Pessimismus durch Selbstironie und Sinn fürs Absurde aufzuwiegen, doch wenn es um dieses Thema geht, reagieren sie oft sehr empfindlich. Und die Angst um die nationale Identität resultiert natürlich, wie immer, aus der schwierigen polnischen Geschichte. Aus der Tatsache also, dass die letzten 220 Jahre etwa – von den Teilungen durch die drei Großmächte Russland, Preußen und Österreich über den Zweiten Weltkrieg bis zu der langen Zeit des kommunistischen Regimes – eine einzige Kette von »identitätsraubenden« Maßnahmen war.

Die Hauptträger der Identität waren Literatur und Religion, und die patriotische Erziehung fand vor allem in der Familie statt, wodurch sich ein bestimmtes kollektives Selbstbild verfestigte, für dessen Modernisierung es bis jetzt nicht viel Zeit gab. Das mag paradox klingen, resultiert aber daraus, dass die einzigen zwei Perioden der politischen Autonomie, die Polen in diesen 220 Jahren genießen durfte, die der Zweiten Republik (1918–1939) und die der Dritten (seit 1989 bis heute) waren. Wenn also dieses immer noch bestehende, doch in den letzten Jahren ohnehin schon mehrmals hinterfragte Selbstbild plötzlich wieder so umgewertet wird, dass es der nationalkonservativen Ausrichtung der Regierenden entspricht, dann hat das zwei alternative Folgen. Entweder führt es zu Rückwärtsgewandtheit und Provinzialismus, die permanent mit der Modernität und Offenheit der sonstigen Welt kollidieren – einem Zustand, den Ryszard Kapuściński gemeint haben dürfte, als er in seinen ›Notizen eines Weltbürgers‹ festhielt: »Hanna Krall rief an. Sie sprach über Menschen, die in der Vergangenheit stecken geblieben sind, die physisch immer noch am Leben sind, doch mental die heutige Welt, die sich fundamental von ihrer unterscheidet, nicht mehr zur Kenntnis nehmen, kein Interesse für sie aufbringen. Das ist die Mentalität von Kombattanten, für die alles in dem Moment zu Ende ging, da der Lärm der letzten Schlacht verstummte, an der sie vor Jahrzehnten teilnahmen.«[7] Oder es löst Verunsicherung, Irritation und das Gefühl der Klaustrophobie aus, das die andere Seite zurzeit gern als Mangel an Patriotismus bezeichnet. Dass beide Haltungen neue Komplexe erzeugen, statt alte zu nivellieren, liegt wohl auf der Hand.

Es waren wohl die späten 1980er-Jahre, als die jetzige Krise des polnischen Selbstwertgefühls begann. Die Emphase der Solidarność-Zeit war verflogen, es blieben die Trivialität der Alltagssorgen, die Leere der zur Routine gewordenen patriotischen

Gesten und die Erinnerung an die Demütigung der Kriegs-
rechtsjahre. Der Kommunismus befand sich in spürbarer Auflösung, doch die Polen waren zu erschöpft und desillusioniert,
als dass sie sich hätten darüber freuen können. Sie wirkten, als
hätten sie sich plötzlich damit abgefunden, in einem Land zu
leben, über dem ein Fluch hänge. Als wären sie zu dem Schluss
gekommen, dass die Kategorisierung, die Tadeusz Konwicki in
seinem Roman ›Der polnische Komplex‹ (1977), einem alb-
traumhaft-grotesk überzeichneten Porträt der kommunistischen
Realität, vornahm, auf sie offenbar zutreffe. »Es gibt Völker«,
behauptete er, indem er diese mit einzelnen Menschen verglich,
»denen alles gelingt, die viel Glück haben, die atemberaubende
Karrieren machen. Und es gibt Völker, auf die nur die Bezeich-
nungen Pechvogel, Versager, Lazarus zutreffen.«[8]

Besonders antriebslos wirkte die junge Generation. »Die Ergebnisse der soziologischen Untersuchungen sind alarmierend«,
schrieb im November 1987 der Publizist Paweł Smoleński.
»Der heutigen Jugend gefällt überhaupt nichts davon, was die
polnische Wirklichkeit zu bieten hat. Die Generation jedenfalls, die in den Jahren der Krise herangewachsen ist, pfeift auf
die kommunistischen Machthaber genauso wie auf die gesellschaftlichen Autoritäten, die mit der Solidarność-Bewegung
verbunden sind. Viele verhalten sich sogar der Kirche gegenüber respektlos – ein Präzedenzfall in der Nachkriegsgeschichte
Polens.«[9] Diese Jugendlichen würden sich völlig von den vor-
angegangenen jungen Generationen unterscheiden, staunte
Smoleński. Plötzlich stelle sich heraus, »dass für die meisten
von ihnen ein Punk-Lied mehr bedeutet als alle Werke von
Adam Mickiewicz zusammen genommen. Dass Patriotismus,
Unabhängigkeit und Demokratie so abgenutzte Begriffe sind,
dass es nicht lohnt, sie in das aktuelle Vokabular einzubezie-
hen. Dass alle Autoritäten der Erwachsenen auf dem Müll gelandet sind.« Es seien Menschen, die »tief an ihren eigenen
Wert glauben, doch gleichzeitig überzeugt sind, einer verlorenen Generation anzugehören, der gar nichts gelingen kann. Es
erinnert an einen Trauerzug, manchmal sogar im wörtlichen

Sinne des Wortes.«[10] Womit er meinte: In dem davor liegenden Jahr habe es unter jungen Menschen fast 4500 Selbstmorde gegeben, etwa 600 000 seien drogenabhängig, 1 200 000 würden zu viel trinken. Noch vor Kurzem habe niemand diesen Generationenkonflikt bemerkt. Erst jetzt, in der Zeit »eines lawinenartig fortschreitenden wirtschaftlichen Ruins und einer gesellschaftlichen, politischen und moralischen Krise«, bemerke man den wahren Zustand. Zum Beispiel bei dem dritten Polen-Besuch von Johannes Paul II. im Juni 1987: Während seines traditionellen Treffens mit Jugendlichen vor dem Sitz der Krakauer Bischöfe habe der Papst »als einzigen neuen Zuruf während seiner ganze Reise« zu hören bekommen: »Nimm uns mit!« Denn, wie Smoleński behauptete: »Ausreise, Flucht vor der Situation im Land, das ist einer der wichtigsten kollektiven Träume der jungen Generation«, die zwar in den eigenen vier Wänden »über die mangelnden Möglichkeiten, sich weiterzuentwickeln, über die verlorenen Jahre« schimpfen, aber keinen Finger rühren würde, »um irgendetwas zu ändern«.[11]

Erst die Gespräche am Runden Tisch zwischen Regierung und Opposition von Februar bis April 1989 sorgten für eine neue Aufbruchsstimmung – vor allem, als deren Ergebnis bekannt wurde, das die Erwartungen weit überstieg. Die Teilnehmer der Verhandlungen hatten nicht nur die Wiederzulassung der Gewerkschaft Solidarność vereinbart, sondern sich auch auf die Einführung des Präsidentenamts und des Senats sowie die gemeinsame Durchführung der Parlamentswahlen geeinigt, bei denen die Polen 35 Prozent der Abgeordneten des Sejm (der ersten Kammer des Parlaments) und alle Senatoren frei wählen durften. Die Wahlen sollten bereits wenige Wochen später stattfinden, was die Nation innerhalb kürzester Zeit zu höchster Aktivität antrieb. Überall im Lande hatten sich über Nacht Bürgerkomitees gebildet, die den Wahlkampf für ihre Kandidaten organisierten, und auch die Kirche, die alte Verbündete der Opposition, leistete energisch ihren Beitrag und machte vor allem in der Provinz mobil.

Die historischen Wahlen vom 4. Juni 1989 wurden bekanntlich zu einem Triumph der Opposition. Doch selbst als die Wahlergebnisse vorlagen, ahnte das Solidarność-Lager immer noch nicht, dass es bereits wenige Monate später die Regierungsgeschäfte übernehmen sollte. Man dachte eher an eine starke Opposition, die in den nächsten Jahren den Kommunisten auf die Finger schauen würde. Erst als Tadeusz Mazowiecki zum ersten nichtkommunistischen Ministerpräsidenten gewählt und viele bekannte Intellektuelle, Schriftsteller und Künstler Mitglieder des ersten Senats der Dritten Polnischen Republik wurden, begriff man das Ausmaß der neuen Verantwortung.

Leider zeigte sich auch bald, nämlich bei den Debatten vor den nächsten, vorgezogenen Parlamentswahlen (Oktober 1991), dass die polnische Gesellschaft keineswegs so reif, besonnen und solidarisch war, wie es noch kurz zuvor schien. Zwar waren sich alle einig, dass die Neuwahlen so schnell wie möglich ausgeschrieben werden sollten, dass das Parlament nicht wirklich demokratisch gewählt sei, weil der Sejm ja laut Beschluss des Runden Tisches zu 65 Prozent aus Kommunisten bestehe, doch gleichzeitig gab es niemanden, der sich ehrlich um eine neue Volksvertretung bemühte. Die Politiker zögerten mit der Festlegung des Wahltermins, und die Bevölkerung tat nichts, um sie dazu zu zwingen. Aus gutem Grund: Nach den erst ein knappes Jahr zurückliegenden Präsidentschaftswahlen (November/Dezember 1990), die mehr an eine Farce als an eine ernsthafte politische Handlung erinnerten – Lech Wałęsa trat gegen einen aus Kanada gekommenen, sichtlich emotional gestörten Möchtegernpolitiker an –, hatte sie erneut das Vertrauen in die Politik und in sich selbst verloren.

»Die Polen benehmen sich so, als hätte sie vor Kurzem eine erneute, wiederum unerhörte Katastrophe ereilt«, schrieb der Dramatiker Sławomir Mrożek im September 1992 an seinen in Neapel lebenden Freund und Schriftstellerkollegen Gustaw Herling. Er war gerade von einem fünfwöchigen Besuch in Krakau nach Mexiko zurückgekehrt, wo er damals wohnte. Seine Landsleute hatten ihm, wie immer, einen enthusiastischen Empfang bereitet, sonst aber auf ihn alles andere als optimistisch gewirkt. »Sie sind so sehr an die Rolle des Opfers gewöhnt, dass sie keine andere spielen können. Sie klagen maßlos«[12], beschrieb er ihre Gemütslage. Sie wollten »alles, sofort und umsonst haben. Dabei sind sie von der Geschichte in letzter Zeit nicht mit großem Unglück, sondern mit großen Chancen bedacht worden. Sie aber sind dafür völlig blind«, kritisierte er, um gleich auch noch hinzuzufügen, dass die Zeit der Teilungen für die Polen möglicherweise »gesünder« als der Kommunismus gewesen sei. Denn damals, im 19. und beginnenden 20. Jahrhundert, hätten sie keinen Zweifel gehabt, sich unter Fremdherrschaft zu befinden, und die wiedergewonnene Unabhängigkeit als »Geschenk des Schicksals« empfunden. Diesmal hingegen würden sie, »trotz hochtrabender Äußerungen und Beteuerungen« übersehen, »dass es zu einer grundlegenden Zäsur gekommen ist, dass etwas geschehen ist, was ihre Situation völlig verändert«.[13]

Dieses verlorene Selbstvertrauen, an dem die Polen damals, kurz nach der Wende, litten, hat Jahre später der Warschauer Schriftsteller Zbigniew Mentzel in seinem wunderbar grotesken Roman ›Alle Sprachen der Welt‹ (2005, dt. 2006) beschrieben. Es ist das Jahr 1997, die ersten Transformationsjahre sind vorbei, doch seinem Hauptprotagonisten, dem Journalisten Zbigniew Hintz, fehlt es, obwohl er bereits sechsundvierzig ist, an Reife, Erfahrung und Energie. Er geht kaum noch aus seiner kleinen, mit Büchern und Zeitungen vollgestopften Warschauer Wohnung, wo er seine Tage mit kleinen Börsenspekulationen, banalen Alltagsritualen, dem Ausschneiden von alten Zeitungsartikeln und Grübeln über sich und sein missratenes Leben füllt. In kurzen, reflexartig beschworenen Bildern erinnert er sich an sein Heranwachsen im kommunistischen Polen, an das spezifische Klima der 1950er- und 1960er-Jahre, an die Absurditäten des Regimes. Und vor allem an sein Zuhause, die dort herrschende Atmosphäre der Enttäuschung und Resignation, die häufigen Spannungen zwischen den Eltern und ihre überhöhten Erwartungen an ihn, den Sohn, aus dem sie abwechselnd einen Pianisten, Rezitator, Fernsehstar und, für den Fall, dass er ins Ausland gehen würde, einen Polyglotten machen wollten. Doch Hintz (und mit ihm seine ganze Generation, wie der Autor suggeriert) leidet nicht nur an mangelnder Sprachbegabung, sondern auch an akuter Unfähigkeit, überhaupt zu kommunizieren, sich mitzuteilen, für sein Lebensgefühl adäquate Worte zu finden. Schuld an seiner Blockade sind die besagten politischen und familiären Koordinaten seiner Existenz – und die vielen historischen Katastrophen, die sich seit Generationen in das Schicksal seiner Familie einschreiben. All das hat ihn zu einem »defekten«, weil weitgehend identitätslosen Menschen gemacht.

Über diese Identitätslosigkeit denken die Intellektuellen Polens heute wieder verstärkt nach. Aus gutem Grund: Die Kompliziertheit der polnischen Geschichte liefert ihnen immer noch genug Denkstoff. Die politischen und wirtschaftlichen Skandale und Affären der letzten Jahre haben das Selbstbewusstsein der Polen auch nicht gerade gestärkt. Und die unruhestiftende und hochspaltende Politik der jetzigen Regierung tut den Rest. Sie versuchen also, Antworten auf die Frage zu finden, was der heutige Pole nun sein will: ein konservativer Nationalist oder ein moderner Europäer. Und wenn beides gleichzeitig, wie diese Ambivalenz miteinander zu vereinbaren ist. Wie seine schlechten Charaktereigenschaften sich auf das Leben der Gesellschaft auswirken bzw. inwieweit sie aus diesem eliminiert werden könnten. Die Neigung zur Anarchie etwa. Das fehlende Selbstvertrauen, gepaart mit starkem Misstrauen anderen gegenüber. Der Hang zu Fatalismus, Aberglauben und Verschwörungsdenken. Die Überempfindlichkeit, Streitsucht und Abneigung gegen jede offene Aussprache. Das hierarchische Denken, das derzeit gern – auch als Umschreibung der Verhältnisse in einem modernen Arbeitsumfeld – als »Gutshofmentalität« bezeichnet wird.

Oder der Neid auf den Erfolg eines anderen – ein Charakterzug, der laut Janusz Głowacki, einem Dramatiker und Prosaschriftsteller, der seit den frühen 1980er-Jahren in den USA lebte und dort für seine Theaterstücke fabelhafte Kritiken und sämtliche wichtigen Preise bekam, bei den Polen in rekordverdächtiger Stärke ausgeprägt sei. Er kritisierte auch ihre anderen schlechten Eigenschaften, obwohl sie ihm diese negative Darstellung, wie er mehrmals auf seine unnachahmlich ironische Weise zugab, sehr übelnahmen. »Sie sagen, wenn ein Franzose über die Franzosen schreibt, dann sind sie wenigstens gut gekleidet«[14], scherzte er. Und doch tat er es immer wieder, etwa in dem autobiografischen Buch (›Ich bin da‹), das 2013, vier Jahre vor seinem plötzlichen Tod (2017) erschien und in dem er unter anderem davon erzählte, wie er für Andrzej Wajda ein Drehbuch über Lech Wałęsa geschrieben hatte.

»Im Allgemeinen sind wir eine sanfte, edle und gutmütige Nation«, spottete er. »Es ist gar nicht unser Verdienst, diese Natur hat uns Gott geschenkt. Der beste Beweis dafür ist, dass wir nur zwei Bischöfe gehängt, nur einen Präsidenten ermordet und nur eine Scheune voller Menschen in Brand gesteckt haben. Man kann uns vieles vorwerfen, aber nicht, dass wir nicht nachsichtig wären, denn das sind wir wie kaum ein anderes Volk. In unserem Land kann man stehlen, einen Verrat begehen, betrügen oder jemanden ermorden, und wir werden es irgendwie verstehen und verzeihen. Wie jenem Wachmann in einer Warschauer Bank, der zwei Kassiererinnen getötet hatte und von seinen Nachbarn in Schutz genommen wurde: ›Er hatte zwei Töchter, seine Frau war arbeitslos, wovon sollte er dann leben?‹ Nur eines können wir nicht verzeihen: einen Erfolg. Da ist nichts zu machen, wir schaffen es einfach nicht. Ich behaupte nicht, dass wir die einzige Nation sind, die sich auf Neid spezialisiert hat. Aber wenn es auf diesem Gebiet ein Festival oder eine Olympiade gäbe, bin ich sicher, dass man uns an der Spitze und mit fliegenden Fahnen finden würde.«[15]

Die Intellektuellen haben natürlich ihre eigenen Komplexe. Es ist ihnen durchaus bewusst, dass das polnische Denken sich seit Jahrzehnten um das Problem der Freiheit, nicht der Demokratie dreht und dass es sich fast immer auf die polnischen Belange konzentriert, während die geopolitische Lage des Landes ein globales oder zumindest gesamteuropäisches Denken verlangen würde. Beides hat zur Folge, dass sie sich aus den internationalen Diskussionen ausgeschlossen fühlen und in diesem Gefühl von westlichen Intellektuellen offenbar auch immer wieder bestärkt werden. »Vor einigen Tagen«, heißt es zum Beispiel in Stefan Chwins Tagebuch, »bei einem Frühlingsspaziergang in Berlin Unter den Linden versuchte mich der Journalist Adam K. zu überzeugen, dass die polnischen Schriftsteller sich an den großen öffentlichen Debatten in Deutschland beteiligen sollten. So, wie die ungarischen Schriftsteller es tun, die ausgezeichnet Deutsch sprechen und alle paar Tage in Berlin sind, weil ›nur dann, wenn sie am lebendigen Umlauf des europäischen Gedankens teilhaben, werden die Polen imstande sein, Romane zu schreiben, die Europa und die Welt interessieren könnten‹. Danach erfuhr ich, dass die polnische Seite seinerzeit den Vorschlag machte, an der Debatte über das Klonen neben Sloterdijk und Habermas auch Stanisław Lem teilnehmen zu lassen, und die Deutschen das Angebot nicht annahmen, weil – wie man es formulierte – kaum zu erwarten sei, dass die Polen zum Thema Klonen etwas Interessantes zu sagen hätten. Nun ja, da ist nichts zu machen. In den Augen der Welt gehören wir zu den Randkulturen, und so zu tun, als wären wir etwas anderes, als wir sind, und sich selbst und Europa überzeugen zu wollen, es würden unerschöpfliche Schätze in uns stecken, nur habe die Welt es bis jetzt noch nicht erkannt, macht die Sache nur noch schlimmer.«[16]

Zu dem Thema »Demokratie und die Polen« hat übrigens eine interessante These Steffen Möller entwickelt – ein weiterer deutscher Autor, der zu den Fans Polens gehört, seit Jahren dort lebt und seine Erfahrungen hin und wieder in Buchform an die Deutschen weitergibt. In einem dieser Bücher, ›Viva Polonia‹ (2008), geht er von der Tatsache aus, dass »niemand in Polen einen schlechteren Ruf als die Politiker im Allgemeinen und die Sejm-Abgeordneten im Besonderen« habe. Für die Mehrheit der Gesellschaft seien sie »krakelnde Rüpel, die kein ordentliches Polnisch können« und »Streithähne, die keinen Kompromiss finden können«[17], was er auch aus eigener Beobachtung bestätigt. Allerdings liefert er dafür eine eigene, originelle Erklärung. Er greift nämlich die von Polen oft vertretene Meinung auf, die Politiker seien schließlich ein Abbild der Gesellschaft, die sie gewählt habe – was im Klartext das selbstkritische »Sie sind genauso schlecht wie wir selbst« bedeute –, und versucht eine andere Interpretation. Er geht nicht von den schlechten, sondern von den guten Charakterzügen der Polen aus und vermutet folglich, »dass die Ursache der Misere in der Demokratie selber zu suchen ist. Ihr steifes Korsett zwingt die armen Abgeordneten zu Verrenkungen, die sich nicht mit den polnischen Grundeigenschaften vereinbaren lassen. Sie werden zu künstlichen Geschöpfen, zu Marsmännchen im eigenen Volk.«[18]

Dafür hat er auch einige Beispiele parat: Die Demokratie erfordere eine Art der Selbstdarstellung, die den meisten Polen völlig fremd sei. Also würden die Politiker versuchen, »den Mangel an Natürlichkeit durch künstliche Offenheit zu ersetzen. Das wirkt aufgesetzt und bisweilen aggressiv.« Die Polen seien von Natur bescheiden, Eigenlob werde streng geahndet, direkte Kritik gelte als unhöflich. Die Demokratie verlange aber von den Politikern, »dass sie andere Parteien ständig klein- und die eigenen Leistungen großreden«. Die Polen seien keine Hurra-Optimisten. Die Demokratie setze aber »Daueroptimismus, laute Parolen und gespielte Zuversicht«[19] voraus. Die Polen würden die Diskretion schätzen, die Demokratie fordere aber rücksichtslose Offenheit. Und so weiter und so fort. Möllers Fazit: Die Demokratie zwinge den polnischen Politikern »Rollen auf, auf die sie niemand vorbereitet hat. Sie macht sie, die Höflichen, Bescheidenen, zu Schafen im Wolfspelz.« Woraus die Schlussfolgerung resultiert: »Entweder man ändert etwas an der polnischen Demokratie oder man verbessert das polnische Bildungssystem.« Er weiß auch schon, wie diese Verbesserung aussehen könnte: An den Schulen sollten »vermehrt Rhetorikwettbewerbe stattfinden, die es da und dort bereits gibt«, und die Lehrer sollten in ihrem Unterricht zeigen, »wie man maßvoll kritisieren und geduldig Kritik annehmen kann. Schüler sollten unbedingt häufiger gelobt als getadelt und dazu angehalten werden, ihren Erfolg auch zu bejubeln, statt ängstlich unter den Teppich zu kehren.«[20]

In beiden Punkten würde ihm vermutlich sofort Jan Karski, der berühmte Kurier des polnischen Untergrunds im Zweiten Weltkrieg, zustimmen. Nach dem Krieg lebte er in den USA und lehrte jahrzehntelang Politikwissenschaften an der Washingtoner Georgetown University. Er war für seinen Unterrichtsstil bekannt, zu dem unter anderem häufiges Ermuntern der Studenten zum selbstständigen, kritischen Denken gehörte und den er nicht zuletzt seinem eigenen Erfolg in der Jugendzeit verdankte: Vor dem Krieg wollte er Diplomat werden und nahm kurz vor dem Studienabschluss an einem beliebten Rhetorikwettbewerb teil. In einer flammenden Rede verteidigte er die Entscheidung der französischen Revolutionäre, den König Ludwig XVI. zu guillotinieren, ja er forderte dessen erneute Verurteilung. Seine Argumente hatten die Zuhörer offenbar voll überzeugt, denn als er sie zum Schluss bat, per Handzeichen über das Urteil abzustimmen, reagierte die Menge im Saal so, als wollte sie die Bastille neu stürmen. Die Rufe »Tod dem König« vermischten sich mit der auf Französisch gebrüllten Parole »Liberté, égalité, fraternité!«, und die Zahl der erhobenen Hände ließ keinen Zweifel am Schicksal des glücklosen Herrschers aufkommen, wäre er noch am Leben gewesen. So wurde Karski zum Sieger des Wettbewerbs und zum *eloquentissimus adeptus diplomatiae* seines Jahrgangs gekürt.

Es war ein rhetorischer Triumph, an dem sich im heutigen Polen in der Tat Schüler und Studenten, noch dringender aber die regierenden Politiker ein Beispiel nehmen sollten. Vielleicht würden sie mit ihren Argumenten auch den Wähler erreichen, der sich seit drei Jahren fragt, was mit ihm, dem manchmal zwar etwas unsicheren, doch alles in allem recht zufriedenen Bürger eines normalen, demokratischen Landes, auf einmal passiert ist. Oder, wie Tadeusz Konwicki es in seinem ›Polnischen Komplex‹ formulierte: »Wer hat mich, einen Europäer, nein, einen Bürger der Welt, einen Esperantisten, einen Kosmopoliten, einen Agenten des Universalismus, wer hat mich, wie in einem bösen Märchen, in einen sturen, ignoranten, zornigen Polen verwandelt?«[21]

SMOLENSK

Eine Tragödie in drei Akten

Es kommt nur selten vor, dass die Medien bei Filmpremieren etwas für Poesie übrighaben. Doch im September 2007, als Andrzej Wajdas Film ›Das Massaker von Katyn‹ erstmals gezeigt wurde, gab es kaum eine polnische Zeitung, die nicht dieses Gedicht zitiert hätte: Zbigniew Herberts ›Knöpfe‹, ein kurzes, unpathetisches Werk, das von den ermordeten polnischen Offizieren in Katyn handelt und einem von ihnen, Hauptmann Edward Herbert, dem Vetter des Dichters, gewidmet ist. »Nur ihre harten Knöpfe überstanden / den Tod als Zeugen des Verbrechens / sie tauchen aus der Tiefe auf / das letzte Mahnmal auf dem Grab«[1], lauten die ersten Zeilen. Die Medien zitierten es wegen der thematischen Aktualität, aber auch, weil es zwischen Herbert und Wajda eine biografische Parallele gibt: Unter den Opfern befand sich auch Kapitän Jakub Wajda, der Vater des Regisseurs.

Allein dieser persönliche Bezug war für die anderen polnischen Filmemacher ein Grund, die Auseinandersetzung mit dem Thema dem Altmeister Wajda zu überlassen. Ihr Verzicht hatte früher allerdings nur einen symbolischen Charakter, denn in kommunistischen Zeiten war an einen solchen Film nicht einmal zu denken. Das Thema wurde jahrelang tabuisiert, obwohl es schon während der Nürnberger Prozesse zur Sprache kam und der US-Kongress 1952 eine Untersuchungskommission einsetzte, die den Ereignissen von Katyn auf den Grund gehen sollte. Heute sind diese Ereignisse weitgehend bekannt, dennoch kurz zur Erinnerung: Am 5. März 1940 schrieb der sowjetische Innenminister Berija an Stalin, er würde empfehlen, die in russischen Gefangenenlagern befindlichen »14 700 polnische[n] Offiziere und 11 000 Mitglieder konterrevolutionärer Gruppen« zu erschießen. Stalin stimmte seinem Vorschlag zu, und Anfang April begannen die Exekutionen. Sie wurden von Anfang April bis Mitte Mai an mehreren Orten durchgeführt. Einer davon war Katyn, wo 4421 Männer den Tod fanden und das seitdem als Symbol des Verbrechens gilt.

Ende der 1950er-Jahre wurden die Personalakten der Ermordeten vom KGB vernichtet. Von da an durfte der Name Katyn nicht einmal erwähnt werden – was einige Mutige, die Schriftsteller Józef Mackiewicz und Włodzimierz Odojewski oder den Maler Józef Czapski, nicht davon abhielt, sich mit dem Thema trotzdem zu beschäftigen. Warum es allerdings nach dem Sturz des Kommunismus noch weitere achtzehn Jahre dauern musste, bis Wajdas Film in die Kinos kam, war vielen unverständlich. So wurde er nach der Pressevorführung von ›Katyn‹, wie der schlichte polnische Titel lautet, sofort nach den Gründen gefragt. Er drehe gern nach einer literarischen Vorlage, gab der Regisseur zurück, und in diesem Fall habe es lange keine geeignete gegeben. Es seien zwar auch einige Originaldrehbücher geschrieben worden, doch von Autoren, für die das Thema völlig abstrakt gewesen sei. Er hingegen, der ja der Zeugengeneration angehöre, habe nach einer Form gesucht, die einer Dokumentation möglichst nahegekommen wäre.

Die geeignete Vorlage fand er schließlich in Andrzej Mularczyks Roman ›Post mortem‹ (2007), weshalb der Film ursprünglich auch so heißen sollte. Dass er tatsächlich einen stark dokumentarischen Charakter hatte, konnte man bereits an den ersten Szenen erkennen: Es ist der 17. September 1939. Auf einer Brücke über dem Grenzfluss Bug stoßen zwei Flüchtlingsströme aufeinander: Der eine flieht vor den Deutschen, der andere vor den Russen, die vom Osten her einmarschiert sind. In der Menschenmenge ist eine junge Frau zu sehen, die fieberhaft nach ihrem Mann sucht. Sie findet ihn in einer schlecht bewachten Gefangenengruppe, doch nur um zu erfahren, dass seine Offiziersehre ihm verbietet, mit ihr zu fliehen. Diese erste

Szene, die übrigens manchem ausländischen Journalisten unverständlich erschien (»ein Mann, der eine Fluchtgelegenheit nicht ergreift, ist kein Ehrenmann, sondern ein Trottel«, meinte einer), war insofern wichtig, als sie gleich zu Beginn signalisierte, dass es Wajda nicht allein um Katyn ging – er wollte von der ganzen Tragik und Verworrenheit jenen Kapitels der polnischen Geschichte erzählen. Denn so, wie er hier den völlig überraschenden Einmarsch der Russen zeigte, sollte er in den späteren Szenen auch die als »Sonderaktion Krakau« bezeichnete Verhaftung der Krakauer Universitätsprofessoren (1939) oder die Verfolgung der Heimatarmee-Soldaten nach Kriegsende zeigen.

Dass die Hinterbliebenen der Ermordeten dennoch große Hoffnungen mit dem Film verbanden, konnte man schon bei dieser Pressevorführung spüren: Auf den Plätzen, die für die sogenannten »Katyn-Familien« reserviert waren, saßen viele Menschen – Kinder oder Enkel der Opfer, die den Journalisten nach dem Film bereitwillig von ihren eigenen Erfahrungen erzählten. Unter ihnen fielen ein weißhaariger, vornehmer Herr und eine junge Frau auf, auf die sich auch sofort die meisten Kameras und Mikrofone richteten. Es waren, wie sich herausstellte, Andrzej Sariusz-Skąpski, der seit einem Jahr dem »Verband der Katyn-Familien« vorstand und dessen Vater, ein Warschauer Vorkriegsstaatsanwalt, zu den Ermordeten gehörte, sowie seine Tochter Izabela.

Es war ein seltsamer, tief berührender Moment: Soeben hatte man auf der Leinwand das gesehen, worüber in kommunistischen Zeiten nur hinter vorgehaltener Hand gesprochen wurde, und nun, oft nur nach einer halben Umdrehung im Kinosessel, konnte man aus unmittelbarer Nähe diejenigen erleben, die davon direkt betroffen waren. Die über all die Jahre täglich damit leben mussten, was damals von der ganzen Nation in verschwörerischem Flüsterton als Katyn-Lüge bezeichnet wurde. »Das heilige Prinzip lautet, ja nicht die Wahrheit zu sagen«, schrieb der Warschauer Autor Kazimierz Brandys in seinem Roman ›Die Unwirklichkeit‹, der erst Ende der 1980er-Jahre erscheinen durfte. Genauer: Er ließ es seinen Ich-Erzähler sagen, einen

Theaterregisseur, der einer ausländischen Journalistin über sich und sein Leben in Polen Auskunft gibt. »Früher war ich darüber verblüfft, ich konnte nicht glauben, dass man so naiv oder zynisch sein kann, um anzunehmen, dass die Gesellschaft all diese Pseudoinformationen, die dem Verschweigen der wahren Fakten dienen sollen, für bare Münze nehmen könnte. Wozu auch lügen, wenn alle sowieso darüber sprechen? Warum nicht die Umstände enthüllen, unter denen die polnischen Offiziere in Katyn ums Leben gekommen sind, wenn es nicht einen einzigen Polen gibt, nicht einmal unter den Mittgliedern der höchsten Parteigremien, der nicht weiß, dass sie von den Funktionären des NKGB[2] erschossen wurden? (...) Ich dachte, ziemlich lange sogar, man könnte sich kaum dümmer verhalten. Doch ich war wohl im Unrecht. Das ist gar nicht dumm. Aus der Sicht der Regierenden ist es nicht dumm. Etwas, das nicht beim Namen genannt wird, ist immer weniger gefährlich als das Wort, das es umschreibt; erst Worte verleihen ja den Fakten die gesellschaftliche Wirkungskraft.«[3]

Andrzej Wajda schrieb dem Begriff Katyn-Lüge allerdings zwei Bedeutungen zu. Für ihn bezog er sich auf die Zeit danach, in der behauptet wurde, dieser Massenmord sei ein Werk der Deutschen. Er bezog sich aber auch auf die Opfer selbst, die, wie die Aufzeichnungen belegen, die bei einigen der ermordeten Offiziere gefunden wurden und die ihre letzten Augenblicke dokumentieren, nach allen Regeln der Kunst belogen wurden. »Allein diese Fragen, die man ihnen stellte«, erzählte der Regisseur. »Wer spricht Rumänisch? Dann: Wer spricht Französisch? Sie dachten also, dass man sie über Rumänien nach Frankreich bringen würde, wo eine polnische Armee entstand. Sie waren wirklich bis zum Schluss überzeugt, dass man sie freilassen würde. Selbst als die Exekutionen begannen, glaubten sie, dass es sich dabei nur um eine Inszenierung handle, dass im letzten Moment noch etwas geschehen würde. Doch es zeigte sich, dass das alles echt war. Dass durch eine einzige Unterschrift Stalins eine Vernichtungsmaschinerie in Gang gesetzt wurde, die nicht mehr aufzuhalten war.«[4]

Diesen Doppelsinn zeigte Wajda auch in seinem Film. Wer es in den ersten anderthalb Stunden der Vorführung nicht begriffen hatte, der tat es spätestens in den letzten fünfzehn Minuten. Dann sah er plötzlich unvermittelt das, wovon in den vorhergegangenen Szenen nur gesprochen wurde: Bilder aus alten Wochenschauen, in denen Deutsche und Russen sich gegenseitig die Schuld zuwiesen, und – in einer Rückblende – die Exekutionen selbst. Ein Kopfschuss fiel nach dem anderen, schnell, mechanisch, routiniert. Nach dem letzten wurde die Leinwand dunkel, und man hörte einige Takte aus einem Requiem von Krzysztof Penderecki. Danach, während des langen Abspanns, herrschte absolute Stille. Man hatte viel Zeit, sich dessen bewusst zu werden, was mit den realen Akteuren von Katyn geschehen war.

Als der Film in Polen anlief, sahen ihn innerhalb weniger Tage über eine Million Zuschauer, und es waren erstaunlicherweise vor allem junge Menschen, die in die Kinos strömten. Danach folgten Vorführungen auf der Berlinale und bei anderen internationalen Filmfestivals. Und schließlich eine Nominierung für den Oscar 2008 und eine Umfrage der ›New York Times‹, in der 67 Prozent der amerikanischen Leser ihn zu ihrem Favoriten erklärten. Mit so viel Interesse im Ausland hatte Wajda trotz seiner früheren Erfolge nicht gerechnet. »Wenn man ein nationales Thema aufgreift«, so sein Kommentar, »wendet man sich vor allem an das eigene Publikum. Ich kann mich zwar an meine Erfahrungen mit Filmen wie ›Kanal‹ oder ›Asche und Diamant‹ erinnern, von denen man behauptete, sie würden von so lokalen und für einen Fremden unverständlichen Ereignissen handeln, dass sie im Ausland keine Chance hätten. Und, wie es sich zeigte, war das Gegenteil der Fall. Doch die heutige Situation ist anders. Die Berliner Mauer ist nicht mehr da, und wir sind nicht mehr die lauteste Stimme hinter dieser Mauer. Die Spannung, mit der man auf unsere Kunst im Westen wartete, ist also weg. Es wäre aber gut, wenn das westliche Publikum sich für meinen Film interessierte, weil Katyn schließlich auch eine Sünde des Westens war.«[5]

Damit sprach er einen der wichtigsten Gründe an, warum Katyn für die Polen bis heute ein Trauma bleibt. Für sie ist nämlich das Thema mit dem Massenmord selbst und der Entdeckung der Leichen noch lange nicht ausgeschöpft. Es geht auch um das hochbrisante Nachspiel, das beides noch während des Krieges hatte: Die Deutschen lasteten das Massaker den Sowjets an, diese wiesen die Schuld den Deutschen zu, doch die Polen tendierten dazu, die deutsche Version zu glauben. Kurz nach der Bekanntgabe des Fundes forderte die polnische Exilregierung in London eine Untersuchung durch das Internationale Rote Kreuz. Einen Tag früher hatten die Deutschen das Gleiche getan. Dieser plötzliche deutsch-polnische Schulterschluss wurde von Stalin zum Anlass genommen, die Polen der Zusammenarbeit mit den Nazis zu beschuldigen und die diplomatischen Beziehungen zur polnischen Regierung abzubrechen. Deren Haltung sorgte aber auch für die Irritation der Briten und Amerikaner, für die nichts wichtiger war als die Anti-Hitler-Koalition mit Stalin. »Sowohl Churchill als auch Roosevelt haben sich für Realpolitik entschieden«, stellt zu Recht der Historiker und Journalist Thomas Urban in seiner 2015 erschienenen Katyn-Studie fest. »Die Anti-Hitler-Koalition dürfe auf keinen Fall gefährdet werden, sie ignorierten und isolierten folglich die Exilpolen. Im kollektiven Gedächtnis der Polen war dies zynisch und unmoralisch, ein Verrat, der dem noch größeren von Jalta vorausging, als die Westmächte noch vor dem Ende des Krieges die künftige Herrschaft Stalins über Osteuropa absegneten.«[6]

Für die Westalliierten war der Massenmord von Katyn also nur eine Episode, für die Polen aber alles andere als das, zumal dem Verrat seitens ihrer ursprünglichen Verbündeten eine harte Probe vorausgegangen war. Schon die Okkupation durch die Deutschen, zu deren wichtigsten Zielen die Ausrottung der polnischen Intelligenz gehörte, war mehr, als sie verkraften konnten. Dass sich aber zu dem einen Besatzer nach kurzer Zeit noch ein zweiter gesellte und wenige Monate später Tausende von Männern ermordete, die fast ausnahmslos dem Bildungsbürgertum entstammten, war ein Schlag, unter dem das Land bis heute leidet. (Unter den Katyn-Opfern war übrigens auch eine Frau – die 32-jährige Janina Lewandowska, eine Generalstochter und Fliegerin, die als erste Europäerin einen Fallschirmsprung aus der Höhe von 5000 Metern wagte.)

»Ohne Katyn wären wir eine andere Nation«: Dieser Satz wurde nach der Warschauer Premiere von Wajdas Film in den Medien oft zitiert. Er stammte von seinem Produzenten Michał Kwieciński, wurde aber meist Wajda selbst zugeschrieben, zumal er sofort den darin enthaltenen Gedanken aufgriff. Abgesehen davon, dass viele ihre Väter und Brüder nicht verloren hätten, sagte er, hätten die Polen weiterhin einen Großteil ihrer Elite gehabt, also all diese Professoren, Ärzte, Historiker und Lehrer, die in Katyn ums Leben gekommen seien. Was er damit genau meinte, war: Die Ermordeten haben der Oberschicht der polnischen Vorkriegsgesellschaft angehört, dem Adel und dem Bürgertum, und zu ihren Qualitäten gehörten nicht nur Bildung und Fachkompetenz, sondern auch Patriotismus, Religiosität und ein bestimmter Ehrenkodex, der ihr Verhalten bestimmte. Und all das hätten sie ihren Kindern und Enkeln vermittelt, die den Kern der heutigen Elite bilden würden. Dass es nicht dazu kam, war zum großen Teil den Sowjets zu verdanken, worauf auch das Datum der offiziellen polnischen Premiere von Wajdas Films erinnern sollte. Sie fand am 17. September, kurz nach der Pressevorführung, im Warschauer Nationaltheater statt – an dem Tag, an dem auch, wie gesagt, der Film beginnt, wurde Polen von der Sowjetunion überfallen.

Es hat fünfzig Jahre gedauert, bis die Vorgänge von Katyn von den Sowjets bestätigt wurden, und noch weitere zwanzig, bis ein russischer Regierungschef erstmals nach Katyn kam. Am 7. April 2010 trafen am Ort des Verbrechens zwei Delegationen zusammen: eine polnische mit Donald Tusk und eine sowjetische mit Wladimir Putin an der Spitze. Letzterer fand allerdings nicht die Worte, die von der polnischen Seite erwartet wurden – er sprach nur allgemein von Opfern eines »totalitären Regimes«, nicht ohne die in Katyn ermordeten Russen zu erwähnen, deren Zahl sogar noch höher sei als die der Polen.

Erst ein tragisches Ereignis, das die Öffentlichkeit in beiden Ländern drei Tage später erschütterte, brachte einen neuen Durchbruch; es bewirkte, dass der russische Staatspräsident Medwedew 67 Aktenbände zu dem Mord an Warschau übergeben ließ und das russische Fernsehpublikum Andrzej Wajdas Film zu sehen bekam. Dieses Ereignis war der Absturz der polnischen Regierungsmaschine über Smolensk am 10. April 2010, bei dem der Staatspräsident Lech Kaczyński, seine Frau und 94 weitere Personen aus den höchsten Politik- und Kulturkreisen, die auf dem Weg zu eigenen Feierlichkeiten in Katyn gewesen waren, ums Leben kamen. Unter ihnen Andrzej Sariusz-Skąpski, der bei der Pressevorführung von Wajdas Film so bereitwillig Auskunft gab.

Die Katastrophe hatte die Polen in einen Schockzustand versetzt. Zehntausende, die stundenlang vor dem Präsidentenpalast im Gedenken ausharrten. Ein Meer von Blumen, Kerzen und Grablichtern. Überfüllte Kirchen, in denen die Menschen beteten und Kirchenlieder sangen. Fahnen auf Halbmast, immer wieder die Nationalhymne. So sah es in den ersten Tagen danach in Warschau aus, ein ähnliches Bild boten aber auch Krakau, Danzig und andere polnische Städte. Ein Land, in dem noch wenige Tage zuvor eine festliche Stimmung geherrscht hatte, weil das soeben zu Ende gegangene Osterfest mit dem fünften Todestag von Papst Johannes Paul II. zusammengefallen war, schien wie gelähmt, und nichts deutete darauf hin, dass sich die Situation bald normalisieren würde. Selbst die Intellektuellen fanden nur mühsam ihre Stimme wieder. Die meisten schienen genauso wie der Rest der Bevölkerung nach Luft zu ringen und sich erst langsam dessen bewusst zu werden, dass die Katastrophe vom 10. April – die laut ersten Ermittlungen auf einen starken Nebel und einen Pilotenfehler zurückging – nicht nur ein böser Traum war.

In Katyn sei erneut die polnische Elite umgekommen, sagte

als einer der Ersten der Ex-Präsident Lech Wałęsa. Von jetzt an werde der Ort endgültig einen besonderen Platz in der polnischen Geschichte einnehmen, pflichtete ihm sein Nachfolger im Amt, Aleksander Kwaśniewski, bei. Und schon ließen sich unter den traumatisierten Menschen, die in jenen Tagen die polnischen Straßen und Kirchen füllten, Stimmen vernehmen, die Sätze wie »Katyn – der verfluchte Ort« oder »Warum immer wir?« in Umlauf brachten. Dabei sah es noch kurz davor so aus, als sollte Katyn von seinem Stigma eines der größten Traumen der polnischen Zeitgeschichte ein wenig zu verlieren – dank der Enttabuisierung nach dem Sturz des Kommunismus, dank neuer Publikationen und Andrzej Wajdas Film. Nun aber, nach dem tragischen Unfall, schien der Name Katyn endgültig den Charakter eines negativen Symbols zu bekommen. Und die Tatsache, dass die ersten russischen Reaktionen auf die Katastrophe – die in Moskau ausgerufene Staatstrauer und Wladimir Putins spontane Umarmung für Donald Tusk bei der Trauerfeier – dem kühlen Verhältnis beider Länder plötzlich eine positive Wende gaben, war nur ein schwacher Trost.

Dabei stimmte die Analogie zwischen damals und jetzt nur bedingt. Bei den Ermordeten von 1940 handelte es sich um Tausende Männer, die in der Tat den Großteil der Elite einer damals führungslosen, sich im Krieg gegen zwei Übermächte, Deutschland und Sowjetunion, befindenden Nation bildeten und deren Abwesenheit auch nach dem Krieg, als es galt, das Land möglichst schnell wiederaufzubauen, schmerzlich offenbar wurde. Vor einem vergleichbaren Neuanfang stand Polen im Jahre 2010 trotz des kaum fassbaren Ausmaßes dieser politischen und menschlichen Tragödie aber nicht. Die politische und wirtschaftliche Situation des Landes war stabil, die Regierung voll einsatzfähig, die Amtsgeschäfte des verunglückten Präsidenten wurden sofort vom Parlamentspräsidenten, die des Zentralbankchefs und der Militärführung von deren Stellvertretern übernommen. Angesichts der plötzlichen Verunsicherung und der lähmenden Trauerstimmung war ein solcher Vergleich verständlich, aber auch beunruhigend. Polen war ja auch nach der Tragödie von Smolensk auf dem besten Weg dahin, ein modernes, in alle europäischen und weltlichen Strukturen eingebundenes Land zu werden, und es durfte sich nicht selbst diesen Weg versperren, indem es in den alten historischen Fatalismus zurückfiel.

Wie sehr sich die polnische Gesellschaft in den letzten Jahren gewandelt hatte, spiegelte sich ja nicht zuletzt in der Passagierliste des abgestürzten Flugzeugs. Es fing mit dem Präsidentenpaar an, das für sehr verschiedene, oft konträre Tendenzen im Lande stand: Lech Kaczyński, für die einen »der beste Präsident, den wir je hatten«, für die anderen zu konservativ, nationalistisch und dogmatisch oder gar, wie manche es formulierten, »politisch nicht mehr tragbar«. Maria Kaczyńska, eine loyale Präsidentengattin, die aber gleichzeitig eigene politische Akzente setzte: durch Auseinandersetzungen mit Pater Tadeusz Rydzyk, dem Chef des ultrakatholischen Radiosenders Radio Maryja, Einsätze für den Umweltschutz oder Befürwortung der Liberalisierung des Abtreibungsgesetzes. Neben ihnen Menschen wie Ryszard Kaczorowski, der letzte Präsident der polnischen Exilregierung in London, Anna Walentynowicz, die berühmte Kranführerin von der Danziger Werft, eine der Legenden der Solidarność-Bewegung, oder Janusz Kurtyka, Leiter des Instituts für Nationales Gedenken, des Inbegriffs der Aufarbeitung kommunistischer Vergangenheit. Und dazu ranghöchste Befehlshaber der Armee und Oberhäupter der Kirche, zweier Institutionen, die in Polen schon immer große Autorität genossen, sowie unzählige Vertreter der unterschiedlichsten politischen und gesellschaftlichen Gruppierungen.

Bei aller Tragik des Vorfalls hatte der Tod von Lech Kaczyński auch paradoxe Folgen: Um einen Politiker, der zu Lebzeiten das Land nicht minder als sein Bruder polarisierte und zum Schluss selbst in den eigenen Reihen auf Widerspruch stieß, schien schon in den ersten Stunden der Trauer eine Art Kult zu entstehen. Sogar jene Medien, die in ihm bis dahin ein beliebtes Kritikobjekt gesehen hatten, wagten keine Bildkorrektur, zumal sie nach der Katastrophe mit dringenderen Fragen beschäftigt waren: Wie lange wird es dauern, bis diese Wunde verheilt ist? Wie schnell kann man die politische Situation wieder in den Griff bekommen? Sind Bronisław Komorowski, das neue Staatsoberhaupt, und all die anderen, die anstelle der Verunglückten die wichtigsten Ämter im Staat plötzlich übernehmen mussten, ihren Aufgaben gewachsen? Wie werden die vorgezogenen Wahlen aussehen? Welche neue politische Landkarte hervorbringen? Das wollte die polnische Öffentlichkeit zu diesem Zeitpunkt in erster Linie wissen. Man fragte sich auch, ob das momentane Gefühl der Zusammengehörigkeit den Stil der polnischen Politik, den oft aggressiven, unfairen Umgangston unter politischen Gegnern ändern könnte. Viel Hoffnung diesbezüglich schien man allerdings nicht zu haben.

Zu Recht, wie sich schnell zeigte. Unmittelbar nach dem Flugzeugunglück war die Nation für kurze Zeit im Schmerz vereint, doch schon fünf Tage später, nachdem die Warschauer Pfadfinder vor dem Präsidentenpalast ein großes hölzernes Kreuz aufgestellt hatten, kam es zu einem ersten Konflikt. Die Gegner der Aktion forderten eine klare Trennung von Religion und Staat, und als die Behörden daraufhin beschlossen, das Kreuz in die nahe gelegene St.-Anna-Kirche zu verlegen, rief dies Demonstranten auf den Plan, die das verhindern wollten. Seitdem hielten die selbsternannten »Verteidiger des Kreuzes« rund um die Uhr Wache und lieferten sich mit ihren Gegnern, die weitere Protestkundgebungen organisierten, immer heftigere Auseinandersetzungen. Erst am 16. September 2010 wurde das Kreuz in die Kapelle des Präsidentenpalastes gebracht, um schließlich am 10. November in der besagten Kirche Platz zu finden.

Das Kreuz wurde trotzdem zu einem Symbol der beginnenden Spaltung der Gesellschaft. Sie wurde schon während der Auseinandersetzung um die Aufstellung an einem öffentlichen Ort sichtbar. Sie ging weiter, als seine Befürworter nach dessen Entfernung von der Regierung eine Zusage haben wollten, dass an dieser Stelle ein Denkmal für den verunglückten Präsidenten errichtet werde. Als die postkommunistische Linke dagegen ihr Veto einlegte, fühlten sich die Befürworter der Idee an die Repressionen während des Kommunismus erinnert. Und das Ganze entwickelte sich zu einem tiefen Riss, als die Obsession, zu der die Katastrophe für Jarosław Kaczyński und seine Anhänger geworden war, immer neue Formen anzunehmen begann. Einerseits waren es die sogenannten »Smolensk-Monatsandachten« – Gedenkfeiern, die am 10. jeden Monats vor dem Präsidentenpalast zelebriert wurden und erst acht Jahre nach dem Unglück, am 10. April 2018, zu Ende gingen. Andererseits entstand eine dubiose Verschwörungstheorie: Die Katastrophe sei in Wirklichkeit ein Anschlag Moskaus gewesen, an dem auch die damalige Regierung von Donald Tusk mitgewirkt habe. Die darin enthaltene Botschaft an die Nation lautete: Ministerpräsident Tusk, an dessen Händen Blut klebe, verkörpere all das, was dieses Land ins Verderben stürze, der tragisch umgekommene Staatspräsident Kaczyński aber das wahre, große, freie Polen.

Und dies hatte eine wichtige Folge mentaler Natur: Die Idee des Messianismus, die von der christlichen Sendung des polnischen Volkes, der Notwendigkeit seines Todes und seiner Wiedergeburt ausging und zum Kerngedanken der polnischen Romantik wurde, war wieder in den Köpfen vieler Polen. Damals, im 19. Jahrhundert, wurde sie in erster Linie von dem Dichter Adam Mickiewicz propagiert – vor allem in seinem dramatischen Hauptwerk ›Totenfeier‹, dessen Handlung auf einen in seiner Heimat Litauen weitverbreiteten heidnischen Brauch der Geisterbeschwörung zurückging. Anfangs belebte er den alten Kult, um mit dessen Hilfe die Liebesqualen seines Protagonisten effektvoll in Szene zu setzen, im dritten Teil aber, den er nach der Niederlage des sogenannten Novemberaufstands (1830/31) und der Verfolgung der Wilnaer Jugend durch die zaristischen Behörden schrieb, verband er ihn mit politischen Inhalten.

Hier stellte er auch in einer symbolischen Szene die Kreuzigung Polens als »Christus der Völker« dar – eine Idee, an der seine Landsleute Gefallen fanden und die seinen Ruf des größten polnischen Nationaldichters mitbegründete. Die erheblich dazu beitrug, dass der Dichter seine letzte Ruhe in der Gruft des Wawel, der Krakauer Königsburg, fand: einem Pantheon, in dem nur Könige und einige wenige Größen ruhen dürfen. Und die in vielen heutigen polnischen Intellektuellen ihre Gegner hat, allen voran in der Romantik-Expertin Maria Janion, einer Legende der polnischen Literaturwissenschaft (Jg. 1926) und zugleich einer geistigen Autorität, die schon immer als lebendes Synonym des nonkonformistischen Denkens galt. Bei ihrer Erforschung der Literaturgeschichte bediente sie sich gern der Mittel der sogenannten »phantasmatischen Kritik«, unter der sie die Befragung der Literatur auf ihre imaginären Inhalte hin begriff, auf Bilder und Vorstellungen, die teilweise aus unserem Unterbewusstsein stammen würden und die sich unter Umständen als schädlich für unsere Psyche erweisen könnten. Das tat sie auch im Falle des messianischen Denkens der Romantiker, das sie in engem Zusammenhang mit ihrer Theorie des Vampirismus sah, den sie als »die Kehrseite des christlichen Mysteriums des Blutes und der Wiederauferstehung« definierte: Sie interpretierte den Vampir als »eine Symbolfigur für die Transgression zum Bösen«[7].

Ob die Assoziationskette Kreuz-Messianismus-Mickiewicz-Wawel auch im Kopf von Jarosław Kaczyński herumgeisterte, als er plötzlich beschloss, seinen toten Zwillingsbruder und dessen Frau Maria in der königlichen Krypta beizusetzen, wird man nie erfahren. Doch eine falschere Entscheidung hätte er kaum treffen können. Noch am selben Tag zogen Hunderte von Demonstranten vor das berühmte »Papstfenster« der Krakauer Bischofsresidenz, Tausende protestierten im Internet, und auch unter den Intellektuellen mehrten sich kritische Stimmen. Diese Proteste hatten, grob gesagt, drei Gründe: Erstens, es gab viele, denen nicht einleuchten wollte, warum jemand, der ein mittelmäßiger und nicht sehr beliebter Politiker gewesen war, ausgerechnet dort ruhen sollte, wo die nichtköniglichen Toten nur aufgrund der höchsten Bewunderung oder Dankbarkeit der Nation hinfanden. Menschen also wie die

Nationaldichter Mickiewicz, Słowacki und Norwid, Marschall Piłsudski, der Nationalheld Kościuszko oder die Legende des Zweiten Weltkriegs, General Sikorski. Zweitens, ein Teil der Gesellschaft fühlte sich durch die Tatsache gekränkt, dass diese Entscheidung so schnell und eigenmächtig getroffen wurde, als ginge es dabei um eine kleine Zeremonie im Familienkreis. Die polnischen Präsidenten wurden üblicherweise in Warschau bestattet, also hätte man, so ihr Einwand, die Nation nach ihrer Meinung fragen sollen, bevor man beschloss, von dieser Tradition abzuweichen, vor allem bei einer so kühnen Ortswahl: Das Privileg der Beisetzung auf dem Wawel kam keinem bisherigen Präsidenten zu (und schon gar nicht deren Frauen), nicht einmal dem 1922 ermordeten Gabriel Narutowicz. Und drittens schließlich: Der tragische Tod der Katyn-Delegation hatte die Polen in eine Stimmung gemeinsamer stiller Trauer versetzt, ihnen das gute Gefühl des nationalen Zusammenhalts und Neubeginns gegeben. Dieses Gefühl wurde durch eine einzige voreilige Entscheidung zerstört, und aus der Nationaltragödie war innerhalb kürzester Zeit die übliche Farce der öffentlichen Streitereien und Schuldzuweisungen geworden.

Als die PiS-Partei im Herbst 2015 die Macht übernahm und ihren Traum von einem neuen Polen umzusetzen begann, hatte sie auch schon ihren Gründungmythos: die Katastrophe von Smolensk. Statt sich aber mit dessen ideellem Wert zu begnügen, stürzte sie sich wieder in den Kampf um die Glaubwürdigkeit ihrer Version der Ereignisse. Anfang 2016 wurde eine neue Expertenkommission einberufen, die Untersuchung der Ursachen des Flugzeugabsturzes neu aufgerollt. Der leider erst im Januar 2018 abgesetzte Verteidigungsminister Antoni Macierewicz war in seinem Element und tat alles, um seinem Ruf des »Großen Untersuchungsrichters« bzw. des »Kaplans der Smolensker Religion«, wie ihn seine Gegner spöttisch nannten, gerecht zu werden. Die Staatsanwaltschaft – die nach einer entsprechenden Gesetzesänderung nun dem Justizminister unterstand – hatte wieder alle Hände voll zu tun. Der Verdacht auf ein Verbrechen lag angeblich immer noch vor, also war die Anordnung, fast neunzig Leichen exhumieren zu lassen, nur eine Frage der Zeit. Was sich die Ermittler davon versprachen, war wohl niemandem klar (sie selbst eingeschlossen), doch so waren die Vorschriften – einen Einspruch konnte niemand erheben. Nicht einmal die Bischofskonferenz, die sich folglich mit der Anmahnung begnügte, die Leichen mit »Achtung und Liebe« zu behandeln.

Im September 2016 bekam die »Wahrheitssuche«, die immer absurder und kostspieliger wurde, sogar einen künstlerischen Höhepunkt: Der Spielfilm ›Smolensk‹ von Antoni Krauze, in dem eine Cousine der Brüder Kaczyński die Hauptrolle übernahm, sollte dem Kinopublikum die Umsetzung der Attentat-Theorie in effektvollen Bildern vor Augen führen. Die Premiere fand, wie einst die von Wajdas ›Katyn‹ im Warschauer Nationaltheater statt und hatte die gesamte PiS-Prominenz versammelt. Doch diesmal hatten nicht einmal die rechten Medien etwas für Poesie übrig – viel zu sehr damit beschäftigt, das peinliche Propagandawerk, in dessen Finale die Präsidentenmaschine von zwei Explosionen auseinandergerissen wird, zu verteidigen. Alle anderen bedachten es mit vernichtenden Kritiken oder mit Schweigen.

Die kritischen Journalisten und Künstler brauchten ohnehin keinen besonderen Anlass, um zu der Attentat-Theorie ihre Meinung zu sagen, gegen sie zu protestierten oder sie lächerlich zu machen. Etwa der hochbetagte, für seine erfrischend nüchternen Kommentare bekannte Warschauer Schriftsteller Józef Hen, der auch in diesem Fall direkt fragte: »Wozu hätten die Russen einen Präsidenten umbringen sollen, der die nächsten Wahlen sowieso verloren hätte?«[8] Oder der Danziger Autor Paweł Huelle, mit dem ein Journalist einmal folgenden Dialog führte: »Sind Sie der Meinung, dass wir es mit einer russischen Verschwörung und einem Attentat zu tun haben?« – »Nein. Ich denke, dass wir es mit der polnischen Inkompetenz zu tun hatten. Würde ich zu den Schriftstellern gehören, die gern auf das aktuelle Geschehen reagieren, würde ich ein Theaterstück darüber schreiben.« – »Was wäre dessen Grundidee? – »Telefongespräche zwischen den Brüdern Kaczyński. Der Präsident flog an dem Tag nach Katyn, um über den Gräbern der Ermordeten eine Rede zu halten, die im polnischen Fernsehen live übertragen werden sollte. Es sollte der Anfang seiner neuen Wahlkampagne sein, und seinen PR-Leuten lag sehr viel daran, dass diese Rede pünktlich übertragen wurde. Wenn er zweihundert Kilometer weiter weg gelandet wäre, hätte er es nicht geschafft. Seine Worte sollten aber die Herzen der Polen berühren, also musste er um jeden Preis rechtzeitig landen. Und er und die anderen sind schließlich gelandet, nur leider als Leichen. Es war eine schreckliche Katastrophe und ein großes Unglück, doch die rechte Seite der politischen Szene hat daraus ein Kabarett gemacht.« – »Viele Menschen glauben aber an ihre Behauptungen.« – »Ja, weil Verschwörungstheorien sich mit der Schnelligkeit von Viren verbreiten.«[9]

Ganz zu schweigen von der Bestsellerautorin Maria Nurowska, die sich gleich mehrmals zu scharfen Aussagen gegen den PiS-Chef hinreißen ließ. »Die einfachsten Mitglieder der PiS-Partei glauben vielleicht an die Attentat-Theorie«, stellte sie in einem Interview fest, »doch Kaczyński selbst und sein Verteidigungsminister glauben es bestimmt nicht.« Und: »Man muss ein Ungeheuer sein, um aus dem Tod seines Bruders politisches Kapital zu schlagen!«[10]

Nicht minder regte sie sich über die »Monatsandachten« auf. Wenn sie von ihnen höre, gestand sie bei einer anderen Gelegenheit, müsse sie sofort an ein berühmtes Gedicht von Czesław Miłosz denken. Es beginnt mit den Worten: »Der du dem einfachen Menschen Unrecht / Getan hast, über sein Leiden lauthals lachend, / Um dich eine Narrenschar, darüber wachend, / Dass sich vermischt, was recht und unrecht ...«[11] Denn das schlimmste Unrecht würde Kaczyński seinen treuesten Anhängern antun. Er nehme ihnen ihre Persönlichkeit: »Sie leben vom zehnten bis zum zehnten eines jeden Monats, um dann wieder Kreuze und Fahnen zu tragen. Sie sehen nicht den Frühling kommen, hören nicht die Vögel singen, sondern weiden sich an ihrem Hass auf die ›Polen der schlechteren Sorte‹, auf die ›Kommunisten und Diebe‹. Und Kaczyński hält Reden darüber, dass die Spaltung der Gesellschaft aufhören muss, obwohl er selbst die Andersdenkenden als Schurken bezeichnet«[12], endete sie wütend, vermutlich nicht ohne noch an die Schlusszeilen von Miłosz' Gedicht zu denken: »Sei nicht so sicher. Der Dichter merkt es. / Du kannst ihn töten – es folgt ein neuer. / Für Tun und Reden bezahlt man teuer. / Dir täten besser ein Morgenfeuer, / Ein Strick und die Last des gekrümmten Astes.«[13]

Am meisten aber regte sich die Schriftstellerin darüber auf, dass die einen tragischen Ereignisse die anderen verdeckt hätten, dass die heutigen Schüler über den Flugzeugabsturz in Smolensk bestens Bescheid wüssten, während sie oft keine Ahnung hätten, was in Katyn passiert sei. Und in der Tat: Seit 2015 ist es um das Massaker stiller geworden, und sein Jahrestag wird in einem viel bescheideneren Rahmen begangen. Früher kam einer von den ranghöchsten Politikern zu der dortigen Gedenkfeier, der Präsident oder der Premierminister, inzwischen ist es höchstens der Botschafter. An das Datum der Flugzeugkatastrophe in Smolensk hingegen wird jedes Jahr mit viel Pomp erinnert; je pompöser es dabei zugeht, desto besser, zumindest für die Anhänger des neuen Mythos. Denn die meisten Angehörigen der Verunglückten sehen darin nur noch eine Belastung. »Ich träume davon«, sagte sieben Jahre nach dem Unglück Izabela Sariusz-Skąpska, die anstelle ihres Vaters den Vorsitz des »Verbandes des Katyn-Familien« übernommen hatte, »dass wir den Jahrestag endlich in Ruhe begehen können, dass der Horror der Exhumierungen aufhört, dass dieses schreckliche Spiel ein Ende hat und die Untersuchungen abgeschlossen sind.« Allerdings schien sie daran zu zweifeln, dass dieser Moment bald kommen könnte: »Die einmal geweckten Dämonen lassen sich nicht mehr einsperren.«[14]

PATRIOTEN

Ringen mit der eigenen Geschichte

In den letzten Jahren ist es in Polen Mode geworden, bei jedem sich bietenden Anlass, einem runden Jahrestag etwa, wichtige historische Ereignisse nachzuspielen. Es können einst gewonnene Schlachten sein, bei denen es den Akteuren offenbar Spaß macht, in voller Kampfmontur über ein Feld zu rennen und mit einem Säbel herumzufuchteln oder mit Platzpatronen zu schießen. Das zeitliche Spektrum dieser militärischen Rekonstruktionen reicht vom Mittelalter bis zum Zweiten Weltkrieg, weshalb auch die Bandbreite der Requisiten recht groß ist. Es können feierliche, mit der »Landshuter Hochzeit« vergleichbare Ereignisse sein, deren Reiz in der Kostümierung und im Ablauf der dargestellten Zeremonie liegt. Es kann aber auch etwas sein, was sich für eine direkte Nachinszenierung zwar kaum eignet, doch einen so hohen moralischen Wert hat, dass es genügt, allein dessen Symbole unter das Volk zu bringen, um patriotische Gefühle aufkommen zu lassen.

Besonders beliebt ist in dieser Hinsicht der Warschauer Aufstand (1944), ein Ereignis, das bekanntlich tragisch endete, um das aber im kollektiven Gedächtnis der Polen dennoch ein Mythos entstanden ist, der von Generation zu Generation fortwirkt, ohne etwas von seinem Glanz zu verlieren. Im Gegenteil: Seitdem es in Warschau das 2004 eröffnete Museum des Warschauer Aufstands gibt – dessen Gründung der verstorbene Lech Kaczyński, damals Stadtpräsident von Warschau, initiiert haben soll –, gilt er für viele junge Leute als einer der glorreichsten Momente der neueren polnischen Geschichte. Die attraktive, multimediale Form, in der vom Aufstand selbst, aber auch der vorhergehenden Okkupation, der damaligen internationalen Situation und den oft dramatischen Schicksalen der Aufständischen nach dem Krieg erzählt wird, bewirkt, dass sie das Museum oft mit dem Gefühl verlassen, die Aufständischen hätten den Kampf um Warschau gewonnen. Dabei sind sie nicht nur von der Dramatik des soeben Gesehenen, sondern auch von der Tatsache beeindruckt, dass die meisten dieser Kämpfer in ihrem Alter waren. Die Folge ist der Wunsch, etwas von der Aura ihrer Helden in die Gegenwart hinüberzuretten, und sei es nur in Form einer weiß-roten Armbinde mit dem berühmten Anker, dem Symbol der damaligen polnischen Widerstandsbewegung, und einem T-Shirt mit dem Aufdruck »63 Tage des Ruhms« oder »Sie waren zu jung, um Angst zu haben«.

Schon wieder also diese Sehnsucht nach Heldentum und diese Bewunderung der Todesverachtung, die allem Anschein nach jede nachfolgende junge Generation der Polen durchleben muss. Und die der Danziger Autor Stefan Chwin so eindrucksvoll in seiner autobiografischen Erzählung ›Die Schleuse‹ beschrieben hat: Seinen eigenen Worten zufolge war er als Kind ein zurückhaltender, braver Junge, der seinen Freunden bei ihrem gefährlichen Lieblingsspiel, dem Springen von einer Stauanlage in einen See, nur zuschauen, sich niemals aber anschließen durfte. Gleichzeitig war er zu Hause oft Zeuge von Gesprächen seiner Eltern, in denen sie über den Warschauer Aufstand stritten. Seine Mutter, die als sechzehnjähriges Mädchen daran teilgenommen hatte, hielt ihn für unumgänglich, sein Vater – für »eine völlig unnötige Tragödie« und »eine Niederlage der klugen Leute«, die den sinnlosen Tod von Tausenden junger Menschen hätten verhindern müssen. »Ich wusste, dass Vater bezüglich des Aufstands hundertprozentig recht hatte«, erinnerte sich der Schriftsteller, »aber warum, zum Teufel, musste dieses Rechthaben so widerlich sein? Was konnte ich dafür, dass der kollektive Tod der polnischen Jugend in einem halsbrecherischen Aufstand hundertmal schöner war als das vernünftige Optieren für das Leben, obwohl an so einem

Tod überhaupt nichts Sinnvolles war – nur eine Menge Asche, Schmutz, Blut und Gestank des aus den Wunden fließenden Eiters?«[1]

Und dann fiel ihm auch wieder ein, warum er es damals so empfand – es hatte etwas mit jenem Spiel zu tun, an dem er nicht teilnehmen durfte. »Denn wirklich schön«, so seine weitere Erinnerung, »waren die Jungs, die von dem eisernen Tor der Stauanlage an der Mühle in der Pomorska direkt in die schwarze Tiefe sprangen – und nicht der Junge, der vernünftig am Seeufer blieb, um auf ihre unordentlich ins Gras geworfenen Kleider aufzupassen. Schön waren sie, obwohl eines Tages einer von ihnen nicht mehr an die Oberfläche kam. Man musste das ganze Wasser aus dem Stausee hinunterlassen. Als das Wasser hinuntergelassen war, sahen wir den Körper des Jungen, sahen wir, dass ein riesiger Holzsplitter, der aus einem Baumstumpf am Boden des Stausees ragte, seinen Bauch durchbohrt hatte und an seinem Rücken herausgekommen war. Es war ein schrecklicher Anblick. (…)

Doch zwei Tage später? Zwei Tage später hatte man den Stausee wieder gefüllt, die Jungs sprangen von der Schleuse wie früher, und sie waren – daran erinnere ich mich gut – nur noch schöner. Ich stand am Ufer, die Sonne ging unter, das Wasser des Stausees war glatt und schwarz, die Schwalben flogen tief über seine Oberfläche. Und die Jungs standen am eisernen Tor der Schleuse, ausgestreckt, schlank, mit nassen Haaren, kniffen vor der roten Sonne die Augen zusammen, hatten braungebrannte Körper, an denen Wassertropfen glänzten, und dann sprangen sie kopfüber direkt in die Tiefe dicht an der Schleuse, mit einem Geräusch, das ans Öffnen einer riesigen Flasche erinnerte. (…)

Ich schluckte hinunter voller Entsetzen und Neid.

Ich wollte sterben – wie sie.«[2]

Ähnlich scheint es den Jugendlichen zu gehen, die das Warschauer Museum besuchen. Sie wissen natürlich, dass der Aufstand eine entsetzliche Niederlage war, und doch sehen sie in dem Opfermythos, der ihnen dort präsentiert wird, eine sehr

74

reizvolle Identifikationsmöglichkeit. Heute ist dieser Reiz stärker denn je, denn dafür sorgen die aktuell regierende PiS-Partei, die am liebsten jeden Geschichtsunterricht in eine Lektion des Patriotismus verwandeln würde, die ihr untergeordneten Medien und das Schulsystem, das selbstständiges, kritisches Denken ohnehin noch nie stark gefördert hat. Der verlorene Aufstand wird so lautstark als eine kollektive Heldentat gerühmt, dass die Stimmen derjenigen, die seinen Sinn in Frage stellen, zu der jungen Generation nur selten vordringen. Das gilt auch für das Museum: Der Aufstand und dessen Umstände werden dort sehr umfassend dargestellt, die um ihn später entstandene Kontroverse hingegen völlig außer Acht gelassen. Der Grund dürfte klar sein: Das Museum soll ja der Stärkung der nationalen Identität dienen, und die wird nun mal eher durch die Mythisierung eines heldenhaften, wenn auch vergeblichen Widerstands als durch das Anzweifeln des Sinns dieses Heldentums erreicht.

Dabei gibt es solche kritischen oder zumindest skeptischen Stimmen genauso lange, wie die Erinnerung an den Aufstand existiert. Im Jahre 1949 zum Beispiel erschien in Paris ein Buch von Aleksander Janta-Połczyński, dem Vorbild von Generationen polnischer Journalisten, das heute als eine der wertvollsten Informationsquellen über die ersten Nachkriegsjahre in Polen gilt. Es enthält Reportagen, die er nach einer dreimonatigen Reise durch Polen im Auftrag von Jerzy Giedroyc, dem Chefredakteur der Pariser Exilzeitschrift ›Kultura‹, geschrieben hatte. Im Gegensatz zu den meisten Emigranten, die das neue Polen dermaßen ablehnten, dass sie oft gar nicht wissen wollten, wie das Leben dort wirklich aussah, war Giedroyc nämlich sehr daran interessiert, sich ein genaues Bild von der kommunistischen Realität zu machen. Und er war offenbar auch der Meinung, dass seine Leser es ebenfalls sein sollten. Denn nachdem Janta auf massive Kritik gestoßen war – man befand, dass er ein zu positives Bild des kommunistischen Polen zeichne und damit einen Verrat an den freiheitlichen Idealen begehe –, stellte er zwar den Abdruck seiner Reportagen in der ›Kultura‹ ein, kurz danach gab er sie aber in Buchform und auf eigene Kosten heraus.

Der Band beginnt mit einem Text, der den Titel ›Friedhöfe der Aufständischen‹ trägt und in dem Janta seine Erlebnisse vom 1. August 1948 beschreibt. Es war der vierte Jahrestag des Aufstandsausbruchs, und er befand sich gerade in Warschau, wo er sich unter die Menschenmenge mischte, die an einer Gedenkmesse in der Hl.-Kreuz-Kirche teilnahm. Danach brachen sie alle in Richtung Powązki-Friedhof auf. Kaum auf dem Militärfriedhof angekommen, sah der Reporter einen abgetrennten Teil, in dem die Aufständischen lagen. Inmitten des Areals erhob sich ein Granitblock mit der Aufschrift »Gloria Victis – Ruhm den Besiegten«. Von einer feierlichen oder pathetischen Stimmung war dennoch nichts zu spüren. »Menschen mit Blumensträußen suchen die Gräber ihrer Nächsten«, hielt Janta fest. »An den Bäumen kleben die Zettel derer, die immer noch nach Informationen über die im Aufstand Verschollenen suchen. Viele Gräber sind nur symbolisch, weil die Leiche des Sohnes, Bruders oder Freundes nicht gefunden wurde. Man weiß nur, dass er gefallen ist. Ich bleibe an einem von ihnen stehen und lese: ›Soldaten, die am 28. August in der Altstadt ums Leben kamen, Bataillon Zośka, Kompanie Rudy.‹ Ich zähle: Es sind fünfzehn. Der älteste 25 Jahre alt, der jüngste 16. Gräber junger Mädchen. Grab der beiden Brüder Romocki, der Söhne des Verkehrsministers. Ein Freund hat sie gekannt. ›Wenn du sie hättest sehen können‹, sagt er, ›sie waren wie zwei Engel.‹ Daneben, wo im Gegensatz zum Hauptfriedhof, der von den Kameraden der Gefallenen eingerichtet wurde, die Gräber derjenigen sind, die von ihren Familien beerdigt wurden, bleibe ich an einer Steinplatte stehen, die das Grab der drei Brüder Cudny ziert: einundzwanzig, neunzehn, siebzehn Jahre alt. Alle drei im Aufstand gefallen. (…) Ich betrachte all diese Menschen, die, über die Gräber gebeugt, sie mit Blumen schmücken; die einstigen Leidensgenossen der Gestorbenen, die wie durch ein Wunder den Aufstand überlebt haben und nun allein die Last des Schicksals und der Verantwortung für die Zukunft tragen müssen. Und ich weiß, dass sie, genauso wie ich, einen unerträglichen Druck in der Brust spüren, der durch die Frage entsteht: Wem hat es genutzt?«[3]

Vermutlich stand den Warschauern auch schon damals, im Oktober 1944, als der Aufstand zu Ende ging, nicht der Sinn nach Pathos und Selbstheroisierung. Weder den jungen Soldaten, die gerade einen mörderischen zweimonatigen Kampf in den Ruinen der Stadt hinter sich hatten, noch der Zivilbevölkerung, die seit Beginn des Aufstands den schlimmsten Vergeltungsmaßnahmen ausgesetzt war und über die fünfzig Jahre später der italienische Autor Francesco M. Cataluccio schreiben sollte: »In der polnischen Hauptstadt fand die erste Aktion einer Massenvernichtung in unserer Epoche statt, das erste Sarajewo.«[4] Der Terror, infolgedessen etwa 200 000 Menschen den Tod fanden, nahm exakt dieselben Formen an wie früher, vor der Liquidierung des Ghettos, der gegen die jüdische Bevölkerung. Wenn man heute die Erzählung ›Zieleniak‹ von Ludwik Hering liest, deren Handlung am 5. August 1944 im gleichnamigen Sammellager für polnische Zivilisten spielt, könnte man es leicht mit dem Umschlagplatz, der Endstation im Ghetto verwechseln. »Immer dichter bevölkerte sich der Platz mit immer weiteren Kolonnen, die Tag für Tag aus der Stadt hierher getrieben wurden«, heißt es an einer Stelle. »In den Nächten können schon nicht mehr alle liegen, die Menschen sitzen zusammengekauert, aneinandergeschmiegt. Grausame Nachrichten treffen ein, von qualvollen Toden – viele hören vom entsetzlichen Sterben ihrer Nächsten.«[5] Allein nach Auschwitz wurden von Warschau etwa 13 000 Zivilisten deportiert, von denen nur 400, darunter 125 Kinder, überlebten.

Erst Jahre später wurde der Warschauer Aufstand zu einem großen nationalen Mythos, wozu wohl am stärksten Andrzej Wajdas Film ›Der Kanal‹ und Roman Bratnys autobiografischer Roman ›Kolumbus, Jahrgang 20‹ (beide 1957) beitrugen. Wajda zeigte auf eine ungemein authentische und beklemmende Weise die letzten Tage des verlorenen Aufstands. Bratny ging weiter, indem er die Handlungszeit seines Buches auf die

Jahre 1943–1947 ausdehnte und anhand einiger Figuren die ganze Generation der Warschauer Intelligenz porträtierte, die trotz unterschiedlicher intellektueller und politischer Tradition im gemeinsamen Kampf zusammengefunden hatte. Es war genau dieses Bild, das die Polen in ihrem kollektiven Gedächtnis behalten wollten, was zur Folge hatte, dass die Bezeichnung »Kolumbus-Generation« zum festen Begriff in ihrem Bewusstsein wurde. Für Bratny selbst war die Teilnahme am Aufstand offenbar auch ein besonders prägendes Erlebnis: Wenige Tage vor seinem Tod im November 2017 soll er gesagt haben, in Wirklichkeit sei er schon damals, 1944, im Alter von zwanzig Jahren, gestorben.

Man könnte meinen, über ein einzelnes und von Anfang an so umstrittenes Ereignis wie den Warschauer Aufstand dürfe es immer noch Meinungsverschiedenheiten geben, über ein so komplexes Thema wie die Schicksale der Polen im gesamten Zweiten Weltkrieg müsste aber weitgehend ein gesellschaftlicher Konsens herrschen. Darüber also, dass in diesen sechs Jahren des deutschen Terrors den Polen sehr verschiedene Rollen zufielen – meist die der Opfer, oft der Helden, manchmal aber auch der Täter. Letztere, etwa im Zusammenhang mit der Vertreibung der Deutschen oder den antijüdischen Pogromen, ist ja auch schon in der polnischen Öffentlichkeit mehrmals thematisiert worden, einen Tabubruch kann man hier also kaum noch begehen. Wie aber am Beispiel des Danziger Museums des Zweiten Weltkrieges zu sehen war, um das noch vor der Eröffnung im Frühjahr 2017 ein Konflikt entstand, sind die Sichtweisen immer noch so verschieden, dass eine Verständigung unmöglich ist.

Das Konzept des Museums, an dem viele Historiker aus dem In- und Ausland mitgewirkt hatten, bestand ebendarin, einen reifen, differenzierten Umgang mit der eigenen Geschichte und den Krieg in allen seinen Aspekten zu zeigen. Doch sobald die Dauerausstellung erstmals präsentiert wurde, sorgte sie zwar für Begeisterung der geladenen Gäste, gleichzeitig aber für ein

Veto seitens der Regierungskreise. Der Missmut der PiS-Partei, der die Ausstellung gleich aus mehreren Gründen unannehmbar erschien – zu kritisch, zu universalistisch, zu pazifistisch, zu wenig das Leid und das Heldentum der Polen im Zweiten Weltkrieg betonend –, war so groß, dass der Gründungsdirektor Paweł Machniewicz entlassen wurde. Das Museum selbst wurde mit der in der Nachbarschaft entstehenden Westerplatte-Gedenkstätte zusammengelegt, Machniewicz' Klage gegen die Zerstörung des ursprünglichen Konzepts abgewiesen. Seitdem tut der neue Direktor beider Einrichtungen, Karol Nawrocki, alles, um dem Geschichtsbild der jetzigen Regierung gerecht zu werden. Und das bedeutet nach seinem Verständnis, der Kampf der polnischen Soldaten müsse absoluten Vorrang bekommen und auch allen anderen Polen, die sich in diesem Krieg hervorgetan hätten, sei mehr Platz einzuräumen. Welche Aussage diese Gewichtverschiebung haben soll, zeigt schon der Titel des Films, den der Museumsbesucher zu sehen bekommt: »Die Unbesiegten«.

Doch der Inhalt der Ausstellung dürfte nicht der einzige Grund für den Konflikt um das Danziger Museum gewesen sein. Es ging wohl auch, wie so oft in der polnischen Politik, um persönliche Animositäten, in diesem Fall zwischen Jarosław Kaczyński und Donald Tusk, der das Projekt ins Leben gerufen hatte. Und gleichzeitig – zumal das eine von dem anderen kaum zu trennen ist – um die Rivalität zwischen ihren Parteien, der PO (Bürgerplattform) und der PiS, die sich auch darin äußert, ihre Wähler für eine bestimmte Geschichtspolitik gewinnen zu wollen. Schon während ihrer ersten Regierungszeit (2005–2007) zeigte die PiS den Hang zu einem selektiven Umgang mit der Vergangenheit, der vor allem darauf ausgerichtet war, den Nationalstolz und die patriotischen Gefühle der Polen zu steigern. Die Bürgerplattform stand dem kritisch gegenüber und plädierte zum einen für eine nüchternere, kritischere Erinnerungskultur und zum anderen für weniger staatliche Kontrolle diesen Bereichs. Als sie nach ihrer Machtübernahme (2007) einen Sonderberater für Geschichtspolitik berief und das Museum des Zweiten Weltkriegs in Auftrag gab, zeigte sie zwar, dass auch sie mittlerweile erkannt hatte, wie wichtig es für den eigenen politischen Erfolg ist, auf die Geschichtsbesessenheit der Polen Rücksicht zu nehmen. Sie sprach sich aber immer noch für den Meinungspluralismus aus, was sich nicht zuletzt in der Form des Danziger Museums spiegeln sollte. Nur leider hat sie nicht damit gerechnet, dass die Rivalin nicht nur erneut die Wahlen gewinnen, sondern sogar zur alleinregierenden Partei werden könnte.

Das Ergebnis ist mittlerweile nur allzu gut bekannt: Die PiS versucht bei jeder sich bietenden Gelegenheit, ihre Vision einer idealen, mit einer Stimme sprechenden Volksgemeinschaft durchzusetzen, und sieht dabei in der Geschichte jenes Instrument, mit dem sich die Emotionen der Bürger besonders gut beeinflussen lassen. Und ein Teil von ihnen, vor allem der, der sich aus schwächeren Schichten der Gesellschaft rekrutiert, gibt ihr auch recht. Verständlicherweise: Es tut ja jedem gut, der sich benachteiligt oder missachtet fühlt, wenn er wenigstens bei dem Gedanken an die Vergangenheit der Nation Stolz empfinden kann – und sei es um den Preis einer zweifelhaften Logik, nach der ein Opfer heroisiert oder ein verlorener Aufstand als moralischer Sieg dargestellt wird.

Und der andere Teil? Der zerfällt im Großen und Ganzen in zwei Gruppen: In diejenigen, die mit dieser selbsthagiografischen Interpretation der Geschichte zu polemisieren versuchen (etliche Historiker fanden sie so beunruhigend, dass sie sich Ende 2016 zu einem außerordentlichen Kongress trafen). Und in die, die kopfschüttelnd solchen Polemiken zuhören und sich nach Zeiten zurücksehnen, in denen historische Debatten nicht von Politikern, sondern von Intellektuellen ausgelöst wurden und es dabei wirklich um nichts anderes als um kollektive Selbstreflexion ging. So war es vor allem in den 1990er- Jahren, als die Demokratie noch zu jung, die Parteienlandschaft zu zersplittert und das politische Leben zu chaotisch waren, als dass es den Politikern in den Sinn gekommen wäre, sich in solche Debatten einzumischen. Erst mit der Etablierung der beiden großen Parteien entdeckten sie, wie nützlich es sein kann, die Geschichte zum Instrument der Politik zu machen. Woraus schließlich der Einfall der heute Regierenden resultierte, sich dieses Instrument ein wenig zurechtzubiegen, sprich: die positiven historischen Ereignisse zu betonen und die negativen entweder ganz wegzulassen oder so zu interpretieren, dass die Polen sich, wenn schon nicht als eine starke, dann wenigstens als eine außergewöhnliche Nation empfinden.

Es gibt allerdings zwei Dinge, die alle Polen, die Anhänger und die Gegner der heutigen offiziellen Geschichtspolitik, verbinden: das konstant anhaltende Interesse an der eigenen Geschichte und die allgemeine Überzeugung, dass deren bestimmte Eckpunkte die Grundlage ihrer nationalen Identität bilden. Und das sind, wie der Historiker Tomasz Stefanek es einmal treffend zusammenfasste, »die christlichen Wurzeln des polnischen Staates« sowie »die republikanische Verfassung und die Multikulturalität der alten Adelsrepublik, die Tradition des Kampfes um die Unabhängigkeit im 19. Jahrhundert, das besondere Ethos Polens in der Zwischenkriegszeit, die Erfahrung der Konfrontation mit zwei totalitären Systemen« und »das Erbe der Solidarność«[6]. Die Aussicht, dass sich an diesem intensiven Umgang mit der Vergangenheit und der Neigung, sie in die Gegenwart zu projizieren, bald etwas ändern könnte, besteht eher nicht. Der eine Grund dafür ist das größte historische Trauma der Polen, das bei jedem aktuellen politischen Konflikt, der auch nur ansatzweise eine Bedrohung für ihr Land bedeutet, heraufbeschworen wird – die Tatsache nämlich, dass ihr Staat Ende des 18. Jahrhunderts für 123 Jahre (1795–1918) von der europäischen Landkarte verschwunden war. Und der andere sind all die immer noch zu wenig bekannten oder im Kommunismus bewusst falsch interpretierten Kapitel der polnischen Geschichte, mit denen sich heute nicht nur Historiker, sondern auch Scharen von Journalisten, Schriftstellern und Filmemachern beschäftigen und sie dadurch auch für einen Durchschnittspolen attraktiv machen.

Ein solches Kapitel wäre zum Beispiel die Tätigkeit der Widerstandsgruppe »Musketiere«, einer der rätselhaftesten und zugleich erfolgreichsten Spionageorganisationen im besetzten Europa. Nach dem Zweiten Weltkrieg wurde sie aufgrund ihrer verworrenen Geschichte verschwiegen oder mit dem Stigma des Zweideutigen und Geheimnisvollen belegt, seit einigen Jahren aber wird immer öfter über sie gesprochen und geschrieben. Trotzdem ist sie immer noch relativ (und in Deutschland vermutlich ganz) unbekannt. Im Herbst 1939 entstanden, gehörte sie zu den ersten Widerstandszellen, die Informationen für die Alliierten beschafften, und wuchs sich nach und nach zu der größten polnischen Organisation dieser Art aus. Ihr Gründer und Anführer war Stefan Witkowski, ein Ingenieur und Erfinder, der vor dem Krieg in Paris studiert und ab 1931 in Genf als Besitzer einer eigenen Firma gelebt hatte. Nach Kriegsausbruch kehrte er nach Polen zurück, nahm an der Verteidigung Warschaus und an einigen weiteren Militäroperationen teil und gründete danach seine Organisation. Die ersten 48 von insgesamt etwa 800 »Musketieren«, unter denen auch viele gut geschulte Offiziere waren, wurden im November 1939 in Warschau vereidigt. Witkowski war von Anfang an ihre einzige ständige Kontaktperson, wobei er mehrere Pseudonyme (»Stewit«, »Ingenieur«, »Kapitän«) benutzte, während sie sich nur mit Nummern auswiesen.

Anfangs beschränkte sich ihre Arbeit auf Fluchthilfe für polnische Soldaten, die sich in Lagern und Krankenhäusern befanden, Dokumentenfälschung, Sabotage und Fotografieren von Situationen, die für den Okkupationsalltag typisch waren und die Verbrechen der Nazis belegten. Schon nach kurzer Zeit aber wurden Spionage und Gegenspionage zum wichtigsten Teil ihrer Tätigkeit. Bereits im Februar 1940 hatte Witkowski seine Agenten in 32 polnischen Städten; ab März 1941 umfasste sein Spionagenetz auch das Territorium des Deutschen Reiches, der Sowjetunion, Ungarns und der Balkanstaaten. Legendär wurden seine Reisen nach Deutschland, wo er seine Zellen in der Uniform eines hohen SS-Offiziers und als »Baron August von Thierbach« inspizierte. Das war nur deshalb möglich, weil die Organisation über ausgezeichnete Verbindungen zu etlichen hochgestellten Persönlichkeiten in Deutschland verfügte. Und dies lag wiederum daran, dass die »Musketiere« sich oft aus dem polnischen Hochadel rekrutierten, der vor dem Krieg Kontakte zu den besten Häusern Europas pflegte.

Hinzu kam, dass viele dieser adligen »Musketiere« Frauen waren, die sich auch als besonders mutig und wirksam erwiesen. Schön, gebildet, weltgewandt, selbstsicher, vollbrachten sie Dinge, die einem Normalsterblichen nicht einmal in den Sinn gekommen wären. Etwa Gräfin Klementyna Mańkowska, die heute oft als die wichtigste Agentin der Alliierten im Zweiten Weltkrieg bezeichnet wird – nicht zuletzt dank ihrer Freundschaft mit mehreren ranghohen deutschen Offizieren, vor allem mit Hitlers Abwehrchef Wilhelm Canaris. Oder Gräfin Krystyna Skarbek alias Christine Granville, eine der hervorragendsten Mitarbeiterinnen der britischen Militärspionage und die Lieblingsagentin Churchills, die dank ihrer Schönheit, Intelligenz und Bravour, die an Furchtlosigkeit grenzte, fast aus jeder Situation siegreich hervorging. Und die dem James-Bond-Autor Ian Fleming, mit dem sie eine Affäre hatte, als Vorbild für seine weibliche Hauptfigur in ›Casino Royale‹ gedient haben soll.

Die »Musketiere« agierten selbstständig, allerdings arbeiteten sie dabei mit den der polnischen Exilregierung unterstehenden Streitkräften zusammen – dem Verband für den bewaffneten Kampf (ZWZ), der später in die Heimatarmee (AK) umbenannt wurde. Schon bald kam es aber zu ersten Spannungen, was vor allem daran lag, dass die Organisation eine direkte Verbindung zum britischen Geheimdienst hatte, während die in London ansässige polnische Exilregierung die Briten selbst mit Informationen versorgen wollte. Die Konflikte nahmen zu, als einige Monate später bekannt wurde, dass Witkowski sich einerseits mehrmals in Berlin mit hochgestellten deutschen Persönlichkeiten getroffen und andererseits Kontakt zu zwei Mitgliedern der letzten polnischen Vorkriegsregierung aufgenommen hatte: dem Ex-Premierminister Leon Kozlowski und dem in Ungarn untergetauchten Marschall Edward Rydz-Śmigły. Im Oktober 1941 kam Letzterer nach Warschau, und zwei Monate später schickte Witkowski vier »Musketiere« mit einer Geheimmission in die Sowjetunion, wo die neuentstandene polnische Armee unter General Władysław Anders stationiert war. Die vier Männer hatten die Aufgabe, Anders einen angeblich von Rydz-Śmigły unterzeichneten Brief zu überbringen. So entstand das Gerücht, dass es sich um einen Befehl für ihn gehandelt habe, die Frontseite zu wechseln und zusammen mit den Deutschen die sowjetischen Streitkräfte anzugreifen – und somit der Verdacht, dass das Trio Witkowski, Rydz-Śmigły, Kozłowski gegenüber London einen Umsturz und für Warschau eine Art Quisling-Regierung geplant hätte.

Als Witkowski schließlich der Eingliederung seiner Organisation in die Strukturen der polnischen Streitkräfte zustimmte, sich aber einige Monate später weigerte, die Namen der in Deutschland tätigen Agenten preiszugeben, wurde er von dem Posten des Kommandanten der »Musketiere« entlassen und im August 1942 der mangelnden Subordination sowie der angeblichen Kollaboration mit den Deutschen beschuldigt und zum Tode verurteilt. Das Urteil wurde am 18. September 1942 von Männern in deutschen Uniformen (in Wirklichkeit polnischen Soldaten) vollstreckt; an die Leiche des Erschossenen war ein Zettel mit den Worten »der größte polnische Bandit« geheftet. Die Organisation wurde aufgelöst, deren Mitglieder traten der Heimatarmee oder anderen Widerstandsgruppierungen bei.

Die Geschichte der »Musketiere« gehört zu der Kategorie von Themen, mit denen die heutigen Publizisten sich entweder in der Hoffnung auf Entdeckung neuer »historischer Sensationen« oder aus dem Bedürfnis heraus beschäftigen, bestimmten Fakten oder Personen den ihnen gebührenden Platz in der Geschichte zu geben. In den letzten Jahren kam es aber auch öfter vor, dass ihnen – und damit der polnischen Öffentlichkeit – die Auseinandersetzung mit dem einen oder anderen historischen Thema durch die aktuelle Politik aufgezwungen wurde. Etwa die Aufarbeitung des Massakers von Wolhynien, eines weiteren bis vor Kurzem immer noch wenig bekannten, weil weder in der Volksrepublik noch nach der Wende thematisierten Kapitels der Geschichte des Zweiten Weltkriegs.

Zwischen Februar 1943 und April 1944 kam es in der Region Wolhynien zu pogromartigen Überfällen der Ukrainischen Aufständischen Armee (UPA) auf die polnische Zivilbevölkerung, bei denen etwa 100 000 Menschen ums Leben kamen; allein am 11. Juli 1943, dem »blutigen Sonntag«, wie er seitdem genannt wird, wurden zeitgleich 167 polnische Dörfer überfallen. Nach aktuellen Angaben des Instituts für Nationales Gedächtnis (IPN) lag die gesamte Zahl der Polen, die in den Jahren 1939–1947 in Wolhynien und Ostgalizien ermordet worden sind, bei 120–130 000. Die Massenmorde, deren Grausamkeit laut Berichten der Überlebenden jede Vorstellung überstiegen haben soll, waren Folge des politischen Kalküls der Organisation Ukrainischer Nationalisten (OUN), die darauf hinarbeitete, auf dem Gebiet einen unabhängigen eigenen Staat auszurufen. Die besondere Brutalität dieser ethnischen Säuberungen resultierte aber aus seit Jahrzehnten bestehenden Konflikten zwischen der polnischen und ukrainischen Bevölkerung, die sich in der Zwischenkriegszeit noch weiter zugespitzt hatten.

Die ethnischen Minderheiten, die etwa 30 Prozent der Bevölkerung ausmachten, waren ohnehin eines der größten Probleme, mit denen Polen nach der Wiedererlangung der Unabhängigkeit (1918) fertigwerden musste. Der Umgang mit den Ukrainern war aber besonders konfliktgefährdet: Sie waren die größte Minderheit und lebten in den östlichen Randgebieten, in denen die Polen gerade mal 37,8 Prozent der Bevölkerung bildeten, trotzdem wurden sie nach ihrem Empfinden wie Bürger zweiter Kategorie behandelt. Das entlud sich in ständigen Spannungen zwischen ihnen und den polnischen Nachbarn und wurde zudem von der OUN für ihre separatistische Agitation genutzt. Dann brach der Zweite Weltkrieg aus, und eine Warnung des letzten polnischen Ministerpräsidenten Felicjan Sławoj-Składkowski wurde Wirklichkeit. »Das polnische Volk sollte sich dessen bewusst sein, dass das Schicksal Polens zum großen Teil von seinem Verhältnis zu den nationalen Minderheiten abhängt«, hatte er am 24. Januar 1938 in einer Rede im Parlament gesagt. »Ihnen mit Hass oder Ungeduld zu begegnen ist meiner Meinung nach ein schwerer Fehler, der sich eher oder später rächen muss.«[7]

Am 11. Juli 2016, dem Jahrestag des »blutigen Sonntags«, verabschiedete das polnische Parlament eine Resolution zum Gedenken an die Opfer des Massakers von Wolhynien. Der Vorgang war nicht neu, allerdings wurde diesmal erstmals der Begriff »Völkermord« benutzt. Die Ukrainer reagierten empört, bezeichneten die Resolution als eine Provokation und wiesen darauf hin, dass Polen die Ukrainer bis zum Zweiten Weltkrieg unterdrückt und ihre Aufstände brutal niedergeschlagen habe. Außerdem bestanden sie darauf, dass es sich bei der »Tragödie« in Wolhynien um einen Kampf zwischen der UPA und der polnischen Heimatarmee (AK) um die künftige Vorherrschaft in der Region gehandelt habe. Eine Sicht, die manchem polnischen Historiker oder Soziologen einleuchtend erschien. »Die Ereignisse in den polnischen Ostgebieten während des Krieges«, meinte etwa Lech M. Nijakowski, ein Soziologe und Experte in Sachen Minderheiten, »nahmen die Form eines grausamen polnisch-ukrainischen Kampfes und einer ethnischen Säuberung an. Beide Seiten griffen zu Massakern, Folter und Vergewaltigung als Mittel, um den Feind in Angst und Schrecken zu versetzen, von weiteren bewaffneten Aktionen abzuhalten und zur Flucht zu zwingen.«[8]

Wenige Monate nach der umstrittenen Resolution, im Oktober 2016, kam Wojciech Smarzowskis Film ›Wolhynien‹ in die Kinos. Spätestens dann begann in Polen auch eine interne Debatte über das Massaker, die einen ähnlichen Effekt hatte wie seinerzeit die über das Judenpogrom von Jedwabne (1941). Denn die überwiegende Mehrheit der Gesellschaft hatte bis dahin die Polen in Wolhynien ausschließlich in der Rolle der Opfer gesehen. Nun musste sie aber erfahren – was dem Film, aber auch den vielen Artikeln, Aufsätzen und Interviews, die anlässlich der Premiere erschienen, zu verdanken war –, dass die polnische Seite sich damals keineswegs auf Selbstverteidigung beschränkte. Und dass die nicht minder brutalen Gegenangriffe und Vergeltungsaktionen der Heimatarmee etwa 20 000 ukrainische Zivilisten das Leben kosteten. Der Preis, den die Gesellschaft für diese Erweiterung ihres Wissens zahlen musste, war allerdings ziemlich hoch: eine deutliche Abkühlung der polnisch-ukrainischen Beziehungen.

Es gibt übrigens neben dem Nachspielen historischer Ereignisse noch andere Formen, in denen die Polen gern in die eigene Geschichte eintauchen. Solche nämlich, die aus der Zeit der Adelsrepublik stammen und von vielen in ihrem heutigen täglichen Leben praktiziert werden. Das gilt vor allem für die sogenannte alte Intelligenz, die meist adelige Wurzeln hat. Es kommt daher, dass der polnische Landadel, der einst zwar nur zehn Prozent der Bevölkerung ausmachte, dafür aber reich und mächtig war, im 19. Jahrhundert oft seine Besitztümer verlor. Es war ein gesellschaftlicher Abstieg, der in erster Linie die Bewohner des russischen Teilungsgebietes betraf. Die dortigen Adelsfamilien, die sich an den gegen Russland gerichteten Aufständen von 1830/31 und 1863/64 beteiligten, wurden zur Strafe enteignet und mussten folglich – soweit sie nicht nach Sibirien verschleppt wurden, was oft mit der Enteignung einherging – in die Stadt ziehen. Dort arbeiteten sie als Lehrer, Ärzte, Juristen, Wissenschaftler oder Künstler und waren dabei nicht selten sehr erfolgreich. Aber die Sehnsucht nach dem Lebensstil ihrer Vorfahren war ihnen in den Genen geblieben und übertrug sich später auf die inzwischen viel zahlreichere neue Intelligenz – jene also, die von der Volksrepublik hervorgebracht wurde und meist, der damaligen Ideologie entsprechend, aus Bauern- oder Arbeiterfamilien stammte. Ihre Tradition war zwar eine andere, doch als ihr Vorbild sah sie die alte Intelligenz an.

Und so ist heute in der gebildeten Schicht Polens die Sehnsucht nach dem Lebensstil des Landadels verbreitet, zu dem ein ganzes Reservoir an Sitten und Ritualen, doch vor allem ein *dworek* gehörte: ein Herrenhaus, das – meist weiß, mit dem obligatorischen, oft efeubewachsenen Säulenportal am Eingang und in einem großen Garten oder Park gelegen – als Statussymbol und als Synonym des gemütlichen Landlebens galt. Ein geradezu perfektes Beispiel für diese Nostalgie ist der ehemalige polnische Außenminister Radosław Sikorski, dessen Gutshof Chobielin in der Nähe seiner Heimatstadt Bydgoszcz (Bromberg) vielen Prominenten aus Politik und Kultur, darunter auch dem heutigen Bundespräsidenten Frank-Walter Steinmeier, bestens bekannt ist. Das schöne Anwesen mit einer dreizehn Hektar großen Parkanlage, das Sikorski mit seiner Frau, der amerikanischen Journalistin und Autorin Anne Applebaum, und zwei Söhnen bewohnt, war einst eine komplette Ruine – wie die meisten solcher Bauten, die den Kommunismus überstanden hatten. Als er und seine Eltern es Ende der 1980er-Jahre vom Amt für Denkmalschutz kauften, war das Interesse an solchen Objekten noch recht gering, sodass sie über die Geschichte des Gutshofs nur wenig erfahren konnten. Genau genommen nur das, was ihnen von den Bauern aus der Nachbarschaft erzählt wurde. Und die wichtigste dieser Informationen lautete, das Haus habe um die Jahrhundertwende einem Deutschen gehört, der nach dem Ersten Weltkrieg bankrottgegangen sei und den Besitz deshalb an seinen polnischen Verwalter für einen Apfel und ein Ei verkauft habe.

Die Gefahr, dass Radosław Sikorski in ähnlich spärlicher Form in die Geschichte Chobielins eingehen könnte, besteht schon deshalb nicht, weil er vor Jahren ein besonderes Buch geschrieben hat. In ›Das polnische Haus‹, wie der Titel der deutschen Ausgabe (2000) lautet, erzählt er von der Restaurierung seines Gutshofs, die fünfzehn Jahre dauerte, und parallel dazu von seiner Familie und seinem Land, das er jahrelang aus dem britischen Exil beobachtet hatte und in das er 1989 zurückkehrte. Seine Jugend in einer Bromberger Hochhaussiedlung hatte nichts Elitäres an sich, und die Jahre in England, wo er zunächst bei Leszek Kołakowski Philosophie studierte und dann für britische Zeitungen Korrespondentenberichte aus Angola oder Afghanistan schrieb, waren nicht gerade bestens dazu geeignet, vom Leben in einem alten Landhaus zu träumen. Und doch will er diesen Traum die ganze Zeit gehabt haben. »Ich wollte schon immer in einem *dworek* wohnen«, behauptet er in seinem Buch. »Jeder Pole möchte das. Ein im Ausland lebender Engländer träumt vielleicht davon, eines Tages in seine Heimat zurückzukehren und ein georgianisches Pfarrhaus zu beziehen. Ein Amerikaner irischer Herkunft sehnt sich vielleicht nach einem idyllischen weißen Cottage. Ein Deutscher oder ein Franzose möchte sich in seinen alten Tagen vielleicht auf einen kleinen Bauernhof in Bayern oder der Provence zurückziehen. Ein Pole sieht sich hingegen als stolzer Bewohner eines *dwór,* d.h. eines Gutshauses, oder eines etwas kleineren *dworek.*«[9]

So ist es in der Tat, nur leider sind solche Häuser inzwischen sehr rar und meist in einem noch schlechteren Zustand als Sikorskis damals. Nur die ganz großen Herrenhäuser und aristokratischen Paläste haben sich besser erhalten, weil sie in Zeiten des Kommunismus als Schulen, Waisenhäuser und Altersheime genutzt oder in Künstlerhäuser und andere Prestigeobjekte umgewandelt wurden. Die meisten von ihnen sind aber heute unerschwinglich bzw. befinden sich wieder in den Händen ihrer ursprünglichen Eigentümer. Zum Beispiel das legendäre Literatenhaus in Obory, ein kleines, aber sehr reizvolles, etwa zwanzig Kilometer südlich von Warschau gelegenes Palais, das seit drei Jahren wieder der Grafenfamilie Potulicki gehört. Dass die schöne, barocke Anlage, umgeben von einem großzügigen Park, fast sieben Jahrzehnte als Domizil der Schriftsteller dienen konnte, war zunächst der üblichen Dreistigkeit der Kommunisten zu verdanken, die sie den Besitzern nach dem Krieg wegnahmen, und dann, nach der Wende, der Langsamkeit der polnischen Gerichte. Die mittlerweile hochbetagte Gräfin Teresa Potulicka (Jg. 1925), die Letzte aus der Familie, die in Obory zur Welt kam, versuchte nämlich seit 1999, das Palais zurückzubekommen. Ihr Ziel hat sie aber erst im Herbst 2015, nach einem 16 Jahre dauernden Prozess, erreicht.

Allerdings muss man fairerweise hinzufügen, dass die Idee, in Obory ein »Arbeits- und Erholungsheim der polnischen Literaten« zu errichten, von diesen selbst und nicht von den kommunistischen Behörden stammte. Im Dezember 1947 schickten einige von ihnen einen Brief an den damaligen Kulturminister, in dem sie ihn baten, einzusehen, dass eines der dringendsten Bedürfnisse der Schriftsteller sei, in der Nähe der Hauptstadt ein Haus zu besitzen, in dem sie hin und wieder in ländlicher Umgebung arbeiten könnten. Der Minister zeigte Verständnis, zumal das Projekt auch von dem omnipotenten Staatspräsidenten Bolesław Bierut unterstützt wurde. Ein knappes Jahr später, am 19. September 1948, war es so weit. »Heute fahren wir zur Eröffnung eines Hauses der Arbeit für Schriftsteller nach Obory«, notierte an dem Tag die bekannte Prosaistin Maria Dąbrowska in ihrem Tagebuch. »Das hübsche kleine Palais aus dem 17. Jahrhundert hat König Sobieski für seine Schwägerin Wielopolska erbauen lassen, um sie vom Hals zu haben, weil er sie nicht mochte. Überall an den Türen das Wappen der Wielopolskis, das Alte Pferd. Später gehörte das Palais den Potulickis.« Von der Eröffnungsfeier selbst war sie weniger beeindruckt: »Fröhliche Stimmung, als gäbe es einen Grund zur Freude. Ein seltsames Gemisch von Leuten.«[10]

Seltsam erschienen die neuen Bewohner von Obory anfangs auch der lokalen Bevölkerung, die in ihnen nichts weiter als eine Bande realitätsfremder, hochgestochen daherredender Sonderlinge sah. Erst mit der Zeit wurden die »Herren Literaten« für sie zu einem selbstverständlichen Element der Landschaft, von der diese wiederum so fasziniert waren, dass sie hier nicht selten ihre besten Bücher schrieben. Es gibt unzählige Legenden und Anekdoten, die um all die hier gewesenen Schriftsteller kreisen – um Jerzy Andrzejewski, Marek Hłasko, Kazimierz Brandys, Zbigniew Herbert, Julian Stryjkowski, Andrzej Szczypiorski oder Maria Nurowska. Und natürlich um den großen Jarosław Iwaszkiewicz, den langjährigen Präsidenten des polnischen Schriftstellerverbandes, der bei der Eröffnung eine Rede hielt. Oder besser: zu halten versuchte, denn –

so die Tochter der Literaturkoryphäe Stefan Żeromski in ihren Erinnerungen – kaum hatte er den Satz »Meine lieben Freunde, lassen Sie mich Ihnen die Entstehungsgeschichte dieses Künstlerhauses erzählen« gesagt, wurde er von dem für seine scharfe Zunge bekannten Dichter Antoni Słonimski unterbrochen, der nüchtern feststellte: »Was gibt es da zu erzählen? Ihr habt es den Potulickis gestohlen, und Schluss!«[11]

Wie Iwaszkiewicz diesen Zwischenruf aufnahm und ob er seine Erzählung fortsetzte, ist nicht überliefert. Vermutlich war er aber von dem kleinen Palais ohnehin viel weniger beeindruckt als seine Kollegen, denn das Privileg, in einem solchen Ambiente zu arbeiten, genoss er bereits seit Jahren. Das hatte er seinem reichen Schwiegervater, dem Warschauer Industriellen Stanisław Wilhelm Lilpop, zu verdanken, der ihm und seiner Tochter Anna zur Hochzeit (1922) ein riesiges, südwestlich von Warschau gelegenes Grundstück geschenkt hatte. Die frisch Vermählten bauten sich dort ein herrschaftliches Haus, das sie Stawisko nannten, und als sie es sechs Jahre später bezogen, dauerte es nicht lange, bis es zu einem wichtigen Zentrum des gesellschaftlichen und kulturellen Lebens wurde.

Diese glückliche Zeit, in der Iwaszkiewicz auch einige seiner größten literarischen Erfolge feierte, wurde erst durch den Ausbruch des Zweiten Weltkrieges unterbrochen. Es folgten die sechs harten Okkupationsjahre, die auch für Stawisko nicht einfach waren. Zwar kamen die Deutschen nur selten hierher – wenn man einmal von einer Wehrmachtsabteilung absieht, die hier monatelang stationiert war. Dafür wurde das Haus zum Zufluchtsort für Dutzende von Menschen, die manchmal für eine Nacht, doch oft, besonders nach dem Warschauer Aufstand, für Tage oder Wochen blieben. Es war so überfüllt, dass buchstäblich jeder Winkel genutzt wurde. Und da es unter den Gästen viele Schriftsteller und Musiker gab, etwa Witold Lutosławski oder Czesław Miłosz, fanden hier auch Konzerte und Lesungen statt. Daran hat sich bis heute nichts geändert, denn bevor Iwaszkiewicz starb (1980), hatte er angeordnet, Stawisko in ein Museum umzuwandeln. Er träumte davon, dass es die alte Atmosphäre beibehält, und sein Wunsch ging in Erfüllung. Das schöne Anwesen, das heute am Rande der später entstandenen »Gartenstadt« Podkowa Leśna liegt, ist weitgehend in seinem ursprünglichen Zustand erhalten, die Tradition eines literarisch-musikalischen Salons wird dort eifrig fortgesetzt, und alle Veranstaltungen sind in der Regel bestens besucht.

Zahlreiche Besucher, prominente Gäste wie Königin Elisabeth von Belgien oder Artur Rubinstein eingeschlossen, hatte auch Iwaszkiewicz zu Lebzeiten. Dennoch wurde sogar ihm, der als Präsident des Schriftstellerverbandes und langjähriger Sejm-Abgeordneter viele mächtige Freunde unter Politikern hatte, niemals das Privileg zuteil, das der Ex-Minister Sikorski seit einigen Jahren in seinem Chobielin genießt. Da seine Gäste sich auf dem Weg zu ihm oft verirrten, durfte er sein Landgut mit dem scherzhaften Hinweis »Dekommunisierte Zone« am Einfahrtstor vom Rest des Dorfes abtrennen und Chobielin Dwór (Chobielin Hof) nennen. Das neue Minidorf zählt zwar nur vier Bewohner, doch das stört niemanden. Schon gar nicht die Besucher, die auf diese Weise in einer noch intimeren Atmosphäre die politischen Gespräche mit dem Paar Sikorski-Applebaum und zwischendurch seine Orgelkonzerte und ihre Kochkünste genießen können. Dass die Hausherrin neben Leitartikeln für die ›Washington Post‹ und Büchern über die Geschichte Osteuropas auch ein Kochbuch mit traditionellen Rezepten des polnischen Landadels geschrieben hat, versteht sich fast von selbst.

IM EWIGEN CLINCH

Zwischen Deutschland und Russland

»Vergessen Sie nicht, dass Polen mit dieser Lage zwischen Deutschland und Russland bis ans Ende seiner Geschichte leben muss. Verstehen Sie den Ernst dieses Ausdrucks ›bis ans Ende seiner Geschichte‹? Man muss den Fakten immer ins Gesicht sehen, vor allem, wenn es erschreckende Fakten sind, vor denen es keine Rettung gibt. Schon aus physiologischen Gründen ist die Perspektive einer Freundschaft mit den Deutschen oder den Russen nicht einmal in der entferntesten Zukunft denkbar. Jedes Bündnis der Herzen oder Geister wäre ungeheuerlich, und Ungeheuer dürfen bekanntlich nicht leben. Man darf nicht sein Handeln auf einem ungeheuerlichen Konzept aufbauen. Wir können die Unabhängigkeit verdienen oder nicht verdienen, aber die Schrecklichkeit der psychologischen Situation, in der wir uns befinden, genügt völlig, um den Geist der Nation in den Wahnsinn zu treiben.«[1]

Der Mann, der sich solche Sorgen um die Zukunft Polens und die geistige Gesundheit der Polen machte, ist anonym geblieben. Derjenige hingegen, vor dem er seine »ungeheuerlichen« Visionen ausbreitete, war kein Geringerer als der berühmte Schriftsteller Joseph Conrad (alias Józef Konrad Korzeniowski). Die Unterhaltung, die er mit dem Unbekannten kurz vor der Wiedergründung des polnischen Staates (1918) führte, hielt er in einem seiner politischen Artikel fest, die er während des Ersten Weltkrieges schrieb; sie erschienen in Buchform im Jahre 1921 und sind heute vermutlich nur Conrads Biografen bekannt, zumal er sich darin hauptsächlich mit der Situation der Polen auseinandersetzte. Er schätzte sie übrigens genauso

93

negativ ein wie sein Gesprächspartner. »Der einzige Weg, der dem wiedererstandenen Polen bleibt«, lautete sein Fazit, »ist das Ausarbeiten, Umsetzen und Aufrechterhalten von möglichst korrekten Beziehungen mit unseren beiden Nachbarn, für die schon die reine Existenz Polens eine Demütigung und eine Beleidigung sein muss.«[2]

Gemessen an den düsteren Prognosen der beiden Männer und vor allem daran, was die Polen von Seiten Deutschlands und Russlands in den nächsten Jahrzehnten erleiden mussten, sind ihre heutigen Beziehungen mit den beiden Nachbarn gar nicht mal so schlecht. Im Falle Deutschlands konnte man sie sogar bis vor Kurzem als hervorragend oder zumindest so gut wie noch nie bezeichnen. Dies war den starken Bemühungen der Politiker beider Länder und der Arbeit der vielen Multiplikatoren in Kultur, Verwaltung und Wirtschaft zu verdanken, die mit unzähligen Tagungen, Expertenrunden, Podiumsgesprächen und Studienreisen für die Vertiefung der deutsch-polnischen Beziehungen sorgen. Aber auch einer gewissen Ähnlichkeit zwischen den beiden Völkern, die es ihnen ermöglicht, einander schneller näherzukommen, als man es aufgrund ihrer schwierigen gemeinsamen Geschichte vermuten könnte. »Im Vergleich zu Engländern, Franzosen, Spaniern, Italienern sind Deutsche und Polen wie Zwillinge«, erklärte einmal Steffen Möller, Autor und Kabarettist, der seit vielen Jahren in Warschau lebt. »Polen ist für Deutschland wie der nächstgelegene bewohnbare Planet. Deutsche und Polen trinken Bier, essen Sauerkraut und Kartoffeln, grillen Würstchen, Polen hat die zweitmeisten Schrebergärten Europas. In Polen gibt es wie in Deutschland einen Ost-West-Konflikt, es gab hier wie dort ein Vertriebenenproblem nach dem Zweiten Weltkrieg. Die polnische Sprache hat die meisten deutschen Lehnwörter überhaupt! Polen hat die meisten Deutsch-Lerner weltweit, im Abitur gibt es jedes Jahr Zehntausende Schüler, die Deutsch als Abifach gewählt haben, und, und, und.«[3] Seine Erklärung war zwar chaotisch, doch da ist was dran.

Man fragt sich allerdings, inwieweit den heutigen Deutschen

und Polen diese Ähnlichkeit auch bewusst ist. Denn sie scheinen zwar eine überwiegend positive Meinung voneinander zu haben, doch ob dies mit wahrer Kenntnis des Nachbarlandes einhergeht, ist eher zu bezweifeln.

Im Falle der Polen dürfte sie um einiges besser sein, vor allem im Falle der jüngeren, gebildeten, beruflich erfolgreichen Städtebewohner, die öfter Kontakte zu Deutschen haben und in den Umfragen angeben, sie für ihre Effizienz und Kompetenz zu schätzen und unter ihnen gute Freunde zu haben. Sie kennen Deutschland dank verschiedenartiger Arbeitsverhältnisse, Studienaufenthalte, Schulungen und Stipendien, dank der Besuche bei Verwandten, die hier ständig leben, oder schlicht dank Urlaubsreisen.

Andersherum gilt dies zwar auch, doch bestimmt in einem viel kleineren Rahmen – für die meisten Deutschen ist Polen nach wie vor ein unbekanntes Land. Selbst von denjenigen, die in dem sechzig Kilometer von der polnischen Grenze entfernten Berlin leben, geben viele zu, es noch nie besucht zu haben, was wohl am besten beweist, dass in vielen Köpfen immer noch die Vorstellung existiert, mit dem Passieren der deutsch-polnischen Grenze würde man sich in einer völlig fremden, hinter der westeuropäischen weit hinterherhinkenden Welt wiederfinden.

Schuld an diesem falschen Blick der Deutschen auf die Polen waren lange Zeit die Medien, deren Berichterstattung der SPD-Politiker Günter Verheugen einmal so beschrieb: »In meinen ersten Jahren in Brüssel ärgerte ich mich immer wieder über die deutschen Fernsehsender, die zuverlässig jeden Bericht über Polen mit einem müden alten Gaul illustrierten, der einen noch älteren Leiterwagen hinter sich herzog. Was damit ausgedrückt werden sollte, war offenkundig: Polen steckt noch tief im 19. Jahrhundert. Und das war schon 1999 vollkommen falsch.«[4] Doch auch später, selbst nach dem EU-Beitritt, hörte man gelegentlich von Journalistenkollegen, die TV-Beiträge aus Polen lieferten, ihre Redaktionen würden ausdrücklich nach Bildmaterial verlangen, in dem möglichst viele löchrige Straßen, klapprige Pferdewagen, zahnlose Bauern und betende alte Weiber zu sehen wären. Erst in den letzten sieben oder acht Jahren, als es immer öfter galt, von den aktuellen Krisen zu berichten, bekam das deutsche Fernsehpublikum das wahre Polen zu sehen. Ein Land also, von dem Günter Verheugen schon vor Jahren meinte: »Polen hatte den Anschluss gefunden an Hightechindustrien, hat eine gut ausgebildete Bevölkerung, ein hohes wissenschaftliches Potenzial und einen beeindruckenden Unternehmergeist.«[5] Und mit dem Deutschland mittlerweile ein Viertel seines Osthandels betreibt, was vielen hierzulande auch kaum bekannt ist, weil sie die Vorstellung haben, der wichtigste Handelspartner im Osten sei Russland – ein Land, das die Deutschen ja in jeder Hinsicht viel stärker interessiert als das nahe Polen.

Dieses Interesse sorgt an der Weichsel insofern für ungute Emotionen, als dadurch alte Ängste vor einer engen deutsch-russischen Verbindung geweckt werden, die für die Polen noch nie etwas Gutes bedeutet hat. Nur waren es früher (geheime) politische Abkommen, und heute sind es Vorhaben wirtschaftlicher Art. Vor allem ist es die vieldiskutierte Gaspipeline Nord Stream 2, die durch die Ostsee Deutschland direkt mit Russland verbinden soll. Sie macht der polnischen Regierung deshalb Sorgen, weil sie befürchtet, dass, so die Erklärung einer Expertin, »die Pipeline die Lieferwege für Energie in die EU nicht weiter diversifizieren wird – was ausdrücklich Ziel der EU-Energieunion ist. Die Pipeline könnte zudem negative geopolitische Auswirkungen haben, indem sie die Ukraine schwächt und die Präsenz von Gazprom auf dem europäischen Energiemarkt stärkt. Darüber hinaus würde sie – aus eher innenpolitischer Sicht – polnischen Plänen zuwiderlaufen, norwegisches Flüssiggas (LNG) für den mitteleuropäischen Markt zu importieren, der noch immer weitgehend von russischem Gas abhängig ist.«[6]

Die Pipeline ist allerdings nicht der einzige Grund für die deutlich spürbare Abkühlung der deutsch-polnischen Beziehungen – sie war auch schon vor ihrem Wahlsieg ein Streitpunkt zwischen den beiden Ländern. Es liegt auch an der Verschärfung des Umgangstons zwischen der PiS-Regierung und der EU, die ja mit Deutschland mit einer Stimme spricht. Jede Kritik oder Mahnung aus Brüssel wird also auch Berlin zugeschrieben, zumal sie meistens tatsächlich von deutschen Politikern und Medien wiederholt wird, nicht selten in einem autoritären, besserwisserischen Ton. Das gilt ebenso für die Nichtaufnahme von Flüchtlingen – ein besonders heikles Thema, weil Deutschland von den Polen für den Auslöser der Flüchtlingskrise gehalten wird – wie für die umstrittene Justizreform oder die Abholzung des Urwalds von Białowieża. Nur wird eine Kritik aus Brüssel zähneknirschend hingenommen, eine aus Berlin – als Einmischung in die polnischen Angelegenheiten empfunden. Jarosław Kaczyński gelang es sogar, für dieses Empfinden eine besonders originelle Umschreibung zu finden. Es war im Herbst 2010, als in Polen der 30. Jahrestag der Gründung der Solidarność gefeiert wurde und er in diesem Zusammenhang die Verdienste seines einige Monate zuvor tödlich verunglückten Bruders Lech hervorheben wollte. Damals galten die Beziehungen des von der Bürgerplattform regierten Landes mit Berlin und Moskau als besonders freundlich, was ihn zu der Äußerung verleitete: »Die Bürgerplattform und ihre Anhängerschaft sind sich wohl dessen bewusst, dass das Polen, das Lech Kaczyński gedenkt, nicht dieses Polen ist, das sie sich wünschen. So, wie Piłsudski kein Symbol der Volksrepublik sein konnte, so kann auch Lech Kaczyński – bei aller Unterschiedlichkeit der beiden Persönlichkeiten – kein Symbol des russisch-deutschen Kondominiums sein.«[7] Mit dieser Äußerung löste er Empörung aller drei Parteien der regierenden Koalition aus, die sie in einer gemeinsamen Erklärung als skandalös bezeichneten. Man verstehe die Trauer des PiS-Chefs, doch solche Formulierungen würden der polnischen Staatsräson schaden, hieß es ferner aus dem Regierungslager.

Heute, da Jarosław Kaczyński und seine »Anhängerschaft« selbst an der Macht sind, kann schon ein scheinbar harmloser Satz eines deutschen Politikers für tagelange bilaterale Irritationen sorgen – wie der, den Ursula von der Leyen im November 2017 in der ZDF-Talkshow ›Maybrit Illner‹ wagte. »Dieser gesunde, demokratische Widerstand der jungen Generation, den muss man unterstützen«[8], sagte die Verteidigungsministerin in Bezug auf die ersten Anti-PiS-Proteste, die, wie sie erzählte, eines ihrer in Polen studierenden Kinder direkt mitbekommen habe. Dass sie in einem Atemzug die polnischen Reformen lobte und zu einem Dialog mit Polen und Ungarn aufrief, wurde von der polnischen Seite offenbar überhört. Denn schon am nächsten Tag empörte sich der damalige polnische Außenminister Witold Waszczykowski über die Einmischung Deutschlands in die innerpolitischen Angelegenheiten Polens, der deutsche Militärattaché in Warschau musste im polnischen Verteidigungsministerium erscheinen, um die Worte seiner Chefin zu rechtfertigen, der dortige deutsche Botschafter tat ebenfalls alles, um die Wogen zu glätten. Und dass im März 2018, gleich nach der Vereidigung der neuen Bundesregierung, sowohl Angela Merkel als auch der neue Außenminister Heiko Maas nach Warschau kamen, hatte vermutlich nicht direkt mit dem Vorfall zu tun, bestimmt aber mit der gereizten Stimmung auf beiden Seiten.

Für diese hatte die PiS-Regierung auch gesorgt, als sie im Sommer 2017 ein weiteres schwieriges Thema aufgriff: die ihrer Meinung nach immer noch ungelöste Frage der Kriegsreparationen. Die Debatte wurde von Jarosław Kaczyński provoziert, der wieder mal ganz in seinem Element war, als er von der moralischen und materiellen Schuld der Deutschen sprach, von ihrem Versuch, sich der historischen Verantwortung zu entziehen, davon, dass Polen für seine enormen Kriegsverluste niemals richtig entschädigt worden sei, etc. Die Reaktion der Bundesregierung kam sehr prompt. Sie ließ ihren Sprecher Steffen Seibert erklären, Polen habe 1953 verbindlich auf die Zahlung von Reparationen verzichtet und dies in späteren Jahren mehrmals bestätigt. Außerdem seien alle noch offenen Entschädigungsfragen bei den Beratungen über den deutsch-polnischen Nachbarschaftsvertrag von 1991 geregelt worden. Man habe damals eigens dafür die Stiftung Polnisch-Deutsche Aussöhnung gegründet, über die 500 Millionen DM an die polnische Regierung und fast zwei Milliarden DM an ehemalige polnische Zwangsarbeiter gezahlt worden seien. Damit sei die Frage aus deutscher Sicht rechtlich und politisch endgültig geregelt. Doch die PiS-Regierung blieb bei ihrem Standpunkt. Einige Wochen später hieß es aus Warschau, ihre Experten seien zu dem Schluss gekommen, dass die polnischen Forderungen durchaus zulässig seien, weil der Verzicht von 1953 keine Gültigkeit besitze. Er sei Polen von der Sowjetunion aufgezwungen worden, deren Satellitenstaat es ja schon damals gewesen sei.

Auf solche allgemeinen Formulierungen beschränkten sich jedenfalls die deutschen Medien. Die polnischen hingegen gingen mehr ins Detail und machten damit die Forderungen der PiS-Regierung zumindest nachvollziehbar. Und ihre Version lautet: Als auf der Potsdamer Konferenz im Sommer 1945 beschlossen wurde, dass Deutschland Reparationen zu zahlen habe, stand Polen ganz oben auf der Liste der zu entschädigenden Länder. Allerdings wurde es in Potsdam nicht von einer eigenen, sondern von der sowjetischen Delegation vertreten, die auf Stalins Befehl mit den Alliierten vereinbarte, Polen fünfzehn Prozent der selbst erhaltenen Reparationen auszuzahlen. Dazu kam es aber nicht, denn: Ein Jahr nach Potsdam trafen die Alliierten die Vereinbarung, dass die einzelnen Länder weitere Verhandlungen über die Reparationen mit den zuständigen Besatzungszonen Deutschlands verhandeln würden. Im Falle Polens war es die sowjetische, aus der 1949 bekanntlich die Deutsche Demokratische Republik wurde. Vier Jahre später entschied Moskau, dass man den jungen Staat nicht weiter schwächen dürfe – er sollte ja ein erfolgreiches Gegenmodell zu der Bundesrepublik Deutschland darstellen –, und unterschrieb am 22. August 1953 mit Ostberlin einen Vertrag über den Verzicht auf Reparationen. Dadurch ging auch Polen leer aus – zum zweiten Mal innerhalb weniger Jahre. 1947 nämlich, während der Arbeiten am Marshallplan, wollten die Amerikaner auch Polen und die Tschechoslowakei auf die Liste der europäischen Länder setzen, die Hilfe für den wirtschaftlichen Wiederaufbau erhalten sollten, und richteten ein entsprechendes Angebot an Warschau und Prag. Die beiden Länder zeigten sich interessiert, doch ihre Zusage wurde durch ein energisches Veto aus Moskau verhindert. Auf diese Weise wurde Polen von der Sowjetunion sowohl um die deutschen Reparationszahlungen als auch um die amerikanischen Hilfsmittel gebracht. Was beides für das verwüstete Land bedeutet hätte, kann man sich leicht ausmalen.

So viel zum Hintergrund von Warschaus neuen Reparationsforderungen, die – ob berechtigt oder nicht – nun im Raum stehen. Dabei hatte man sich in letzter Zeit fast schon an den Gedanken gewöhnt, dass der Zweite Weltkrieg im deutsch-polnischen Dialog keine entscheidende Rolle mehr spielt – was nicht bedeutet, dass das Thema nicht auch in den letzten Jahren für gelegentliche Differenzen gesorgt hätte. Etwa für die Auseinandersetzung um das in Berlin entstehende Dokumentationszentrum »Flucht, Vertreibung, Versöhnung«, das bereits in den späten 1990ern von Erika Steinbach, der damaligen Präsidentin des Bundes der Vertriebenen, angeregt wurde. Als im In- und Ausland, vor allem in Polen, Stimmen laut wurden, dass Steinbachs Teilnahme an dem Projekt eine Verfälschung der Geschichte zur Folge haben könnte, wurde es für Jahre auf Eis gelegt. Erst 2008, als die Bunderegierung erklärte, selbst eine Stiftung gründen zu wollen, deren Ziel der Aufbau eines Zentrums für Vertreibungen wäre, und zudem die umstrittene Politikerin aus dem Projekt ausschloss, fand der Konflikt ein Ende.

Man erinnert sich auch an die Wochen im Spätsommer 2007 – Jarosław Kaczyński war damals Ministerpräsident –, in denen der Dauerstreit um die Beutekunst plötzlich wieder aufflammte. Diesmal ging es vor allem um die sogenannte »Berlinka«, jenen Teil der einstigen Bestände der deutschen Bibliotheken und Archive, der sich bis heute in der Krakauer Jagiellonen-Bibliothek befindet und dessen spektakuläre Geschichte die ganze Kompliziertheit der Nachkriegsordnung genauso deutlich zeigt wie die jetzige Debatte um die Reparationen. Sie begann natürlich früher, im Herbst 1941, als die Deutschen aus Angst vor den Luftangriffen der Alliierten die wertvollsten Berliner Bestände in Niederschlesien, zunächst im Schloss Fürstenstein und dann in der Benediktinerabtei Grüssau, versteckten. Die Sammlung enthielt zahllose kostbare Handschriften, Drucke und Musikalien, darunter solche Raritäten wie Autografen von Goethe, Schiller und Luther oder Musikhandschriften von Bach, Mozart, Beethoven, Mendelssohn-Bartholdy und Brahms. Nach dem Krieg sollte sie nach Berlin zurückkehren, doch als das Jahr 1945 kam, befand sie sich plötzlich nicht mehr auf deutschem, sondern auf polnischem Territorium. Irgendwann wurde sie von den Polen entdeckt, und eine Delegation des polnischen Unterrichtsministeriums, deren Aufgabe darin bestand, verlassene Bücherbestände sicherzustellen, beschloss, sie in der Jagiellonen-Bibliothek unterzubringen.

Gleichzeitig entschied sich die polnische Regierung zu hartnäckigem Schweigen, zu dem auch die Mitarbeiter der Bibliothek verpflichtet wurden. Mag sein, dass man anders vorgegangen wäre, hätte nicht auch in diesem Fall die Entstehung zweier deutscher Staaten für Verwirrung gesorgt. Denn nach den einst in Niederschlesien versteckten Beständen suchten seitdem zwei Häuser: die Staatsbibliothek Preußischer Kulturbesitz aus West- und die Deutsche Staatsbibliothek aus Ostberlin. Vor allem Letztere übte einen so starken Druck aus, dass die Polen 1965 kapitulierten und ihr einen Teil davon übertrugen. Drei voll beladene Waggons fuhren in die Hauptstadt der DDR, allerdings nicht von Krakau, sondern von Łódź aus – der Standort der Sammlung sollte weiter geheim bleiben. Erst im Solidarność-Jahr 1981 beschloss man, das längst kursierende Gerücht um die Jagiellonen-Bibliothek offiziell zu bestätigen und die »Berlinka« allgemein zugänglich zu machen.

Von einer Normalität konnte aber auch in den folgenden Jahren keine Rede sein, schon gar nicht seit der Wende 1989, nach der die beiden Berliner Bibliotheken zu einer zusammengewachsen waren und sich seitdem verstärkt bemühten, die Polen zur Rückgabe der wertvollen Sammlung zu bewegen. Diese waren dazu aber nur unter der Bedingung bereit, gleichwertige polnische Bestände aus Deutschland zurückzubekommen. Deren angebliche Nichtexistenz wollten sie ebenso wenig glauben wie die einstigen Bemühungen Nazideutschlands vergessen, alle Formen des polnischen Kulturlebens auszulöschen: Auflösung von Kulturinstitutionen, Vernichtung von Denkmälern, Ausfuhr von Kunstobjekten und vor allem den Einsatz des »Brandkommandos«, der 1944 die wertvollsten Sammlungen Warschaus zerstört hatte. So zogen sich die Verhandlungen nur schleppend dahin, bis sie schließlich 2005 von der Kaczyński-Regierung abgebrochen wurden.

Zwei Jahre später brach der Streit aber erneut aus, als der inzwischen verstorbene deutsche Diplomat Tono Eitel, der seit 2002 die Verhandlungen mit Polen und der Ukraine über die Rückgabe der Beutekunst führte, dieselbe als letzte Gefangene des Zweiten Weltkrieges und deren Verlust als eine Wunde im deutschen Kulturleben bezeichnete. Damit waren im Falle Polens die »Berlinka«, aber auch über zwanzig Flugzeuge gemeint, die aus der berühmten Sammlung Hermann Görings stammen und einst unter ähnlichen Umständen in das Krakauer Luftfahrtmuseum gelangt waren. Die Reaktion der polnischen Seite ließ nicht lange auf sich warten. Die damalige Außenministerin Anna Fotyga bezeichnete die deutschen Ansprüche als »grundlos«, erklärte aber zugleich, Polen sei zur Aufnahme von Gesprächen über den »Austausch« von Kunstwerken bereit, und wies dabei auf die Kunstwerke aus polnischen Sammlungen hin, die sich in der Bundesrepublik befänden. Die deutsche Seite hingegen protestierte gegen den weiteren Verbleib der »Berlinka« in Krakau, indem sie u. a. behauptete, der schlesische Fundort sei nach dem Krieg nicht auf polnischem Territorium, sondern nur »unter polnischer Verwaltung« gewesen und die Haager Landkriegsordnung von 1907 würde Kulturgüter von Reparationen ausnehmen.

Ein weiterer Konfliktpunkt wurde die Kontroverse um den ZDF-Dreiteiler ›Unsere Mütter, unsere Väter‹ (2013), der in Deutschland jeweils sieben Millionen Zuschauer vor die Bildschirme lockte und mit Preisen bedacht wurde, in Polen aber (ähnlich wie in Russland und den USA) sehr scharfe Reaktionen hervorrief. Der Film, so der Tenor der Kritiken, würde die Geschichte verfälschen, indem er die Deutschen zu Opfern des Zweiten Weltkriegs stilisiere und die Soldaten der polnischen Heimatarmee (AK) ausnahmslos als Nationalisten und Antisemiten darstelle. Bei der ZDF-Zentrale in Mainz gingen Protestbriefe mehrerer namhafter Persönlichkeiten ein, unter anderem des polnischen Botschafters und des Direktors des Polnischen Fernsehens (TVP), der Verband ehemaliger AK-Soldaten verfasste eine Stellungnahme, in der von einem Skandal die Rede war, und die ›Gazeta Wyborcza‹ machte sich Sorgen, wer nun den Deutschen erklären würde, dass AK und SS nicht dasselbe gewesen seien.

Auch das Thema der Reparationen ist übrigens nicht ganz neu. Schon 2004 wollte die PiS-Partei die damalige Regierung unter Marek Belka dazu bewegen, über die Kriegsschäden mit Deutschland neu zu verhandeln. Zwar ohne Erfolg, doch deren damals ausgerechnete Höhe – die treibende Kraft hierfür war der verstorbene Lech Kaczyński – dient als Basis für die jetzigen Forderungen, die sich auf etwa 850 Milliarden Euro belaufen. In der polnischen Gesellschaft lösten sie gemischte Reaktionen aus, was aber am meisten dabei überraschte: Die schärfste Kritik kam von der katholischen Kirche, die sonst als ein treuer Verbündeter der Regierung gilt. Anfang September 2017 formulierte die polnische Bischofskonferenz eine Erklärung, in der sie davor warnte, das mühsam aufgebaute Vertrauen zwischen den beiden Ländern zu zerstören und neue negative Emotionen zu wecken. Man solle sich weiterhin auf die Aussöhnung konzentrieren, durch die das deutsch-polnische Verhältnis seit mehr als 25 Jahren geprägt sei, statt wieder zu spalten.

Wie schwierig es war, diese Aussöhnung zu initiieren, weiß kaum jemand besser als die polnischen Bischöfe. Es waren ja sie bzw. ihre Amtsbrüder der vorigen Generation, die den ersten Schritt wagten und damit – auf beiden Seiten – alles andere als Begeisterung auslösten: Am 18. November 1965, während des Zweiten Vatikanischen Konzils, richteten sie an die deutschen Bischöfe eine Botschaft, die in der Schlusspassage die historische Formulierung »Wir vergeben und bitten um Vergebung« enthielt. Das Schriftstück, das nahezu die gesamte Geschichte der deutsch-polnischen Beziehungen zurückverfolgte, war ein Meisterwerk an Diplomatie: Es überwog zwar ein versöhnlicher Ton, doch zugleich erinnerten die Bischöfe auch an die schmerzvollen Kapitel dieser Geschichte, vor allem an jenes, das man, wie sie schrieben, euphemistisch als Zweiten Weltkrieg bezeichne, das aber im Falle Polens knapp an totaler Vernichtung vorbeigegangen sei. Vielleicht war das der Grund dafür, dass die Antwort der deutschen Geistlichen, die erst am 5. Dezember, drei Tage nach dem Konzil, einging, in sehr kühlem Ton gehalten war. Und dieser wiederum trug dazu bei, dass der Briefwechsel in Polen einen schweren Konflikt zwischen der Kirche und der Regierung auslöste. Die kommunistische Führung kritisierte scharf den eigenmächtigen Vorstoß des polnischen Episkopats, indem sie ihm vorwarf, mit der Bitte um Vergebung die polnische Staatsräson verletzt zu haben. Doch auch in der Gesellschaft stieß der Brief der Bischöfe auf massive Kritik; sie betrachtete Deutschland nach wie vor als einen Feind und war zu versöhnlichen Gesten nicht im Geringsten bereit – schon gar nicht zu einer, die von der polnischen Seite ausging.

Vermutlich war die Erinnerung an jene schwierige Zeit mit ein Grund dafür, dass die Reaktion der deutschen katholischen Kirche diesmal, im Herbst 2017, sehr schnell kam und in ähnlichem Ton gehalten war wie die Erklärung der polnischen Bischofskonferenz. Auch sie zeigte sich besorgt über die neuen Spannungen im Verhältnis zwischen Deutschland und Polen und verwies auf die gemeinsame mühsame Versöhnungsarbeit, die nicht zerstört werden dürfe. »Wir sind sehr dankbar für die Warnung der Bischöfe«, so Thomas Sternberg, Präsident des Zentralkomitees der deutschen Katholiken, »dass das über Jahre hinweg angesammelte Kapital der gegenseitigen Beziehungen zwischen Gesellschaften, Völkern und Staaten aufgrund oberflächlicher Intrigen und kurzfristiger politischer Vorteile nicht vergeudet und verspielt werden dürfe.«[9]

Das Thema der Reparationen ist damit natürlich nicht vom Tisch, denn die PiS-Regierung will offensichtlich den Gedanken an die Forderungen nicht aufgeben. Im Gegenteil, im Frühjahr 2018 erklärte der polnische Außenminister Jacek Czaputowicz, man wolle alle juristischen und politischen Möglichkeiten prüfen, von Deutschland Reparationszahlungen zu erhalten; der PiS-Abgeordnete Arkadiusz Mularczyk, der einer dafür ins Leben gerufenen Expertenkommission vorsteht, sprach von mehreren Gutachten, die in Arbeit seien, und hielt eine Unterstützung der USA für denkbar. Dass sich die Bundesregierung im Falle einer offiziellen Klage ebenfalls juristisch zur Wehr setzen würde (schon allein um vergleichbare Forderungen aus anderen Ländern zu vermeiden) und dass das politische Klima zwischen Berlin und Warschau endgültig vergiftet wäre, liegt wohl auf der Hand.

Es stellt sich auch die Frage, warum Polen angesichts der damaligen Behinderung der deutschen Zahlungen durch die Sowjets und vor allem wegen des sowjetischen Überfalls auf Polen am 17. September 1939 und der folgenden Okkupation eines Teils des Landes keine Reparationen von Russland verlangt. Eine Frage, über die sich die PiS-Regierung offenbar auch schon Gedanken macht, denn als sie dem Abgeordneten Mularczyk tatsächlich gestellt wurde, hatte er sofort eine Antwort parat. »Im Moment wollen wir die Sache erledigen, die realer erscheint«, sagte er an die Adresse Deutschlands und fügte gleich hinzu: »Russland ist ein Land, von dem das internationale Recht nicht respektiert, sondern gebrochen wird.«[10]

Damit sprach er nicht nur Polens altbekanntes Misstrauen gegenüber dem östlichen Nachbarn an, sondern auch etwas, was seit Langem die polnische Optik auf das Verhältnis des Westens zu Russland ausmacht. Dort herrscht nämlich die Meinung, dass der Westen im Umgang mit Russland trotz gelegentlicher Strenge zu nachsichtig, ja geradezu naiv sei. Vielleicht ist es aber keine Naivität, sondern, wie Ryszard Kapuściński es einmal formulierte, eine unterschiedliche Sicht dieses Landes, die daher komme, dass die historischen Erfahrungen und die Interessen Polens und des Westens ganz verschieden seien? Er war auch der Ansicht, dass ein bestimmter Menschenschlag in Polen »eher dem Typus des Russen« entspreche »als dem eines Bürgers im Westen«. Damit meinte er die älteren Menschen, die er während seiner Aufenthalte in polnischen Sanatorien traf (von seinen monatelangen Reisen kam er oft krank oder angeschlagen zurück) und an denen ihm vor allem »ihre Verbitterung, Gereiztheit, Schroffheit« auffiel. Er hatte dafür Verständnis, wusste, »dass das eine Folge schlimmer Erfahrungen ist, widriger Umstände am Arbeitsplatz, von Grobheit und Feindseligkeit, einem total vergifteten Leben«, doch für ihn, den Weltgewandten, war der Umgang mit ihnen trotzdem kaum erträglich: »Sie haben nichts von der Leichtigkeit des Franzosen, vom heiteren Temperament des Italieners, von der Freundlichkeit und Hilfsbereitschaft des Amerikaners an sich. Stattdessen findet man da östliche Unfreundlichkeit der Steppe, Verschlossenheit und Sauertöpfigkeit der Mienen, eine obsessive Tendenz, Distanz zum anderen zu wahren, Misstrauen und Kälte.«[11]

Der berühmte Reporter wusste, wovon er sprach: Er fühlte sich zwar sein Leben lang in afrikanischen und lateinamerikanischen Ländern zu Hause, doch als in Europa die politische Ordnung der Nachkriegszeit zusammenbrach, beschloss er plötzlich, die Sowjetunion zu erkunden. So, wie er früher in verschiedene Krisengebiete der Dritten Welt reiste, um – wie er zu sagen pflegte – »die Geschichte in Aktion zu erleben«, so fuhr er jetzt nach Moskau und in dessen Umgebung, aber auch in die fernen asiatischen Republiken, um die Agonie des Giganten zu beobachten. Das literarische Ergebnis dieser Reise war sein Buch ›Imperium‹ (1993), das bezeichnenderweise in seinem Geburtsort Pinsk begann – einer Kleinstadt, die heute in Weißrussland liegt. Von dort musste er als Kind vor den Sowjets fliehen, woher, wie er behauptete, sein späterer Wunsch rührte, die Funktionsmechanismen von Staaten und deren politischen Systemen zu begreifen.

So wurden nach dem Sturz des Kommunismus auch sein eigenes Land und dessen Transformation für ihn interessant; vor allem machte sich der gelernte Historiker oft Gedanken über den Einfluss der Geschichte auf das Denken der heutigen Polen. Dabei fand er die Auswirkung von deren jüngstem, sowjetischem Kapitel insofern paradox, als »vieles von dem, was in der Vergangenheit das Überleben der Nation sicherte, nun lästig und hinderlich wurde«. Damit meinte er etwa den Hang der Polen zu anarchistischem Verhalten, zu Gesetzesbrüchen, Desorganisation oder geringem Arbeitsethos, sprich: zu Haltungen »der Ablehnung, Gleichgültigkeit und des Leerlaufs«, durch die sie sich früher »fremden, kolonialen Mächten« widersetzt hätten und die während des Kommunismus noch verstärkt worden seien. Denn schlechte Arbeit »war eine Form der Opposition gegen das Regime (jeder Pfusch wurde auf diese Weise ethisch geadelt)«. Oder ihre durch den Verlust der Unabhängigkeit entstandene und während des Kommunismus weiter konservierte Hinwendung zur Vergangenheit. Sie habe »eine Kultur des Freilichtmuseums« und auch die Neigung hervorgebracht, diese frühere Vergangenheit »in ihrer Gesamtheit zum glorifizierten Tabu« zu erklären, jede Kritik als einen »Angriff gegen das Allerheiligste, Nestbeschmutzung usw.« zu empfinden und die polnische Ehre ausschließlich in der Kategorie »der heroischen Geste, des Schlachtfelds, der Redoute und Schanze« zu begreifen.[12]

Die Schlussfolgerung, die Kapuściński aus all diesen Beobachtungen ableitete, galt aber vor allem einer generellen Frage: dem Verhältnis der Polen zu ihrem Staat, dessen Verlust sie zwar jahrzehntelang zu zahlreichen Aufständen und anderen halsbrecherischen Wiedergewinnungsmaßnahmen animierte, zugleich aber in ihnen selbst etliche »antistaatliche« Verhaltensmuster verfestigte, die bis heute ihre Wirkung tun. Und dieses schwach ausgeprägte Staatsdenken der Polen sah Kapuściński als etwas an, wodurch sie sich negativ von ihren beiden großen Nachbarn unterscheiden würden. »Die Überlegenheit der Deutschen und Russen gegenüber den Polen«, stellte er fest, »ist nicht nur auf ihre zahlenmäßige Überlegenheit und die Tatsache zurückzuführen, dass sie mehr Panzer besitzen: Sie sind uns auch überlegen, weil sie ein ausgeprägtes Staatsbewusstsein haben, Staatsinteressen über Parteiinteressen stellen und innere Konflikte beilegen, wenn es darum geht, den Staat zu stärken oder zu verteidigen. Unser schwach entwickeltes Staatsbewusstsein, unsere Unfähigkeit, in Kategorien des Staates zu denken, unsere clanhafte Verbohrtheit, unsere Kultur der Eigenbrötlerei – das ist es in Wahrheit, was uns im Vergleich zu unseren Nachbarn schwach und wehrlos macht.«[13]

Hinzu kommt eine Frage, die sich die Polen bei allem gelungenen Anschluss an das moderne Europa gewissermaßen bis heute stellen: Wie mit dem »sowjetischen« Kapitel ihrer Geschichte umgehen? Nur dass diese Frage heute etwas anderes bedeutet als unmittelbar nach dem Sturz des Kommunismus. Damals ging es darum, ob man die Hauptakteure des Regimes zur Rechenschaft ziehen und die heimlichen Mittäter entlarven oder die Vergangenheit ein für alle Mal ruhen lassen solle. Zum Symbol dieses Dilemmas wurde ein Streit zwischen zwei Koryphäen der polnischen Nachkriegskultur: Jerzy Giedroyc, Chefredakteur der Pariser Exilzeitschrift ›Kultura‹, und seinem engen Freund und Mitarbeiter, dem Schriftsteller Gustaw Herling. Beide waren für ihre Kompromisslosigkeit und antikommunistische Haltung bekannt, beide hatten einschlägige Erfahrungen gemacht. Giedroyc entstammte einer alten litauischen Fürstenfamilie, die vor der Oktoberrevolution nach Polen geflohen war. Herling wurde zu Kriegsbeginn bei dem Versuch, die deutsch-sowjetische Demarkationslinie zu überschreiten, von einem NKWD-Agenten an die Sowjets ausgeliefert, von denen angeklagt, für die Deutschen spioniert zu haben, und zu fünf Jahren Haft verurteilt; er kam in ein Straflager bei Archangelsk, wo er unter schwersten Bedingungen die nächsten anderthalb Jahre verbrachte. Jahre später publizierte er in London seinen Gulag-Bericht ›Welt ohne Erbarmen‹ (1951, dt. 1953), der ihn auf Anhieb international bekannt machte.

Mitte der 1990er-Jahre, nach dem Wahlsieg der Postkommunisten in Polen, kam es plötzlich zu einem Bruch zwischen den Freunden. Während Herling diesen Sieg als Blamage der jungen Demokratie und als persönliche Niederlage empfand, war Giedroyc durchaus bereit, ihn als politische Tatsache zu akzeptieren und den anfangs heftig umstrittenen Präsidenten Aleksander Kwaśniewski in der Redaktion der ›Kultura‹ – einst einer Bastion des Antikommunismus – zu empfangen. Allein das ging Herling entschieden zu weit, doch als der Chefredakteur auch noch sein Manuskript zensierte, das eine Analyse der politischen Fehler Polens nach 1989 enthielt, war es mit der Freundschaft der beiden großen Männer endgültig vorbei.

Nicht minder enttäuscht war Herling von der Tatsache, dass in Polen der Übergang in ein neues politisches System nicht von einer sofortigen Abrechnung mit dem kommunistischen Regime und dessen Funktionären begleitet wurde. Erst 1992 wurde ein sogenannter »Lustrationsbeschluss« erlassen, nach dem hochrangige Politiker und Staatsbeamte auf ihre Zusammenarbeit mit dem kommunistischen Staatssicherheitsdienst (SB) hin überprüft werden sollten, der aber statt Klarheit zu schaffen, nur Verwirrung und, im wahrsten Sinne des Wortes, Misstrauen stiftete. Denn nachdem bekannt geworden war, dass die vom Innenministerium vorbereitete Liste der 66 »Durchleuchtungskandidaten« auch den Namen des damaligen Staatspräsidenten Lech Wałęsa enthielt, sorgte Letzterer dafür, dass dem Premierminister Jan Olszewski ein Misstrauensvotum ausgesprochen wurde und dessen Regierung zurücktreten musste. Kurze Zeit später wurde der Beschluss vom Verfassungsgericht für unzulässig erklärt und die Lustration eingestellt – zur Enttäuschung vieler Polen, die, ähnlich wie Herling, auf ein solches Verfahren gewartet hatten. Die turbulente erste Transformationsphase, zu der Reformen, aber auch viele politische und wirtschaftliche Affären gehörten – etwa die um den Fonds zum Abbau von Auslandsschulden (FOZZ), der, 1989 gegründet, polnische Auslandsschulden aufkaufen sollte, stattdessen aber in kürzester Zeit zum größten Finanzskandal der Dritten Republik wurde, dessen schädliche Wirkung auf über 1,5 Milliarden

Dollar geschätzt wurde –, verlangte dringend nach mehr Transparenz. Herling selbst notierte zwei Jahre später in seinem vielbeachteten ›Tagebuch bei Nacht geschrieben‹: »Ich bin der Meinung, dass eine schlechte, feige, verlogene, bestenfalls ausweichende Behandlung der Frage der Abrechnung mit dem vergangenen System irgendwo tief verborgen wie ein eitriges Geschwür anschwillt, das schließlich doch platzen wird.«[14]

Er sollte nur teilweise recht behalten und die Fortsetzung der »Abrechnung« auch nicht mehr erleben – er starb im Sommer 2000, wenige Monate vor seinem einstigen Freund Jerzy Giedroyc. Der zweite Akt der Lustration-Farce spielte sich nämlich erst Anfang 2005 ab, als der Journalist Bronisław Wildstein eine ihm vom Institut für Nationales Gedenken (IPN) zugespielte Liste von über 162 000 Namen publik machte. Das Groteske und Schädliche an seiner Aktion war, dass die Liste zwar Namen, aber keine Angaben darüber enthielt, ob es sich um Mitarbeiter des Sicherheitsdienstes oder um deren Opfer handle. Die Folge waren allgemeine Verwirrung und Wut, Empörung und zahlreiche Klagen der zu Unrecht Beschuldigten. Im Endeffekt fand also weder eine richtige Durchleuchtung statt, noch wurden die einstigen kommunistischen Machthaber wirklich zur Rechenschaft gezogen.

Doch heute geht es, wie gesagt, um etwas anderes: nicht um die Abrechnung oder Bestrafung – in den meisten Fällen wäre es dafür auch schon zu spät –, sondern um den Sturz des Kommunismus als solchen, um dessen Form, die von der PiS negativ beurteilt wird. Um den Kompromiss zwischen den Kommunisten und der Opposition also, zu dem es bei den Gesprächen am Runden Tisch (Februar–April 1989) kam. Durch diesen Kompromiss habe man nämlich, so der Einwand von Kaczyńskis Lager, die Teilnahme der alten Nomenklatura an der Gestaltung der neuen Gesellschaftsordnung zugelassen. Die Kritik der PiS richtet sich somit nicht nur an die Kommunisten, sondern auch an solche Legenden der Dissidentengeneration wie Tadeusz Mazowiecki, Jacek Kuroń, Adam Michnik oder Władysław Frasyniuk. Die beiden Letztgenannten werden auch öfter persönlich angegriffen und bleiben ihrerseits dem rechten Lager nichts schuldig, indem sie – der eine als Journalist, der andere als Politiker – seinen Regierungsstil aufs Heftigste kritisieren.

Und was Lech Wałęsa betrifft, so verfolgen ihn die Schatten seiner früheren Vergangenheit bis heute, zumal 2008 ein Buch erschien, in dem er erneut beschuldigt wurde, in den 1970ern unter dem Pseudonym »Bolek« Informant des SB gewesen zu sein. Die Richtigstellungen, die er seitdem versuchte, riefen zwar jedes Mal gemischte Reaktionen hervor – seinem Image eines Nationalhelden taten sie aber kaum Abbruch, was nicht zuletzt in Andrzej Wajdas Film ›Wałęsa. Der Mann aus Hoffnung‹ (2013) seinen Ausdruck fand.

»Warum richtet sich der polnische Nationalismus viel stärker gegen Deutschland als gegen Russland, obwohl es in der polnisch-russischen Geschichte genug Momente gäbe, die hier für ein Gleichgewicht sorgen könnten: Teilungen, niedergeschlagene Aufstände, Verbannungen nach Sibirien, den polnisch-russischen Krieg von 1920, die vierte Teilung Polens von 1939, die Gulag-Lager, die spätere Sowjetisierung und einiges mehr?« Diese Frage wurde dem Warschauer Historiker Jerzy Kochanowski gestellt, der kurz zuvor am eigenen Leib erfahren musste, wie sich der anti-deutsche Nationalismus anfühlen kann: Im September 2016 wurde er in einer Straßenbahn angegriffen und am Kopf verletzt, weil er mit einem aus Jena angereisten Kollegen Deutsch gesprochen hatte. Der Fall wurde in den Medien breit kommentiert, es gab zahlreiche Solidaritätsbekundungen, doch er selbst nahm es ziemlich gelassen. Auf die zitierte Frage antwortete er unter anderem: »Der polnische Nationalismus ist anti-deutsch aus Angst. Es ist für uns jedenfalls irgendwie einfacher, keine Angst vor den Russen zu haben. Weil wir der Meinung sind, dass man sich mit den Russen leichter arrangieren kann, dass es uns besser gelingt, mit ihnen umzugehen und sie zu begreifen. Auch für Jarosław Kaczyński stellt Russland eine kleinere Bedrohung dar als Deutschland und das deutsche Europa.«[15]

Im Moment ist zwar von gar keiner Bedrohung die Rede, doch seit 2015 ist das polnisch-russische Verhältnis nicht gerade besser geworden. Die Erinnerung an den Absturz der polnischen Präsidentenmaschine bei Smolensk (2010) und an die Attentat-Beschuldigungen an die Adresse Moskaus sitzt beiden Seiten noch tief in den Knochen. Die öffentlichen antirussischen Provokationen des inzwischen entlassenen Verteidigungsministers (und eifrigsten Verfechters der Attentat-Theorie) Antoni Macierewicz, gepaart mit einer demonstrativen Unterstützung der EU-Sanktionen gegen Russland, sorgten für weitere Irritationen. Das Verwischen der sowjetischen Spuren in Polen, etwa die Entfernung von über 200 Kriegsdenkmälern (2016), begleitet von Kommentaren wie »es gibt keinen Grund, die Denkmäler zur Erinnerung an die Rote Armee zu glorifizieren, die zweimal in Polen eingefallen ist und für Verbrechen nach dem Krieg verantwortlich ist«[16] (so der damalige IPN-Direktor Paweł Ukielski), lösten auch einige Spannungen aus. Und daran, dass in Polen in letzter Zeit der Kult der sogenannten »verfemten Soldaten« besonders gepflegt wird, dürften die Russen auch wenig Gefallen finden. So werden seit den frühen 1990ern Einheiten der Heimatarmee genannt, die nach dem Ende des Zweiten Weltkrieges weiterkämpften, nur diesmal gegen die Sowjets und die neuen kommunistischen Machthaber in Polen. Die meisten dieser etwa 200 000 Soldaten hielten bis 1947 durch, manche setzten ihren Kampf aber noch bis Anfang der 1950er-Jahre fort. Danach erwarteten sie Verhaftung, Folter und lange Gefängnisstrafen, manche sogar der Tod. Seit 2011 werden sie in Form eines eigenen Gedenktages (1. März) geehrt; demnächst wird in Warschau ein ihnen gewidmetes Museum eröffnet.

Oder gibt es doch eine Bedrohung? Nach Ansicht der in Polen ansässigen amerikanischen Journalistin Anne Applebaum durchaus. Ihr neues Buch handelt von der großen Hungersnot, die in den Jahren 1931–1933 in der Ukraine herrschte und in deren Folge über drei Millionen Menschen den Tod fanden. ›Red Famine. Stalin's War on Ukraine‹, wie das Buch im Origi-

nal heißt, beschreibt die damaligen Ereignisse als einen von
dem sowjetischen Diktator sorgfältig geplanten Massenmord
und ein Verbrechen gegen die Menschlichkeit, das in der Geschichte des 20. Jahrhunderts auf den zweiten Platz nach dem
Holocaust gehöre. In Polen, wo es Anfang 2018, wenige Monate nach der amerikanischen Ausgabe, erschien, wurde es sofort zum Bestseller, allerdings nicht nur deshalb, weil es wenig
bekannte Fakten erzählt, sondern auch, weil Anne Applebaum
darin Parallelen zum heutigen Russland zieht und dabei beun-
ruhigende Thesen aufstellt. Thesen, die sie in den zahlreichen
Interviews zu dem Buch wiederholte und die auch für Polen
nichts Gutes bedeuten. Denn sie sagte beispielsweise: »Man
muss verstehen, dass das Jahr 1991 für die Russen kein Ende der
Geschichte bedeutet. Es war das Ende der Sowjetunion, aber
nicht des großen Russlands. Jetzt findet gerade sein Wiederaufbau statt – der Wiederaufbau des sowjetischen Imperiums. Die
Ukraine ist ein natürlicher Bestandteil diesen Imperiums, doch
Polen sollte sich auch wieder in seiner Einflusssphäre einfin-
den.«[17] Oder: »Wenn es um den Informationskrieg geht, so ist
Polen ein sehr wichtiges Ziel Russlands, also wird es auch in Zukunft weiter angegriffen. Warum? Ganz einfach: damit Polen
die EU verlässt. Damit es Konflikte mit Brüssel oder schlechte
Beziehungen mit der Ukraine hat. Und damit das polnisch-deutsche Verhältnis schlecht ist.«[18]

Und in der Tat scheint Polen diesem Zustand immer näherzukommen. Vom Verlassen der EU ist zwar keine Rede, doch
die Konflikte mit Brüssel häufen sich, das deutsch-polnische
Verhältnis ist angespannt, und die Beziehungen mit der Ukraine
haben sich auch verschlechtert. Was es für die dortige Bevölkerung heißt, dass die EU trotz der Krim-Annektierung zunehmend versucht, sich an Kiew vorbei mit Moskau zu arrangieren, dass der andauernde Konflikt in der Ostukraine kaum
noch die Beachtung des Westens findet und dass die ukrainische Regierung durch ihre ständigen Auseinandersetzungen
mit Putin immer mehr als Störenfried empfunden wird, können
die Polen bestens nachempfinden. Auch in ihrer Geschichte

gab es ähnliche Momente, vor allem den einen entscheidenden gegen Ende des Zweiten Weltkrieges, als Stalins Annektierungsgelüste offensichtlich wurden und der Westen die polnische Exilregierung in London, die verzweifelt dagegen ankämpfte, sich selbst überließ und schließlich als Belastung empfand. Daher das Verständnis der Polen für die Ukrainer, die Aufnahme der vielen ukrainischen Flüchtlinge und Migranten, usw.

Auf der anderen Seite gibt es aber auch hier einige Streitpunkte, die aus der gemeinsamen schwierigen Geschichte resultieren und die in letzter Zeit für massive Irritationen sorgten. Von den früheren Regierungen wurden sie sorgfältig aus den politischen Gesprächen ausgeklammert, doch die PiS-Partei hat es sich zur Aufgabe gemacht, die Geschichtsbilder der Ukrainer auf antipolnische Akzente hin zu prüfen und diese zum Instrument der aktuellen Politik zu machen. Wie im Falle des schon erwähnten Massakers von Wolhynien, bei dem das polnische Parlament in Bezug auf die polnischen Opfer erstmals auf dem Terminus »Völkermord« bestand. Oder des nationalistischen ukrainischen Führers Stepan Bandera (1909–1959), der von den Westukrainern als Nationalheld verehrt wird, in den Augen von Jarosław Kaczyński aber ein Kriegsverbrecher war, dessen Glorifizierung die Ukraine für die Aufnahme in die EU disqualifiziere. Da Warschau allerdings seine Unterstützung für die ukrainischen Beitrittsbemühungen ohnehin stark reduziert hat – was die dortigen Kommentatoren mit der generellen EU-Skepsis der PiS-Regierung begründen – und die Ukrainer ihre diesbezüglichen Hoffnungen inzwischen viel stärker mit Deutschland verbinden, dürften solche Einschätzungen ihrer Chancen sie relativ kaltlassen.

Für die Polen hingegen ist die Zukunft der Ukraine von elementarer Bedeutung oder, wie Jan Olszewski, der einstige Premierminister und politische Mentor Kaczyńskis, es ausdrückte, sie könnte sogar für die »polnische Staatsräson« entscheidend sein. »Natürlich sind die Mitgliedschaft in der NATO und die Zusammenarbeit mit den USA sehr wertvoll«, so der betagte Politiker wörtlich, »aber sie müssen nicht ewig währen. Und wenn sich das ändern und die Ukraine ihre Unabhängigkeit verlieren sollte, wäre auch die polnische Unabhängigkeit bedroht. Hier geht es um unser Sein oder Nichtsein.«[19] Eine Sichtweise, die dem PiS-Chef offenbar fremd ist – im Gegensatz zu seinem Bruder, Lech Kaczyński, der für eine enge Zusammenarbeit mit Litauen, Weißrussland und der Ukraine plädierte. Ähnlich wie seinerzeit Jerzy Giedroyc, dessen häufige Ermahnungen an die Polen, gute Beziehungen zu den östlichen Nachbarn zu pflegen, fast schon an Obsession grenzten. Die Politiker versuchten sie zu befolgen und sprachen ab irgendwann sogar von einer »Giedroyc-Doktrin«; die Journalisten, die ihn interviewten und auf herrliche Anekdoten über all die Autoren hofften, die in der ›Kultura‹ publizierten – Witold Gombrowicz, Czesław Miłosz oder Marek Hłasko –, fanden sie leicht ermüdend.

Es gibt übrigens kaum einen Autor, der das aktuelle polnisch-ukrainische Verhältnis auf eine so bravouröse, so herrlich respektlose und groteske Weise beschrieben hätte wie der junge Krakauer Schriftsteller und Journalist Ziemowit Szczerek. Sein Roman ›Mordor kommt und frisst uns auf‹ (2013, dt. 2017) ist das Ergebnis seiner unzähligen Reisen in die Ukraine, dessen Protagonist – ein erfolgshungriger, gewiefter und leicht zynischer Reporter – ebenso oft dahin fährt. Und da sein wichtigster Auftraggeber ein Internetportal ist, der sich von ihm Hardcore pur wünscht, schreibt er seine Geschichten in dem Gonzo-Stil, den er von den Amerikanern Jack Kerouac und Hunter S. Thompson abgeguckt hat und unter dem er »Schnaps, Kippen, Drogen und Weiber. Und Vulgärsprache«[20] versteht. Außerdem weiß er, dass der Leser sich am meisten dann freut, wenn er in einem Text die Bestätigung seines stereotypen Denkens findet, also sorgt er mit viel Übertreibung und Sprachwitz dafür, dass alle seine Erlebnisse in entsprechende Klischeeschemen passen. Egal, um welches Detail der ukrainischen Realität es sich handelt – in seiner Schilderung wirkt alles irgendwie überzogen, verzerrt, karikiert. Die Uniformierten tragen Mützen vom Durchmesser eines Gullydeckels oder eines Fahrradreifens. Die idyllische Landschaft Galiziens ist durch die kommunistische Bauweise so zerstört, dass auch eine alte Kirche, die man plötzlich inmitten eines Plattenbauviertels entdeckt, völlig deplatziert wirkt. Der Geschäftssinn der Ukrainer wird vor allem durch traurige Babuschkas personifiziert, die alles verkaufen, was sich verkaufen lässt. Und alle konsumieren abwechselnd ein Gesöff namens Vigor-Balsam, ein Potenzmittel, das allgemein für die Quelle immer neuer Rauschzustände und Energieschübe gehalten wird, und eine Menge Alkohol. Selbst die westlichen Touristen (von den polnischen ganz zu schweigen) langen nach kurzer Zeit kräftig zu, weil sie offenbar glauben, das ständige Wodkakippen würde zum Alltag der Osteuropäers so selbstverständlich gehören wie das Espressotrinken zu dem der Italiener.

Man könne die Stereotype richtig oder falsch benutzen, meint Szczerek, und er sei dagegen, dass sie falsch benutzt werden. Allerdings versucht er dies zu verhindern, nicht indem er den echten Stand der Dinge beschreibt, sondern indem er sie durch Überspitzung oder Anhäufung entsprechender Situationen ad absurdum führt. Außerdem treibt er sein Spiel mit den Stereotypen in beide Richtungen, denn die Ukrainer in seinem Buch gehen mit den Polen auch hart ins Gericht. Wer gekommen ist, um sein Überlegenheitsgefühl zu demonstrieren, weil er sich als EU-Bürger für etwas Besseres hält oder als Nachfahre jener polnischen Aristokraten empfindet, die hier einst riesige Ländereien besaßen, der wird schnell in seine Schranken gewiesen. Der erfährt, dass die Polen, die so gern ihre Europa-Zugehörigkeit betonen, von den Westeuropäern für »Russen-Verschnitt« und »Dritte Welt« gehalten werden. Und dass ihnen die Ukrainer eine Selbstaufwertung ermöglichen, von der sie anderswo nur träumen können. »Nur bei uns könnt ihr mal kurz den Hochmütigen spielen«, bekommt der Protagonist von einer Einheimischen zu hören. »Euch dafür abreagieren, dass ihr überall sonst die Arschkarte habt.«[21]

Auf diese Weise zeigt Ziemowit Szczerek deutlich, dass das West-Ost-Empfinden nur eine Frage des jeweiligen Blickwinkels ist, weshalb man ahnt, dass seine Beschreibung einer anderen Konstellation, etwa der ukrainisch-russischen, nicht weniger kritisch ausfallen würde. Es gebe immer einen Osten, der noch dunkler, noch gefährlicher, noch böser sei, sagt er auch manchmal. An sich kein neuer Gedanke – das wusste schon vor Jahrzehnten Stanisław Jerzy Lec, als er seinen vielzitierten Aphorismus »Auch uns nennt man im Westen den Osten und im Osten den Westen«[22] in die Welt setzte. Nur musste ein junger Autor auftauchen, um ihn, unseren harten Zeiten entsprechend, ein wenig »unfrisierter« zu formulieren.

DER FREMDE

Emigranten – Immigranten – Flüchtlinge

Geboren ist er in England, aufgewachsen in Deutschland, der Schweiz und den USA. Er kennt sieben Sprachen, und wenn er manchmal nach Polen kommt und sich mit jungen Menschen unterhält, rät er ihnen, auch möglichst viele zu lernen. Vor allem die orientalischen, denn die seien für einen Polen recht einfach zu beherrschen. Er selbst spricht Arabisch, deshalb konnte er seinerzeit als Korrespondent von ABC News in den Nahen Osten gehen. Er war in Palästina und Israel, und er war auch in Syrien. Als der dortige Konflikt eskalierte, kam er zu dem Schluss, dass er etwas unternehmen müsse. »Ich bin der Sohn eines Emigranten«, so seine Begründung, »und ich wollte es irgendwie zurückzahlen, dass meine Familie sehr freundlich im Westen aufgenommen wurde, als sie gezwungen war, dort Zuflucht zu suchen.«[1]

Der Mann mit dem besonderen Familiensinn heißt Marek Rafael Nowakowski und ist der Sohn eines Emigranten, der seinerzeit zur Kulturprominenz Deutschlands gehörte: Tadeusz Nowakowski, ein jahrzehntelang in München ansässiger Schriftsteller und Journalist, der sich als Autor der Familiensaga ›Die Radziwills‹ (poln. und dt. 1966) und vor allem des autobiografischen Romans ›Polonaise Allerheiligen‹ (1957, dt. 1959) einen Namen machte. Dieser ging auf Nowakowskis Kriegserlebnisse zurück, die 1939 in Warschau ihren Anfang nahmen. Er war Student der dortigen Universität, als die Deutschen einmarschierten, wenige Wochen später war er deren Gefangener – er wurde wegen der Mitgliedschaft in einer Widerstandsorganisation verhaftet. Die restliche Kriegszeit verbrachte er in verschiedenen Gefängnissen und Konzentrationslagern, wofür er den Nazis sogar dankbar sein musste, weil er zwischendurch zum Tode verurteilt wurde und beinahe hingerichtet worden wäre. 1945 kehrte er nicht ins kommunistisch gewordene Polen zurück, sondern blieb im Westen. Anfangs lebte er in einem Lager für *displaced persons* im Norden Deutschlands, danach in Italien, England und den USA, schließlich ließ er sich in München nieder, wo er jahrzehntelang als Redakteur des Senders Radio Free Europe arbeitete. Er wurde zu einem der bekanntesten polnischen Exilschriftsteller, war aber auch ein Teil der deutschen Kulturszene, indem er für die großen Zeitungen des Landes schrieb, an den Treffen der Gruppe 47 teilnahm, mit Intellektuellen wie Siegfried Lenz, Marcel Reich-Ranicki oder Joachim Kaiser befreundet war und zu den Mitgliedern des deutschen PEN-Zentrums und der Bayerischen Akademie der Schönen Künste zählte.

Die Erfolgsgeschichte seines Vaters hatte also Marek Rafael Nowakowski vor Augen, als er vor fünf oder sechs Jahren in die Türkei ging, wo er inzwischen mehrere Lager für syrische Flüchtlinge leitet. »Eines davon liegt ungefähr fünfzig Kilometer von Aleppo entfernt«, erzählte er einmal, »und es treffen täglich neue Menschen ein, oft in einem schrecklichen Zustand. Wir haben alle Hände voll zu tun und brauchen möglichst viele Helfer – Ärzte, Lehrer, Psychologen, Köche.« Zum Glück gebe es genug Freiwillige, fügte er gleich hinzu. Junge Menschen aus verschiedenen Ecken Europas, aus Katalonien zum Beispiel, die als Volontäre arbeiten möchten. Die meisten seien Studenten und hätten ein starkes Bedürfnis, anderen zu helfen. »Ich sehe in dieser humanitären Hilfe eine Art Pfadfindertum von heute«, sagte er zum Schluss, in Anspielung auf seinen Vater, der als Jugendlicher ein begeisterter Pfadfinder war. »Und ich träume davon, dass Polen in ein paar Jahren in dieser Hinsicht die erste Geige spielt und die dortige Regierung endlich aufhört, den Kopf in den Sand zu stecken.«[2]

Letzteres wünschen sich auch viele andere, vor allem in Brüssel, doch es sieht leider nicht so aus, als sollte dieser Wunsch bald in Erfüllung gehen. Auch angesichts der Perspektive, in Zukunft weniger Geld von der EU zu bekommen, weigert sich die PiS-Regierung hartnäckig, Flüchtlinge aus Syrien und Nordafrika aufzunehmen. Und wenn es um dieses Thema geht, kann sie sich darauf verlassen, dass die Mehrheit der Bevölkerung hinter ihr steht: Laut Umfragen vom Herbst 2017 wird sie dabei von 63% der Polen unterstützt, obwohl sie die neuen Flüchtlinge vermutlich genauso wenig zu Gesicht bekämen wie die, die bereits im Land sind. Die meisten von ihnen sind in Aufnahmezentren untergebracht, die sich – ihren Herkunftsländern entsprechend – dicht an der Ostgrenze befinden. Sie stammen vor allem aus Tschetschenien, aber auch aus Dagestan, Inguschetien und Tadschikistan. Hinzu kommen die Zuwanderer aus der Ukraine, deren Zahl seit dem Ausbruch des russisch-ukrainischen Konflikts (2014) stark gestiegen ist. Wie viele tatsächlich vor dem Krieg im Osten des Landes fliehen und wie viele Wirtschaftsmigranten sind, lässt sich kaum in Zahlen fassen, zumal nur wenige einen Antrag auf Anerkennung als Flüchtlinge stellen, um weiterhin die Möglichkeit zu haben, in ihre Heimat zu reisen. Tatsache ist aber, dass inzwischen ca. zwei Millionen Ukrainer in Polen leben. Die schnell wachsende polnische Wirtschaft kann sie als Arbeitskräfte gut gebrauchen, nachdem viele Polen in den vergangenen Jahren in den Westen ausgewandert sind. Doch deren Aufnahme ist ein häufiges Argument der PiS im Flüchtlingskonflikt mit der EU.

Vor allem aber begründet sie ihre Ablehnung der Menschen aus Syrien und Nordafrika damit, dass die Polen befürchteten, unter ihnen könnten sich künftige Terroristen befinden. Deshalb, heißt es aus den Regierungskreisen, habe sie die Zusage, 7000 Flüchtlinge aufzunehmen, die im Sommer 2015 die Mannschaft von Donald Tusk gemacht habe, zurückgezogen. In der Schilderung von Rafal Rogala, der seit 2007 das polnische Ausländeramt leitet, haftete diesem Rückzieher sogar ein Hauch von Bedauern an. Anfangs sei die PiS-Regierung durchaus bereit gewesen, diese Zusage umzusetzen, ja im Dezember 2015 habe sie sich darum »sogar beworben«. Dann aber seien ihr

»einige Zweifel« gekommen, und schließlich, infolge der Atten-
tate in Paris und Brüssel, habe sie sich entschieden, »den ganzen Prozess zu beenden, aus Sicherheitsgründen«.[3] Und man
braucht wohl kaum hinzuzufügen, dass die Angst der Polen vor
dem Terrorismus noch weiter stieg, nachdem bei dem Attentat
auf den Berliner Weihnachtsmarkt im Dezember 2016 der polnische Lkw-Fahrer Łukasz Urban von dem Terroristen Anis
Amri kaltblütig erschossen worden war.

Doch die Angst ist natürlich nicht die einzige Ursache ihrer
negativen Einstellung gegenüber Flüchtlingen – die ganze Welt
fürchtet sich vor dem Terrorismus, dennoch halten sich bekanntlich Hunderttausende Menschen aus Syrien und anderen
Krisengebieten in etlichen Ländern auf, ohne dass ihre Anwe-
senheit die Einheimischen in Angststarre versetzt. Auch die unter den PiS-Gegnern stark verbreitete Meinung, die Regierung
würde diese Angst – vor dem Terrorismus, aber auch generell
vor der Senkung des Sicherheitsniveaus, vor einer fremden
Kultur und Religion und vor Krankheiten, die von den Flüchtlingen ins Land gebracht werden könnten – gezielt verbreiten
und schüren, um ihre Wähler nicht zu verlieren, trifft zweifellos
zu. Sie schöpft aber das Thema ebenfalls noch nicht aus.

Das eigentliche Problem ist nämlich die grundsätzliche Re-
serviertheit der Polen gegenüber einem Fremden. Und die ergibt
sich einerseits aus der Homogenität der polnischen Gesellschaft, die sich schon allein im Straßenbild äußert: Im Gegensatz zu den westlichen Städten fällt in den polnischen jeder, der
fremd, exotisch aussieht, sofort auf. Und andererseits aus der
neueren Geschichte, sprich: aus der kommunistischen Zeit.
Die Polen hielten zwar auch damals gern die Mythen der multi-
nationalen Adelsrepublik und der ebensolchen, wenn auch
weniger toleranten, ja oft von ethnischen Spannungen erschüt-
terten Zweiten Republik (1918–1939) wach, waren sich aber
der Fortdauer dieser Multinationalität gar nicht bewusst. Sie
empfanden sich vielmehr als eine monolithische Nation, die zu
dieser während des Zweiten Weltkrieges, vor allem durch die
Ermordung der Juden und die Verschiebung der Grenzen, ge-

macht worden sei. Und sie wurden von den Regierenden nicht nur in diesem Empfinden bestärkt, sondern auch nach und nach tatsächlich in diesen Zustand versetzt.

»Die Machthaber im Nachkriegspolen wollten einen ethnisch homogenen Staat schaffen«, schreibt in seinen Erinnerungen der polnisch-kanadische Publizist Henryk Dasko, der zu den jüdischen Emigranten von 1968 gehörte. »Die Deutschen hatte man ausgesiedelt, auf Schlesier und die Einwohner von Ermland und Masuren wurde jahrelang sanfter Druck ausgeübt, damit sie in die Bunderepublik emigrierten. Und auch den Juden, die in den Vierziger- und Fünfzigerjahren auswandern wollten, wurden meistens keine Schwierigkeiten gemacht. So wurden alle ethnischen Gruppen in Polen bewusst daran gehindert, ihre Identität zu bewahren.«[4] Was, politisch gesehen, eine paradoxe Pattsituation ergab: Eine gleichgeschaltete Gesellschaft ließ sich leichter regieren – eine Nation, die sich als Monolith empfand, in der es keine ethnischen oder religiösen Reibungen gab, konnte sich besser auf den Kampf gegen den gemeinsamen Feind konzentrieren: den Kommunismus.

Den hatten sie zwar schließlich besiegt, die Erfahrung der Multinationalität aber auch danach kaum machen können. Und wenn, dann nicht, wie in Deutschland etwa, durch den Umgang mit den ins Land strömenden Immigranten, sondern dank der ethnischen Minderheiten, die schon immer da gewesen waren und nun, nach 1989, ihr Recht einforderten, ihre Identität wieder pflegen zu dürfen. Allen voran die 300 000 Schlesier, die seit der Wende danach verlangen, dass das unter den Kommunisten stark tabuisierte Kapitel ihrer Nachkriegsgeschichte – die Verfolgung, die sie seitens der Russen und der Polen nach dem Einmarsch der Roten Armee erfuhren – endlich richtig verarbeitet wird. Und die seit einigen Jahren darum kämpfen, dass das Schlesische als Regionalsprache anerkannt wird und sie sich als »schlesische Nation« bezeichnen dürfen, was jedoch gern als eine separatistische Tendenz interpretiert und abgelehnt wird.

Die Unerfahrenheit der heutigen Polen im Zusammenleben

mit anderen Nationalitäten ist natürlich vor allem denjenigen von ihnen bewusst, die lange im Ausland gelebt haben und Vergleiche mit anderen Ländern ziehen können. Zdzisław Najder zum Beispiel, einem der bekanntesten polnischen Intellektuellen, der als renommierter Joseph-Conrad-Biograf ausgedehnte Englandaufenthalte hinter sich hat, als Direktor des Senders Radio Free Europe längere Zeit in München verbrachte und in den letzten Jahren teils in Polen, teils in Frankreich lebte. Allein Letzteres genügte ihm, um festzustellen, dass »der Unterschied zwischen Frankreich und Polen darin besteht, dass die Franzosen keine Angst vor dem Fremden haben. Ganz einfach. Wenn ein Ausländer zu ihnen für kurze Zeit kommt, sind sie zu ihm gastfreundlich, wenn für längere – passen sie auf, dass er ihre Gesetze achtet. Es gibt nicht diese Angst vor einem, der anders ist, die in den Polen leider tief verwurzelt ist. Was natürlich ein Beweis für unsere Komplexe ist. Wir reagieren genauso schlecht, wenn einer kommt, der reicher ist als wir, wie wenn ein Ärmerer auftaucht. Denn dann schaltet sich bei uns das Überlegenheitsgefühl ein.«[5] Als man Professor Najder fragte, wann diese polnische Angst vor dem Fremden angefangen habe, antwortete auch er: »In der Zeit der Volksrepublik.« Und er fügte sofort hinzu: »Besonders in den Jahren nach dem Kriegszustand. Diese Zeit hat den Polen das Misstrauen Fremden gegenüber eingeimpft.«[6] Was er damit gemeint haben dürfte: In den späten 1980er-Jahren, kurz vor der Wende, schlugen die Kommunisten oft nationalistische und fremdenfeindliche Töne an, die vor allem ein Ziel hatten: ihre eigene Position als Vertreter nationaler Interessen – und somit ihren weiteren Verbleib an der Macht – zu legitimieren.

Ihre Rechnung ging nicht auf, doch dieses mononationale und antiwestliche Denken, das der Kommunismus eingeführt hat und während seiner gesamten Herrschaftszeit der Gesellschaft verordnete, ist immer noch typisch für viele Polen und prägt auch die heutige Debatte über den Umgang mit Flüchtlingen. ›Nur die Unsrigen‹ heißt ein Essay des für seine treffenden soziologischen Diagnosen bekannten Publizisten Mirosław

Pęczak; er ist zwar schon 2001 erschienen, von seiner Gültigkeit hat er aber kaum etwas verloren. »Die Opposition zwischen den Unsrigen und den Fremden«, erklärt der Soziologe darin, »nimmt am deutlichsten in Stammeskulturen und traditionellen Kulturen Gestalt an, das heißt überall dort, wo das einzig begreifbare Universum durch die direkte Erfahrung bestimmt wird. Alles Äußerliche wird als Gefährdung der bestehenden Ordnung angesehen, die Beziehung zur fremden Welt durch Misstrauen und Ablehnung bestimmt.« Was im Falle der Polen so aussehe: »Unser heimischer Versager kennt die Regeln der fremden Welt nicht, und er will sie gar nicht kennen. Wissen ersetzt er durch Stereotypen und Vorurteile. Das Anspruchslose, Eklektische, Heimelige und Lokale zieht er allem anderen vor.«[7]

Um die Kenntnis der fremden Welt ist es im heutigen Polen um einiges besser bestellt, doch weder das noch – was am meisten erstaunt – die reichliche eigene Migrationserfahrung der Polen haben das derzeit gefragte Gefühl der Empathie und Solidarität mit den Flüchtlingen hervorgebracht. Dabei ist sie aus der polnischen Geschichte nicht wegzudenken, ja ohne all die Emigrationswellen, die es in den letzten zweihundert Jahren gab, wäre die Kontinuität der polnischen Geschichte, Sprache und Kultur kaum möglich gewesen.

Die früheren Generationen assoziierten mit dem Begriff »Emigration« vor allem Frankreich, genauer: Paris. Nirgendwo in Europa fühlten sich die Polen, ob im 19. Jahrhundert, in der Zeit zwischen den beiden Weltkriegen oder auch danach, in kommunistischen Zeiten, so sehr zu Hause wie in der französischen Hauptstadt. Das hatte etwas mit der damaligen Auffassung des Begriffs »Emigration« zu tun: Er galt über Jahrzehnte als Synonym des Kampfes um die Wiedererlangung der staatlichen Souveränität Polens. Und da dieser Kampf nicht nur mit politischen, sondern auch mit künstlerischen Mitteln geführt wurde und einige Meisterwerke der polnischen Literatur, Musik und Malerei hervorbrachte, hatte das zur Folge, dass die

Emigranten ein besonderes Ansehen genossen. Beides galt für Paris in besonderem Maße.

Bis heute lebt dort der Geist der sogenannten Großen Emigration fort, die nach dem gescheiterten Novemberaufstand von 1830/31 ihren Anfang nahm. Weniger wegen ihrer Zahl als wegen ihrer Zusammensetzung so bezeichnet – es war nahezu die gesamte geistige Elite Polens, die damals das Land verließ –, versammelte sie sich an der Seine um den Fürsten Adam Czartoryski, der ein streng konservatives und unversöhnlich antirussisches Lager anführte, das nach seinem Sitz auf der Île Saint-Louis schlicht das »Hotel Lambert« genannt wurde. Zu diesem Kreis gehörten auch Adam Mickiewicz, der hier sein größtes Werk, ›Pan Tadeusz‹ (1834), ein Epos aus der Zeit der napoleonischen Kriege, schrieb, und Fryderyk Chopin, der die Pariser Salons mit seinen Kompositionen begeisterte. Und alle zusammen schufen sie mehrere Einrichtungen, die über Generationen höchst wirksam zum Fortbestehen der polnischen Kultur beitrugen und meist noch heute existieren. Etwa die Bibliothèque Polonaise mit der dazugehörenden Société Historique et Littéraire am Quai d'Orléans. 1838 gegründet, gehört sie mit ihren unzähligen Drucken, Handschriften, Zeichnungen, Bildern und Skulpturen zu den größten polnischen Kultureinrichtungen der Welt. Oder die Librairie Polonaise am Boulevard Saint-Germain, die älteste, 1833 entstandene polnische Buchhandlung in Paris.

Noch viele Jahre später standen diese Orte auf dem Programm jedes Polen, auch wenn diese Besuche oft nur noch einen sentimentalen Charakter hatten. Denn für diejenigen, die nach dem Krieg intellektuellen Dialog suchten oder literarischen Größen begegnen wollten, waren längst andere Adressen wichtig geworden. Das Centre du Dialogue in der Rue Surcouf etwa, das, in den 1970ern von den polnischen Pallottinern ins Leben gerufen, als Synonym für niveauvolle Streitkultur galt. Oder die Buchhandlung Libella in der Rue Saint-Louis-en-l'Île, der wohl zauberhafteste Treffpunkt der Pariser Exilpolen. Fünfzig Jahre lang gehörte der Laden, dem eine Galerie angeschlos-

sen war, zu den Besonderheiten der Insel und wurde von kunst-
sinnigen Franzosen ebenso geschätzt wie von literaturbegeis-
terten Polen. Und natürlich Maisons-Laffitte bei Paris, der Sitz
der ›Kultura‹, die nicht einfach nur eine Exilzeitschrift war, die
das im Lande herrschende Regime bekämpfte, sondern eine Institution, der die Polen fünf Jahrzehnte lang eine Kontinuität
des politischen Denkens und ein nonkonformistisches Modell
nationaler Kultur verdankten. Genau genommen verdankten
sie es einem Mann: dem schon erwähnten Mitbegründer und
einzigen Chefredakteur des Blattes, Jerzy Giedroyc. Ohne ihn,
darin waren sich seine Freunde und seine Gegner einig, hätten
die ›Kultura‹ und der dazugehörende Verlag Institut Littéraire
nicht lange existiert. Als ihr Erscheinen nach seinem Tod (2000)
eingestellt wurde, wunderte das wohl niemanden.

Das zweite Land, in das die Polen von Anfang an besonders
gern auswanderten, waren die Vereinigten Staaten von Amerika. Die Weite des Landes, die multinationale Struktur der
Gesellschaft, ein ähnlich starker Freiheitsdrang, die Widerstandskämpfer, die von beiden Nationen gleichermaßen verehrt wurden – etwa Tadeusz Kościuszko und Kazimierz Pułaski
(Casimir Pulaski), zwei Helden des Amerikanischen Unabhän-
gigkeitskriegs –, all das hatte eine starke Wirkung auf die Fan-
tasie von Millionen Polen.

Ganz zu schweigen von den Auswanderungsgründen, die
ihnen ihr eigenes Land lieferte und über die unter anderem
Martin Pollack in seinem Buch ›Kaiser von Amerika‹ (2010)
schreibt. Er erzählt darin von den Anfängen dieser Emigration
und konzentriert sich dabei eben auf die Umstände, die dazu
geführt hatten. Und da sein Thema die große Fluchtwelle ist,
die Galizien um 1880 erfasste und bis zum Ausbruch des Ersten Weltkrieges andauerte, räumt er gleichzeitig mit einigen
Mythen auf. Vor allem lässt er keinen Zweifel daran aufkommen, dass die Situation in der alten K. u. k.-Provinz genau das
Gegenteil jenes idealisierten Bildes war, das in den meisten ein-
schlägigen Publikationen vorherrscht. Hunger, Misswirtschaft,
Korruption, wachsende ethnische Spannungen, zunehmender

Judenhass – all das habe zu dieser Situation genauso gehört wie die Schönheit der galizischen Landschaft oder die Lebendigkeit der dortigen Städte.

Er beschreibt auch die Konflikte, die sich aus der Habgier der Menschenhändler und dem Unwissen der Auswanderer ergaben, und die unterschiedlichen Interessen derjenigen, die an den weiteren Phasen ihrer Reise beteiligt waren. Die deutschen Behörden etwa befürchteten, dass die Massen, die nach Hamburg und Bremen kamen, um von dort nach Amerika zu gelangen, sich auf Dauer in Deutschland niederlassen könnten. Und die Agenten der deutschen Schifffahrtslinien, die für jeden Auswanderer eine Provision kassierten, taten alles, um möglichst viele zum Exil zu bewegen. In der Regel hatten sie auch damit keine Schwierigkeiten, denn die Auswanderungswilligen waren meist einfache, ungebildete Menschen, die sich leicht täuschen ließen. Es genügte, den frommen polnischen Bauern zu erzählen, dass die Statue, die sie in New York begrüßen würde, die Jungfrau Maria darstelle. Oder den Ruthenen die Geschichte vom Kronprinzen Rudolf zu servieren, der gar nicht ums Leben gekommen, sondern nach Brasilien gefahren sei, um dort ein Reich zu schaffen, das er mit ihnen besiedeln wolle. Und schon hatten sie die nächsten Kunden, die es kaum erwarten konnten, ins Gelobte Land zu kommen.

Was bei der Lektüre dieses Buches aber noch mehr überrascht, ist der Ort, der für die Auswanderer die Schlüsselrolle spielte: Auschwitz – ein bekannter Name, der hier plötzlich eine ganz neue Konnotation bekommt. Die Stadt lag direkt an der Grenze zwischen Österreich und Deutschland, und das machte sie, so zynisch es heute klingt, damals zu einem einzigartigen Umschlagplatz. Dort »wimmelt es von zwielichtigen Existenzen«, erzählt Martin Pollack, »die mit solchen Geschäften ihren Lebensunterhalt verdienen. Neben der offiziellen Emigration entwickelt sich eine Schattenwirtschaft der Auswanderung, eine weitgehend rechtlose Grauzone, wobei die Grenzen zwischen den beiden Bereichen fließend sind: Offizielle Agenten fungieren gleichzeitig als Schlepper, illegale Subagenten treiben den offiziellen Agenturen mit unerlaubten Mitteln, nicht selten mit Gewalt, Kunden zu.«[8] Dass er dabei Parallelen zu heute, zu den Praktiken der Schlepperbanden oder dem Berichterstattungsstil der Medien, aufzeigt, macht sein Buch umso lesenswerter.

Im Laufe des 20. Jahrhunderts gab es etliche weitere Ausreisewellen in die USA und, wenn auch in einem kleineren Rahmen, nach Kanada und Australien. Heute besteht die amerikanische »Polonia«, wie die Auslandspolen genannt werden, aus fast zehn Millionen Menschen. Die meisten von ihnen leben in Chicago, das oft scherzhaft als die zweitgrößte polnische Stadt nach Warschau genannt wird, viele in New York, wo vor allem Greenpoint/Brooklyn als eine polnische Enklave gilt, in Detroit, Denver, Seattle und Los Angeles. Sie bilden die größte und einflussreichste polnische Community weltweit – mit eigenem Kongress, mit unzähligen Organisationen und Institutionen, mit Kirchen, Schulen, Theatern, Bibliotheken, Kindergärten, mit Tausenden von Geschäften. Und natürlich mit vielen Wählerstimmen, um die sich jeder Präsidentschaftskandidat auch eifrig bemüht.

Diesen beiden Ländern, Frankreich und den USA, hat Polen auch gewissermaßen seine erfolgreichsten Theaterstücke über das Schicksal seiner Auswanderer zu verdanken: Zunächst war es Sławomir Mrożeks vielgespielter Einakter ›Emigranten‹, der 1974 in Paris uraufgeführt wurde. Er entstand zu einem Zeitpunkt, als Mrożek bereits französischer Staatsbürger und sehr erfolgreicher Dramatiker war. Die Bühnen rissen sich um seine früheren Stücke wie ›Tango‹ oder ›Die Polizei‹, die sie als köstlich groteske Parabeln des kommunistischen Regimes empfanden und dem »Theater der logischen Phantasie« zuschrieben. Er selbst aber, der nach der Zerschlagung des »Prager Frühlings« 1968 mit Polen gebrochen und in Frankreich politisches Asyl beantragt hatte, bevorzugte inzwischen Bühnenwerke, die sich auf konkrete politische Ereignisse oder deren sozialpsychologische Folgen bezogen. Oft führte er dabei ein Protagonisten-Paar ein, das eine Dualität der Haltungen verkörpern sollte.

Wie eben in ›Emigranten‹, in denen sich ein Intellektueller (AA) und ein einfacher Gastarbeiter (XX) eine obskure Kellerwohnung in irgendeiner westlichen Metropole teilen. Der eine sucht nach geistiger Freiheit, der andere nach materiellem Wohlstand. Scheinbar hat also jeder ein Ziel vor Augen, doch in Wirklichkeit wissen sie beide, dass sie es nie erreichen werden. Sie bleiben aneinander gefesselt, zwei Einsame, für die das Gefühl, gescheitert und ausgegrenzt zu sein, längst zur psychischen Grunddisposition geworden ist. »Wir leben hier wie zwei Bakterien im Innern eines großen Organismus«, lautet eine von AAs bitteren Selbstreflexionen. »Zwei Fremdkörper. Parasiten oder noch Schlimmeres. Vielleicht zwei Krankheitserreger, zwei Bakterien? Trichinen, Tuberkelbazillen, Viren, Gonokokken. Ich – ein Gonokokkus, ich, der ich mich immer für die wertvolle Zelle einer hochentwickelten Gehirnsubstanz gehalten habe. Damals, zu Hause, früher …«[9]

Jahre später schrieb Janusz Głowacki seine »amerikanischen« Tragikomödien ›Die Kakerlakenjagd‹ (1986) und ›Antigone in New York‹ (1992), deren Handlungen sich um das Thema Migration, aber auch um das Problem der Armut und Obdachlosigkeit inmitten einer Wohlstandsgesellschaft drehen. In der einen sind die Protagonisten, ähnlich wie bei Mrożek, zwei polnische Emigranten, ein Schriftsteller und eine Schauspielerin, die seit drei Jahren in einer schäbigen New Yorker Unterkunft hausen und deren unerfüllte Träume und enttäuschte Hoffnungen sich in allnächtlicher Jagd auf Kakerlaken und gegenseitigen Vorwürfen und Beschuldigungen entladen. In der anderen mehrere Obdachlose verschiedener Herkunft, die das Schicksal im winterlichen Thompkins Square Park zusammengeführt hat. Als einer von ihnen erfriert und vor den Toren New Yorks verscharrt werden soll, stehlen die anderen seinen Leichnam, um ihm heimlich ein Begräbnis auszurichten und so wenigstens posthum seine Würde zurückzugeben – Sophokles' Tragödie in den großstädtischen Realien des späten 20. Jahrhunderts.

›Antigone in New York‹, die in deutscher Fassung (die Alissa

Walser zu verdanken ist) leider nur gelegentlich, meist in kleinen österreichischen Theatern gespielt wird, wurde zu Janusz Głowackis erfolgreichstem Stück. Ihre letzte polnische Premiere war für den 13. September 2017 im Teatr Nowy in Łódź geplant. Es war der Geburtstag des Autors, der auch sein Kommen angekündigt hatte. Er kam dann aber doch nicht: Wenige Wochen früher starb er überraschend während seines Urlaubs in Ägypten. Die Vorstellung fand trotzdem statt, und das Publikum musste wohl danach dem Regisseur Andrzej Szczytko recht geben, der in einem Interview sagte: »Wenn die Polen Głowackis Stücke ›Die Kakerlakenjagd‹ und ›Antigone in New York‹ besser kennen würden, würden sie in der heutigen Diskussion über die Flüchtlingskrise öfter an das schreckliche Schicksal vieler polnischer Emigranten denken. Sie würden sich erinnern, was Zukunftsangst und Schlaflosigkeit bedeuten, was es heißt, kein Geld, kein Essen und keine Hoffnung zu haben.«[10]

Er wird damit auch Głowacki selbst gemeint haben, dessen glänzende internationale Karriere mit einer ungeplanten Emigration begann. Sie wurde ihm – wie auch unzähligen seiner Landsleute – durch die Verhängung des Kriegszustands in Polen (1981) aufgezwungen, die ihn in London überraschte. Er war zur Premiere seines Stücks ›Aschenkinder‹ (1979) am Royal Court Theatre gekommen, einige Tage später wollte er wieder in Warschau sein. Da die polnischen Grenzen aber für unbestimmte Zeit geschlossen waren und er von dem amerikanischen Bennington College das Angebot bekam, dort Kurse über Literatur und Theater zu halten, flog er in die USA und ließ sich nach kurzer Zeit in New York nieder. Drei Jahre später wurden die ›Aschenkinder‹ am Broadway aufgeführt, und nachdem die ›New York Times‹ dem Stück außergewöhnliche Brillanz bescheinigt und Głowackis prominenter Kollege Arthur Miller sein nächstes Bühnenwerk, ›Fortinbras betrank sich‹ (1990), sehr gelobt hatte, stand seinem amerikanischen Erfolg nichts mehr im Wege. Seine weiteren Dramen, u. a. die beiden genannten Emigranten-Stücke, wurden von Dutzenden amerikanischer Theater aufgeführt und mit den meisten wichtigen Preisen bedacht.

Die Polen kennen diese Stücke tatsächlich nicht besonders gut, dafür nahmen sie seinerzeit enthusiastisch seinen Roman auf, in dem er erneut, nur diesmal in der erfolgreich-tragischen Variante, das Thema Emigration aufgriff: ›Good Night, Dżerzi‹ (2010). Sein Titelheld ist der legendäre Jerzy Kosinski, Autor des umstrittenen Romans ›Der bemalte Vogel‹ (engl. und dt. 1965), der zu den bekanntesten amerikanischen Autoren der 1960er- und 1970er-Jahre zählte und dessen Aufstieg und Fall die US-Literaturszene über Jahre in Atem hielten. Dass es ausgerechnet einem Immigranten aus dem kommunistischen Polen gelungen war, in den USA zu jemandem zu werden, den die Presse zum Nachfolger Kafkas, Hemingways und Tolstois, die Schriftsteller zum Präsidenten des PEN-Zentrums, die Universitätswelt zum Literaturprofessor in Yale und Princeton und eine Milliardärswitwe zu ihrem Ehemann machten, faszinierte auch Głowacki – trotz seines eigenen beachtlichen Erfolges. Er unternahm immer wieder den Versuch, sich literarisch mit dem »Fall Kosinski« auseinanderzusetzen, bis er schließlich ›Good Night, Dżerzi‹ schrieb. Das Buch ist allerdings alles andere als ein biografischer Roman – es ist eher eine Impression über Kosinski, der selbst mit unerschöpflichem Einfallsreichtum diverse Varianten seiner Biografie in die Welt setzte und an diesem Selbst-Mythologisieren schließlich zugrunde ging.

Die Emigrationswelle, die durch die Ausrufung des Kriegszustands bedingt war bzw. nach dessen Aufhebung (1983) folgte, war die letzte, die einen politischen Hintergrund hatte. Seit der Wende und noch mehr seit dem EU-Beitritt sind die Ausreisen der überwiegend jungen Polen wirtschaftlich motiviert und führen meistens nach Großbritannien oder Deutschland. Vor allem London hat für sie die Anziehungskraft, die für die Generation ihrer Eltern Chicago oder New York besaßen. Es liegt näher, man braucht kein Visum (was für die USA immer noch gilt) und hat eine Atmosphäre, in der sie sich wohlfühlen – im Gegensatz zu der ersten kleinen Kolonie der Londoner Exilpolen, die sich während des Zweiten Weltkrieges gebildet hatte. London war damals (ab 1940) Sitz der polnischen Exilregierung unter General Sikorski, und der Kreis um ihn bestand in erster Linie aus Regierungsbeamten und Militärs, doch waren auch einige Künstler, Journalisten und Schriftsteller unter ihnen. Und da diese Kriegszeit in London nicht nur im Leben jedes Einzelnen von ihnen, sondern auch in der Geschichte der polnischen Emigration ein Neuanfang war – bis dahin hatten sich die Polen, wie gesagt, vor allem nach Frankreich orientiert, wo auch anfangs die Exilregierung untergebracht und die polnischen Streitkräfte stationiert waren –, blieben sie weitgehend unter sich. Sie trafen sich in Privatwohnungen und neugegründeten Clubs, um ihre Alltagssorgen und den neuesten Tratsch auszutauschen und vor allem über die Politik zu reden. Schließlich hingen die Zukunft Polens und auch ihre eigene von der weiteren politischen Entwicklung ab.

Ganz anders die heutige Situation. Nach aktuellen offiziellen Angaben leben in London etwas über 200 000 Polen, ihre wahre Zahl schätzt man aber viel höher ein. Das gilt auch für ganz Großbritannien, wo man von etwa einer Million ausgeht; im gesamten Vereinigten Königreich dürften es sogar bis zu zwei Millionen sein. Und da viele hier schon seit Jahrzehnten leben, sind sie mittlerweile ähnlich gut organisiert und im Alltag des Landes präsent wie die Polen in den USA.

Das kann man von ihren Landsleuten in Deutschland nicht gerade behaupten. ›Wir Unsichtbaren‹ hat Peter Oliver Loew, Publizist und wissenschaftlicher Mitarbeiter des Deutschen Polen-Instituts in Darmstadt, sein 2014 erschienenes Buch über die polnische Minderheit in Deutschland genannt. Und auch die junge Berliner Autorin Emilia Smechowski, die in ihrem ersten Buch ›Wir Strebermigranten‹ (2017) die Erfahrungen ihrer in den späten 1980ern nach Deutschland eingewanderten Familie beschreibt, spricht oft von dem Bedürfnis der hiesigen Polen, möglichst wenig aufzufallen. »Heute gibt es kein Volk, das zahlreicher nach Deutschland einwandert, als wir Polen es tun«, schrieb sie bereits 2015 in einem Zeitungsartikel. »Seit

Jahren schon. Nur: Als Migranten sieht man uns kaum. Wir sind unsichtbar. Wir sind quasi gar nicht mehr da, so gut gliedern wir uns ein.«[11] Diese These hat sie in ihrem Buch vertieft und mit etlichen Beispielen illustriert.

Und da ist in der Tat was dran. Die Polen, die in Deutschland leben, muss man nicht von den Vorzügen der Integration überzeugen – sie streben sie selbst mit großem Eifer an. Sie lernen schnell die Sprache, arbeiten in den gelernten Berufen, erreichen einen guten Lebensstandard, beherrschen die gesellschaftlichen Spielregeln oft so gut, dass sie deutscher als die Deutschen wirken, und – ein fester Bestandteil ihres Integrationsplans – gehen anderen Polen konsequent aus dem Weg (sonst wäre ja dieses Nicht-Auffallen erheblich schwieriger). Möglicherweise wissen viele von ihnen nicht mal, dass sie nach den Türken die zweitgrößte Einwanderergruppe in Deutschland bilden, auch wenn sie in genauen Zahlen ebenso schwer zu fassen sind wie ihre Landsleute in Großbritannien. Allein diejenigen, die in Polen geboren sind, machen zurzeit ca. 1,25 Millionen aus. Wenn man aber auch »Deutsche mit polnischem Migrationshintergrund«, wie sie in der Amtssprache heißen, mitzählt, kommen noch weitere 1,6 Millionen dazu.

Bei dem Versuch, die jahrhundertelange Geschichte der Polen in Deutschland zu erzählen, ergeben sich laut Peter Oliver Loew auch etliche Probleme. Ihm gelang es in seinem Buch trotzdem, diese Geschichte in sechs informationsreichen Kapiteln zusammenzufassen. Er beschreibt die ersten polnischen Enklaven im Herzogtum Preußen und in Bayern, die nicht zuletzt infolge der Herrscher-Vermählungen entstanden, um nur die berühmte »Landshuter Hochzeit« (1475) zu nennen. Die Teilungen Polens im 18. Jahrhundert, die große Teile der Bevölkerung zu preußischen und später deutschen Untertanen machten. Die wirtschaftliche Revolution des 19. Jahrhunderts, die Massen von Polen in die deutschen Industriezentren, vor allem ins Ruhrgebiet, lockte. Die Abwanderung polnischer Bevölkerung nach dem Ersten Weltkrieg und der Wiedererlangung der staatlichen Souveränität durch Polen. Die wachsenden Repressionen gegenüber den Verbliebenen nach dem Ausbruch des Zweiten Weltkrieges und die NS-Terrorpolitik in den folgenden sechs Jahren. Schließlich die vielen Einwanderungswellen nach dem Krieg, infolge deren einige neue Statusbezeichnungen entstanden und die Unterschiede zwischen Vertriebenen, Aussiedlern, Spätaussiedlern, politischen Asylanten, Wirtschaftsflüchtlingen, Saisonarbeitern und einigen weiteren Gruppen schwer erkennbar wurden.

Doch warum wollen die in Deutschland lebenden Polen, zu welcher Kategorie sie auch gehören, unsichtbar bleiben? Aus der Angst heraus, von den Deutschen nicht akzeptiert zu werden, wie Emilia Smechowski behauptet? Gewiss. Allerdings sollte wohl die erste Frage lauten: Warum wollen die Polen in Deutschland nicht erkannt werden, während sie in Frankreich, Amerika oder Großbritannien kein Problem damit haben? Denn darin steckt ja schon ein Teil der Antwort: Mit keinem dieser Länder verbindet die Polen eine Geschichte, die in ihnen solche Minderwertigkeitskomplexe geweckt hätte wie im Falle Deutschlands. Beispiele gibt es genug – von Bismarcks Versuchen, die »Polacken« zu germanisieren, über Hitlers Einstellung zu den polnischen »Untermenschen« bis zu dem lange Zeit spürbaren herablassenden Blick der Deutschen auf die »polnische Wirtschaft«.

Hinzu kommt, dass das Bild, das man hierzulande von den Polen noch vor Kurzem hatte, auch nicht gerade sehr schmeichelhaft war. Denn was fiel einem beim Stichwort »Polen in Deutschland« als Erstes ein? Polnische Bauarbeiter, die kein Wort Deutsch sprachen und sich von ihren Arbeitgebern übers Ohr hauen ließen? Polnische Putzfrauen, Pflegerinnen und Allroundhandwerker, die als Schwarzarbeiter unauffällig zur Erhöhung des Lebensstandards der Deutschen beitrugen? Scharen polnischer Kleinganoven und Diebe, die dem Witz »Fahren Sie nach Polen, Ihr Auto ist schon dort« alle Ehre machten? Zwar gab es auch den Berliner »Club der polnischen Versager«, der diesem zweifelhaften Ruf mit viel Selbstironie trotzte, und natürlich all die polnischen Musiker, Maler, Tänzer, Filmemacher, Theaterregisseure und Bühnenbildner, die der deutschen Kulturlandschaft ihren Stempel aufdrückten. Doch ob sie auch von der breiten Öffentlichkeit, und nicht nur von den Medien und der Kulturszene, wahrgenommen wurden, ist eher fraglich.

Erst die jüngsten polnischen Immigranten, zu denen auch Emilia Smechowski gehört, haben offenbar von ihrer »Unsichtbarkeit« genug und sorgen öfter dafür, dass die Polen als ethnische Minderheit wahrgenommen werden. Sie hätten, schreibt sie, mit der Zeit erkannt, dass dieser übersteigerte Integrationswille, der in einer perfekten Assimilation münden sollte, sich bei vielen ins Gegenteil verkehre. Denn zusammen mit ihrer Herkunft und ihrer Sprache würden sie auch einen wichtigen Teil ihrer Identität verleugnen, was ein Ankommen in der Wahlheimat in Wirklichkeit nicht unbedingt erleichtere. Also sprechen sie nun Polnisch auf der Straße – was insofern keine Rolle spielt, als von den Millionen Ausländern, die es im heutigen Deutschland gibt, sich ohnehin niemand die Mühe macht, sein Anderssein zu verbergen – und erklären den Deutschen die Eigenart ihrer wahren Identität.

Ob dieses neue Selbstbewusstsein auch ältere polnische Immigranten an den Tag legen – diejenigen also, die seit dreißig, vierzig Jahren in Deutschland oder inzwischen auch oft in beiden Ländern abwechselnd wohnen –, ist allerdings zu bezweifeln. Denn viele von ihnen wiederum haben irgendwann das erkannt, was vor Kurzem die polnisch-amerikanische Professorin Irena Grudzińska-Gross sagte, die Polen vor rund fünfzig Jahren infolge der antisemitischen Hetze von 1968 verließ und heute wieder teilweise in Warschau lebt: »Ein Emigrant bleibt immer am Rande der Gesellschaft, auch wenn er sich integriert hat. Diese Distanz lässt sich einfach nicht überwinden. Das liegt an der niemals ganz perfekten Beherrschung der Sprache, an der Unkenntnis von Dingen, die für alle selbstverständlich sind, am begrenzten Wissen über das Gastland, das sich nicht mehr nachholen lässt. Das Außenseiter-Sein ist eine Art Verkrüppelung, die selbst dann bleibt, wenn man schließlich in sein Heimatland zurückkehrt. Man fühlt sich weiterhin irgendwie abgeschnitten.«[12]

Das also – die kollektive Erinnerung an Millionen eigener Emigranten, die oft durch die politischen Umstände gezwungen wurden, ihr Land zu verlassen – könnte der gedankliche und emotionale Hintergrund der heutigen polnischen Auseinandersetzung mit dem Thema Flüchtlinge sein. Ist es aber nicht. Die Abneigung und die Angst sitzen tief. Die Position, die der ostdeutsche Schriftsteller Uwe Tellkamp bei einer Diskussion in Dresden im März 2018 bezog und die in seiner umstrittenen Äußerung Ausdruck fand, die meisten dieser Menschen würden nicht vor Krieg und Verfolgung fliehen, sondern wegen der in Deutschland bestehenden Sozialsysteme einwandern, wird auch von vielen Polen vertreten. Die ebenfalls weitverbreitete Meinung, die Flüchtlinge würden auch dann nicht kommen wollen, wenn man sie ins Land ließe, weil sie alle im Westen, am liebsten eben in Deutschland, bei »Mama Merkel« – die ja die Flüchtlingskrise ausgelöst habe – sein möchten, erleichtert das Gewissen. Und von einer Auseinandersetzung kann ohnehin nur bedingt die Rede sein, denn die Situation in den betroffenen Ländern ist meist nur dann von Interesse, wenn in den Medien von Einsätzen der Polen die Rede ist – von militärischen Missionen im Irak und Afghanistan oder von humanitärer Hilfe in Syrien und den Ländern Nordafrikas.

Wenn es um Letztere gehe, behauptet auch die neue Regierung unter Mateusz Morawiecki, sei das Engagement Polens besonders stark, ja es würde in dieser Hinsicht zu den aktivsten Ländern in der gesamten EU gehören. Gleichzeitig wird die Aufnahme von Flüchtlingen in Polen weiterhin abgelehnt, weswegen die öffentliche Äußerung von Kornel Morawiecki, Vater des Regierungschefs und eine Legende der antikommunistischen Opposition, die Aufnahme von 7000 Flüchtlingen sollte für ein Land mit fast 40 Millionen Einwohnern kein Problem darstellen, für große Irritation in den PiS-Reihen sorgte. Doch die Zahlen, die in den Berichten der UNO nachzulesen sind, ergeben ein ganz anderes Bild: Von der finanziellen Hilfe, die in den Krisenregionen geleistet werde und die ohnehin etwa nur die Hälfte des Bedarfs decke, übernehme Polen gerade mal 0,1 Prozent.[13]

Zum Glück gibt es aber außer Warschau auch noch andere Städte, in denen sich langsam eine Gegenbewegung formiert. Ein besonders auffälliges Beispiel dafür ist Danzig, eine weltoffene und liberale Stadt, die viele Bürger anderer EU-Länder zu ihren Bewohnern zählt und sich nun für die Aufnahme und Integration von Menschen aus der Ukraine und Tschetschenien, aber auch zunehmend aus dem Nahen Osten engagiert. Im Juni 2017 wurde im dortigen Europäischen Solidarność-Zentrum das sogenannte »Danziger Manifest« vorgestellt, eine Initiative von mehreren Politikern, zu denen neben Danzigs Bürgermeister Paweł Adamowicz auch Gesine Schwan und Rita Süssmuth gehören. Ihr zufolge soll die Flüchtlingsverteilung direkt von Regionen, Gemeinden und Kommunen organisiert und aus einem speziellen EU-Fördertopf finanziert werden. Einen eigenen Rat für Immigrantenfragen, den ersten in Polen, hat Danzig auch bereits, worüber sogar das regierungsnahe Fernsehen einen Bericht brachte, allerdings war dieser mit Filmmaterial illustriert, das Terroranschläge in verschiedenen westlichen Städten zeigte. »Er sollte beim Zuschauer die Assoziation wecken«, so der Kommentar von Bürgermeister Adamowicz, »dass alle Immigranten Terroristen sind.« Was für ihn nur eines bedeute: »Wir müssen uns dieser Hass-Spirale entgegenstellen und diese Manipulation beenden, die von den regierungsnahen Medien und auch von vielen Politikern betrieben wird.«[14]

Wie beschämend und grotesk die Flüchtlingspolitik der PiS-Regierung ist, sieht man auch am Beispiel seines Kollegen Jacek Karnowski, dem Stadtpräsidenten des Danzig benachbarten Zoppot (Sopot), der sich seit Anfang 2017 bemüht, zehn Kinder aus Aleppo aufzunehmen und medizinisch versorgen zu lassen. Jedes Mal kam aus dem Innenministerium eine Absage, die auf dem Hinweis auf die mögliche »negative Einflussnahme auf die Sicherheit der Polen« basierte. Doch Karnowski gibt nicht auf, zumal er sich des symbolischen Charakters seiner Geste bewusst ist: »Da wir nun den Standpunkt der Regierung kennen, die fremdenfeindlich, antisolidarisch und meiner Meinung nach auch antichristlich ist, wollen wir die Kinder holen, um diese Situation zu durchbrechen.«[15] Außerdem hoffe er, dass ein richtiger Durchbruch schließlich von der Bischofskonferenz erreicht werde, die sich dafür ausgesprochen habe, auch in Polen, ähnlich wie in Frankreich und Italien, einen »humanitären Korridor« für syrische Kriegsopfer einzurichten.

Die aufzunehmenden Flüchtlinge sollten vor Ort von der internationalen Caritas ausgesucht werden, empfahlen die Bischöfe. Und wenn es dazu käme, wären auch einige katholische Gemeinden auf deren Aufnahme vorbereitet. Etwa die Diözese Oppeln (Opole), wo Pater Arnold Drechsler, Leiter der dortigen Caritas, bereits seit zwei Jahren versucht, der offiziellen Flüchtlingspolitik zu trotzen. Im Juni 2016 nahm er in Warschau an einer Konferenz teil, die dem Verhältnis der polnischen Kirche zum Thema Flüchtlinge gewidmet war. Der Tenor der Aussagen lautete, die Kirche müsse sich dem Problem stellen und von der Notwendigkeit, sich um die Flüchtlinge zu kümmern, laut sprechen. Dieser Meinung war auch Pater Drechsler, der entsprechend wenig Verständnis dafür hatte, dass in diesem Punkt in der Gesellschaft alles andere als Einstimmigkeit herrschte. »Es ist mir bewusst«, sagte er damals, »dass wir mit Phobien und Vorurteilen von etwa sechzig Prozent der Bevölkerung zu tun haben und dass dazu auch unsere Gläubigen gehören«, sagte er damals. »Doch hier geht es um die christliche Verantwortung für den Nächsten. Wir sollten an die Worte Jesu Christi denken: ›Ich bin ein Fremder gewesen und ihr habt mich aufgenommen.‹ So lautet im Original dieser Satz aus dem Evangelium – viel radikaler also als in der Fassung, die wir in unserem Alltag gebrauchen: ›Ich bin gekommen, und ihr habt mich aufgenommen.‹«[16] Was allerdings konkrete Hilfe betraf, so stimmte er voll mit den Stadtpräsidenten von Danzig und Zoppot überein: Man arbeite ein entsprechendes Hilfsprogramm aus, handeln könne man aber nur in Zusammenarbeit mit dem Staat, der zuerst die Flüchtlinge aufnehmen müsse. Wenn er es aber tue, wolle die Caritas die Erste sein, die ihnen helfe. Dafür stünden in seiner Diözese bereits mehrere Häuser bereit, denn auf Übergangslager wolle man verzichten – die Menschen sollten am besten gleich dorthin kommen, wo sie in Zukunft arbeiten und ihre Kinder zur Schule gehen würden.

Das war vor zwei Jahren. Mittlerweile hält sich Arnold Drechsler mit seinen Integrationsplänen zurück – die Flüchtlinge sind ja nach wie vor nicht da –, dafür sammelt die Caritas Oppeln Geld, um wenigstens den Syrern in ihrer Heimat zu helfen. Ob die Spenden Christen oder Muslimen zugutekommen, spielt keine Rolle. Diese Hilfsaktionen würden ihn ein wenig an die Zeit des Kriegszustands in Polen erinnern, so der Geistliche. Damals habe die Kirche den verfolgten Oppositionellen und ihren Familien geholfen und dabei die Regierung und einen Teil der Gesellschaft gegen sich gehabt. Und auch heute laute die Parole, möglichst effektiv handeln und möglichst wenig darüber sprechen, um die schlechte Stimmung in der Bevölkerung nicht weiter anzuheizen. Also tun er und seine Mitarbeiter ihr Bestes und hoffen auf bessere Zeiten. Zwischendurch versucht er sogar, Arabisch zu lernen, doch dem entgegen, was das Sprachgenie Marek Rafael Nowakowski behauptet, lassen seine diesbezüglichen Erfolge noch auf sich warten.

NACHBARN

Das schwierige polnisch-jüdische Erbe

Es gibt im Verhältnis zwischen Juden und Nichtjuden einiges, was schwer zu erklären ist. Manchmal sind es Kleinigkeiten, manchmal aber ganz elementare Dinge, zum Beispiel die Ursachen der gegenseitigen Abneigung. Denn erstaunlicherweise wird meistens nur nach Gründen für die antijüdische Haltung, den Antisemitismus, gesucht – als würde man entweder selbstverständlich voraussetzen, dass die Einstellung der Juden zu ihren nichtjüdischen Mitmenschen positiv sein müsse, oder sie einfach für unwichtig halten. Das Problem wird noch schwieriger, wenn diese beiden Gruppen jahrhundertelang nebeneinander gelebt haben: Es gibt eine gemeinsame Geschichte, zu der sich Tausende von guten und schlechten Momenten zusammensetzen, wobei die Grenzen zwischen gut und schlecht sich so oft verwischen, dass das ständige Abwägen zu einem eigenen Kapitel dieser Geschichte wird. Und noch komplizierter wird es, wenn eine der beiden Seiten plötzlich weg ist. Was tut dann die übrig gebliebene? Sie empfindet eine Art Phantomschmerz – sie spürt den Verlust, weiß, dass er unwiederbringlich ist, und kann dennoch nicht aufhören, sich so zu verhalten, als hätte es ihn nie gegeben.

So in etwa könnte man das heutige Verhältnis der Polen zu den Juden umschreiben, das im Ausland gern auf das griffige Stichwort »polnischer Antisemitismus ohne Juden« reduziert wird. Dass man in Polen auf diese Vereinfachung mit Irritation reagiert, ist wohl verständlich – vor allem, wenn man bedenkt, dass sogar sehr kluge Menschen, die einige Erfahrung sowohl mit den Juden als auch mit dem polnischen Antisemitismus ge-

macht haben, mit der Beschreibung des Phänomens Schwierigkeiten haben. »Die Juden wurden wie ein fremdes Volk behandelt«, erzählte einmal der auf seine Vorkriegserinnerungen an-
gesprochene Philosoph Leszek Kołakowski, »und das hatte
seinen Grund: Obwohl es natürlich auch eine Intelligenz jüdischer Herkunft und in ihren Reihen sehr viele überdurchschnitt-
liche Persönlichkeiten gab, bestand die Mehrheit der Juden aus
den Kaftan-Trägern, wie sie verächtlich genannt wurden. Aus
Menschen also, die eine andere Sprache sprachen, die sich anders kleideten und eine andere Religion hatten. Folglich wurden sie wie ein anderes Volk, ein anderer Volksstamm behandelt. Woraus natürlich nicht unbedingt zu schließen ist, dass
dazu Feindlichkeit gehören musste – man kann ja mit einem
anderen Volk koexistieren, ohne es feindlich zu behandeln.
Allerdings hatte unsere besondere Beziehung zu den Juden
eine Menge verschiedener Ursachen, über die ich nicht urteilen
will, weil es eine sehr komplizierte Geschichte ist.«[1]

Wie zutreffend Kołakowskis Erinnerung ist, belegen nicht zuletzt Aussagen von Menschen, die sich damals von Amts wegen
mit dem Thema beschäftigten. Etwa von Wiktor Tomir Drymmer, einem hohen Beamten im polnischen Außenministerium,
der dort von 1935 bis 1939 für die jüdischen Angelegenheiten
zuständig war. »In Polen hatten die Juden eine völlig andere
Taktik angenommen als in Deutschland oder in Russland«,
schrieb er in einem Aufsatz von 1968. »Nur wenige waren bereit, sich dem Prozess der Assimilierung zu unterziehen, wofür
sie auch von manchen anderen Juden angefeindet wurden. Die
jüdische Masse hatte sich von der polnischen Gesellschaft
durch eine unsichtbare Ghettomauer abgegrenzt. Die Juden in
Polen waren so zahlreich, dass das Gesetz der Mimikry ihnen
überflüssig erschien. Sie schufen eine eigene Gemeinschaft, und
den sie umgebenden Staat ließen sie völlig außer Acht. (…) Bis
zum Ende ihrer Existenz stellten sie für die meisten Polen eine
unverständliche Exotik dar, und sie taten auch nichts oder sehr
wenig, um sich mit der jüdischen Problematik vertraut zu machen. Genauso wie sie nicht imstande waren, das Interesse der

Welt für diese Problematik zu wecken – ihr Sprechen darüber blieb meistens auf dem Niveau der Klagen über den Antisemitismus der Polen. Aller Polen.«[2]

Ein anderer Intellektueller schließlich, der Literaturhistoriker und Bürgerrechtler Jan Józef Lipski, wollte das Nachdenken über die Gründe für den polnischen Antisemitismus sogar zu einer eigenen Wissenschaftsdisziplin machen. Er sprach zwar nicht von »allen Polen«, gab aber zu, dass der Antisemitismus eine spezifische Art der Xenophobie sei, die eine so andersartige Funktion und Rolle in der polnischen Geschichte erfülle, dass er eine besondere Behandlung erfordere. »Als in Polen noch Menschen lebten«, schrieb er 1981 in seinem vielzitierten Essay ›Zwei Vaterländer – zwei Patriotismen‹, »die sich von ihrer Umgebung in allem unterschieden – in der Sprache und dem nationalen Bewusstsein, in der Tradition, in den Sitten und Bräuchen, häufig auch in der Kleidung«, sei der Antisemitismus gewiss »eine Erscheinungsform der Xenophobie« gewesen. Als er jedoch auf Menschen übergegriffen habe, »die oft schon seit Generationen polonisiert waren, die sich häufig nicht nur formell, sondern auch faktisch zu demselben Glauben bekannten wie die Mehrzahl der Polen, die bis ins Mark von der polnischen Kultur durchdrungen waren«, dann sei es schlimmer als gewöhnliche Fremdenfeindlichkeit gewesen – nämlich »ein Verhalten, das »bereits an soziale Psychopathologie« gegrenzt habe.[3]

Obwohl in den letzten 20 Jahren sehr oft, viel öfter als in der gesamten davorliegenden Nachkriegszeit, über die polnisch-jüdische Beziehung diskutiert wurde, ist es im heutigen Polen offenbar wieder notwendig geworden, über das Thema nachzudenken. Zum einen wegen der fremdenfeindlichen bis rassistischen Töne, für die Teile der polnischen Gesellschaft in erstaunlich kurzer Zeit empfänglich geworden sind. Diese Töne und eine passive oder gar zustimmende Haltung der Regierenden bewirken, dass neofaschistische Aufmärsche mitten in Warschau, bei denen Parolen wie »Juden raus aus Polen!« skandiert werden, möglich geworden sind. Zum anderen, weil es immer noch Kapitel der polnisch-jüdischen Geschichte gibt, die bis jetzt unbekannt geblieben sind. Und zum dritten schließlich, weil es sich immer wieder zeigt, dass diese Geschichte auch auf aktuelle Fragen anderer Art abfärben kann. Im September 2015 etwa, kurz bevor die PiS-Partei an die Macht kam, stellte der polnisch-amerikanische Historiker Jan Tomasz Gross, der Polen infolge der antisemitischen Hetze von 1968 verlassen hatte, eine bemerkenswerte These auf. In einem Gastkommentar für ›Die Welt‹, in dem er den Polen und anderen Osteuropäern zu Recht vorwarf, sich im Zusammenhang mit der Flüchtlingsfrage »als intolerant, engherzig und fremdenfeindlich« erwiesen zu haben, schrieb er gleichzeitig: »Die Wurzel des osteuropäischen Verhaltens, das gerade sein hässliches Gesicht zeigt, geht direkt auf den Zweiten Weltkrieg und die Zeit danach zurück. Die Polen beispielsweise waren zwar zu Recht stolz auf den Widerstand ihrer Gesellschaft gegen die Nazis, haben aber tatsächlich während des Krieges mehr Juden als Deutsche getötet.«[4] Und nachdem er den Deutschen bescheinigt hatte, aus ihren »historischen Untaten« gelernt zu haben und sich heute deshalb einer Herausforderung wie dem Flüchtlingszustrom zu stellen, fügte er hinzu: »Osteuropa dagegen muss seine mörderische Vergangenheit erst noch aufarbeiten. Nur wenn dies geschieht, können die Menschen dort ihre Pflicht zur Rettung derjenigen erkennen, die vor einem schlimmen Schicksal fliehen.«[5]

Von der Frage mal abgesehen, inwieweit Gross' These, die Abneigung der heutigen Polen gegen die Flüchtlinge leite sich vom Umgang der Kriegsgeneration mit den Juden ab, sinnvoll war: Seine Aufforderung zum Aufarbeiten jener Vergangenheit überraschte insofern, als er seinerzeit derjenige war, der die Polen – mit beachtlichem Erfolg – dazu zwang, sich ihre Sünden gegenüber den Juden einzugestehen. Er begann damit im Jahre 2000, als er die polnische Ausgabe seines Buches ›Nachbarn‹ vorlegte, das die Wahrheit über den Judenmord in Jedwabne enthüllte. Die Tatsache nämlich, dass das Massaker, das in der nordostpolnischen Kleinstadt am 10. Juli 1941 stattfand und bei dem fast die gesamte jüdische Bevölkerung ums Leben kam, nicht von den Deutschen, sondern von den Polen verübt wurde. Etwa die Hälfte der männlichen Einwohner der Kleinstadt, so Gross' Schilderung, habe sich aktiv an dem Verbrechen beteiligt, indem sie ihre jüdischen Nachbarn zusammengetrieben und sie dann entweder erstochen oder erschlagen oder in einer Scheune bei lebendigem Leibe verbrannt habe. Der Rest der katholischen Bevölkerung habe dem Mord passiv zugesehen.

Die Zahl der Opfer schätzte Gross auf 1600 Personen. Sie wurde zwar nach der ein Jahr später vom Institut für nationales Gedenken (IPN) eingeleiteten Untersuchung, die auch die Exhumierung der Leichen beinhaltete, nach unten korrigiert und wird heute auf zwischen 300 und 400 geschätzt. Doch an der Wirkung seiner Enthüllungen änderte das nicht viel. Es war ja nicht nur die Opferzahl, die der Gesellschaft einen Schock versetzte, sondern auch der Vorfall als solcher: Menschen, die denselben Ort bewohnt, die oft jahrelang direkt nebeneinander gelebt hatten, waren dazu fähig, einander auf bestialische Weise zu töten – ohne von den Deutschen dazu animiert oder gezwungen worden zu sein, wenn auch angeblich in Zusammenarbeit mit ihnen. So sprach vermutlich Leszek Kołakowski vielen aus der Seele, als er später in dem bereits zitierten Gespräch sagte: »Ich erinnere mich natürlich, dass es während des Krieges Anzeichen des Antisemitismus gab, dazu gehörten zum Beispiel Äußerungen wie ›Hitler macht für uns die Drecksarbeit‹. Alle wussten, was die Deutschen mit den Juden anstellten, und viele Menschen reagierten darauf gleichgültig, auch wenn sie es nicht unbedingt akzeptierten. Doch ich würde das Buch von Gross trotzdem mit größter Vorsichtig lesen. Denn von einer Zusammenarbeit der Polen mit den Deutschen zu reden wäre blanker Unsinn. Wir wurden von den Deutschen ja auch gemordet und auf verschiedenste Art gequält. Es war unser Todfeind, und wir befanden uns unter seiner Okkupation, einer schrecklichen Okkupation.«[6]

Solche Argumente seitens der Zeitzeugen hatte Gross offenbar vorhergesehen, denn er äußerte zum Schluss seines Buches die Hoffnung, »dass die neue Generation, die in Polen mit Redefreiheit und politischen Freiheiten aufgewachsen ist, bereit sein wird, sich der ungeschminkten Geschichte der polnisch-jüdischen Beziehungen während des Krieges zu stellen«.[7] Allerdings änderte das nichts an der Tatsache, dass die Wahrheit über Jedwabne, die an die Wurzeln der polnisch-jüdischen Beziehungen ebenso rührte wie an den Kern der menschlichen Natur, nur schwer zu verkraften war und eine der heftigsten polnischen Debatten der Nachkriegszeit auslöste. Der Schock saß so tief, dass Gross' nächstes Buch, ›Angst. Antisemitismus in Polen nach Auschwitz‹, die ersten Wortgefechte schon auslöste, bevor es überhaupt auf Polnisch erschienen war (2008, dt. 2012), zumal er darin zwar das Problem des Antisemitismus im Allgemeinen behandelte, dabei aber besonders viel Platz dem Pogrom von Kielce (1946) einräumte – einer weiteren großen Schande der polnischen Geschichte.

Welche Emotionen dieses Thema immer noch weckte, konnte Gross direkt erleben, als er zur Präsentation seines Buches aus den USA angereist war. Eine der ersten Veranstaltungen fand in Krakau im Januar 2008 statt. Der riesige Saal des neuerbauten Audimax der Universität war bis auf den letzten Platz besetzt. Vor dem verschlossenen Eingang hielt eine kleine Gruppe grölender Neonazis ein paar Polizisten auf Trab. Drinnen gab es tosenden Beifall für den Anführer des Warschauer Ghettoaufstands, Marek Edelman, viel Begeisterung über die witzig-boshaften Pointen von Adam Michnik, dem Chefredakteur der ›Gazeta Wyborcza‹, und nicht zuletzt demonstrative Anerkennung und Sympathie für ihn, Jan Tomasz Gross. Was er allerdings an diesem Abend in Krakau erlebte, dürfte einer der positiven Höhepunkte seiner damaligen Polen-Reise gewesen sein, denn sonst musste er viel unfreundlichere Reaktionen über sich ergehen lassen. Der damalige Krakauer Erzbischof Stanisław Dziwisz etwa tadelte ihn und seinen Verlag für die Heraufbeschwörung der antisemitischen und antipolnischen Dämonen, die ultrakonservative Liga der Polnischen Familien wollte ihn des Landes verweisen, und in den zahllosen Rezensionen, Polemiken und Kommentaren überwogen Ablehnung und Empörung.

Allein die Tatsache, dass in der polnischen Ausgabe des Buches jene Einleitung fehlte, die in der amerikanischen die allgemeinen Umstände im Polen der Kriegsjahre erklärte und damit auch auf die Leiden und Verluste der nichtjüdischen Bevölkerung hinwies, stieß auf Unverständnis. Dies wurde zwar von Gross damit begründet, dass der Text ursprünglich zu viele den Polen bestens bekannte Fakten enthalten habe. Dennoch wurde er für diese Auslassung scharf kritisiert: Dadurch – so sinngemäß der Haupteinwand – würde das Buch einfach mit der Schilderung dessen beginnen, wie die Polen sich nach dem Weggang der Deutschen darangemacht hätten, die überlebenden Juden zu schikanieren und zu morden. Besonders empörend fanden seine Kritiker aber, dass die titelgebende »Angst« sich in seiner Interpretation weniger auf die Juden als auf die Polen bezog. Sie hätten die Rückkehr der Überlebenden einerseits aus Furcht vor dem Wiederverlust dessen verhindern wollen, was sie sich während des Krieges an jüdischer Habe angeeignet hätten, und andererseits aus Sorge um ihr eigenes Gewissen: Der Verbleib der jüdischen Überlebenden im Lande hätte sie ständig an ihre Passivität während des Holocaust erinnert. Obwohl Gross die Formulierung »Kollaboration durch Unterlassung« in Bezug auf die Kirche benutzte, die sowohl auf die deutschen Verbrechen als auch auf die polnischen Nachkriegspogrome hauptsächlich mit Schweigen reagiert habe, wurde sie als Vorwurf an die gesamte Nation verstanden.

Und es gab noch etwas, was für schlechte Stimmung sorgte: Gross wollte den Polen eine Schocktherapie verpassen, die sie längst hinter sich hatten und zu der er ja selbst acht Jahre zuvor maßgeblich beigetragen hatte. Diese Schocktherapie begann 1987, als der Literaturkritiker Jan Błoński in der katholischen Wochenschrift ›Tygodnik Powszechny‹ seinen Artikel ›Die armen Polen blicken aufs Ghetto‹ publizierte und durch die Forderung, die Polen mögen sich der Mitverantwortung an der Ermordung der Juden stellen, eine der heftigsten Debatten jener Zeit auslöste. Sie wurde von etlichen Publizisten in den 1990er-Jahren fortgesetzt. Und sie erreichte einen neuen Höhepunkt im Jahr 2000, als Gross' Buch ›Nachbarn‹ erschien, das nicht nur eine neue Diskussion, sondern auch eine offizielle Entschuldigung zur Folge hatte. Sie wurde von dem damaligen Staatspräsidenten Aleksander Kwaśniewski am 10. Juli 2001, während der Feierlichkeiten zum 60. Jahrestag des Pogroms von Jedwabne, im Namen aller Polen ausgesprochen, deren Gewissen von jenem Verbrechen erschüttert worden sei. Statt also, so die Vorwürfe, die neuerworbene Fähigkeit der Polen zur Selbstreflexion und Buße zu würdigen, warf Gross sich erneut in die Pose des Anklägers und Mahners und drängte damit alle Beteiligten auf ihre alten Positionen zurück.

Der Historiker setzte trotzdem seine Arbeit fort, schien allerdings vor seiner nächsten Publikation, dem Essay ›Goldene Ernte‹ (2011), aus der Vergangenheit gelernt zu haben. Denn diesmal lieferte er eine ausführlichere Darstellung des Sachverhalts und bemühte sich sichtlich um einen weniger arbiträren Ton. Im Mittelpunkt seiner Ausführungen stand ein Foto, das auf den ersten Blick recht unspektakulär wirkte. Es waren darauf mehrere Bauern, Männern und Frauen, zu sehen, die ernst, konzentriert und ziemlich müde wirkten. Einige saßen, andere stützten sich auf Spaten – offenbar hatten sie einen langen und schweren Arbeitstag hinter sich. Was dieses Gruppenbild in Wirklichkeit darstellte, erfuhr man erst aus dem Text: Es waren Menschen, die in der Erde um das Vernichtungslager Treblinka nach Gold und Wertgegenständen der ermordeten Juden suchten. Laut Gross waren sie nur ein kleiner Teil der ostpolnischen Landbevölkerung, die sich nach Kriegsende an der »goldenen Ernte« beteiligte. Es gab ja in der Gegend noch etliche weitere Lager, Sobibor, Bełżec oder Izbica Lubelska, wo die Verbrennung der Leichen unter freiem Himmel stattfand und die Asche der Verbrannten recht flach unter der Erde vergraben wurde – ein wahres Eldorado für die künftigen »Schatzsucher«.

Skrupel jeglicher Art hätten die Bewohner der polnischen Dörfer schon während des Krieges verloren, behauptete Gross.

Denunziation, Erpressung, Plünderungen, Grabschändungen, Mord – sie hätten vor keinem Mittel zurückgeschreckt, um an den jüdischen Besitz zu kommen. Dieses Verhalten sei bald zu einer neuen gesellschaftlichen Norm in der polnischen Provinz geworden, zumal man oft mit der Zustimmung der Kirche habe rechnen können. Und die Nähe der deutschen Vernichtungslager hätte die Bauern schon während des Krieges erfinderisch gemacht, denn der Handel mit SS-Personal und die Prostitution mit KZ-Wächtern hätten sich als ein sehr lukratives Geschäft erwiesen.

Die von Gross geschilderten Fakten waren nicht neu, dennoch hatten viele Polen das Gefühl, dass er mit seinem Essay den Bogen endgültig überspannt hatte, zumal sich dessen Wirkung mit der seiner früheren Bücher summierte. In ›Nachbarn‹ hatte er eine der grauenvollsten Episoden der polnischen Zeitgeschichte enthüllt, mit ›Angst‹ bewiesen, dass der polnische Antisemitismus nach dem Krieg nicht nur nicht nachgelassen, sondern manchmal sogar noch aggressivere Formen angenommen hatte. Und nun, in ›Goldene Ernte‹, stellte er die Polen als Profiteure des Holocaust hin. Er sorgte also zum dritten Mal dafür, dass ihr Selbstverständnis als »das Volk der Helden und Opfer« endgültig ausgedient hatte und dass sie vor der Weltöffentlichkeit erneut als unverbesserliche Judenhasser dastanden.

Zum Glück wurde die Öffentlichkeit zu diesem Zeitpunkt auch auf jemanden aufmerksam, der ihr schlechtes Image ein wenig aufpolieren konnte: Irena Sendler, eine damals schon über neunzigjährige Polin, die während des Krieges zusammen mit einigen anderen Frauen über 2500 jüdische Kinder aus dem Warschauer Ghetto rettete. Ihre beispiellose Aktion war dadurch möglich, dass sie einer Sanitätskolonne angehörte, die für die Bekämpfung ansteckender Krankheiten zuständig war. Da die Deutschen immer wieder den Ausbruch einer Typhusepidemie im Ghetto befürchteten, gelang es ihr, für sich und ihre Helferinnen Passierscheine zu besorgen. So konnten sie die Kinder auf die »arische« Seite hinausschmuggeln, um sie dann bei Ersatzfamilien, in Waisenhäusern oder Klöstern unterzubringen.

Erstaunlicherweise war Irena Sendlers Name lange Zeit unbekannt. Erst nachdem vier amerikanische Schülerinnen 1999 ein Theaterstück über sie verfasst und unter großer Medienpräsenz an ihrer Schule aufgeführt hatten, begann sich das zu ändern. Als sie dann auch noch mit dem Jan Karski Freedom Award (2003) ausgezeichnet und ihr Leben von der Warschauer Publizistin Anna Mieszkowska in Buchform (2004) und von dem Kanadier John Kent Harrison im Film ›The Courageous Heart of Irena Sendler‹ (2009) mit der Oscarpreisträgerin Anna Paquin in der Hauptrolle erzählt worden war, wurde sie zu einer Berühmtheit. Und eine weibliche Entsprechung von Oskar Schindler zu haben tat dem Selbstwertgefühl der Polen auch insofern gut, als sie einige Zeit später erneut mit dem Thema Jedwabne konfrontiert wurden – diesmal von dem Filmemacher Władysław Pasikowski, dessen Film ›Nachlese‹ (2012) eine weitere Debatte über den polnischen Antisemitismus auslöste.

Erst ein Jahr später, als in Warschau das Jüdische Museum »Polin« eröffnet und Ende Oktober 2014 die dortige Hauptausstellung zugänglich wurde, hatte man das Gefühl, dass das schwierige polnisch-jüdische Thema ein wenig an Leichtigkeit gewann. Vielleicht lag es an der freundlichen, modernen Architektur des Baus, der allein durch seine Form das Thema signalisiert? Wenn man seine Glasfassade genau betrachtet, sieht man nämlich dort tausendfach das Wort »Polin« eingraviert, das auf Hebräisch »Polen«, aber auch »Hier verweile« bedeutet. Es soll an eine Legende erinnern, derzufolge die Juden, die auf der Flucht vor der Verfolgung im westlichen Europa waren, in einem polnischen Wald plötzlich eine Stimme dieses Wort hätten flüstern hören. Vielleicht lag es aber auch daran, dass das Museum schon nach kürzester Zeit Besucher-Rekordzahlen verzeichnete, was auf die attraktive, multimediale Form seiner Hauptausstellung, aber auch darauf zurückzuführen war, dass es von Anfang an ein sehr reges und vielfältiges Kultur- und Bildungsprogramm anbot.

Die Entstehung einer solchen Einrichtung wurde schon in den 1990er-Jahren geplant, es musste aber noch eine ganze Weile vergehen, bis das nötige Geld aufgetrieben war – dank der Beteiligung der deutschen Regierung und vieler privater Sponsoren. So konnte die Teileröffnung erst im April 2013, zum 70. Jahrestag des Ghetto-Aufstands, stattfinden. Was dabei allerdings überraschte: Das Museum definierte seine Aufgaben, indem es auf die, wie es in seiner Satzung hieß, »wiedererstehende jüdische Gemeinschaft in Polen« hinwies. Es stimmte zwar, dass die Kultur der Juden im Land wieder stark präsent war. Doch durfte man deshalb von einer Renaissance des jüdischen Lebens sprechen? Der Museumsdirektor, Prof. Dariusz Stola, zweifelte daran nicht im Geringsten. »Niemand, der die Situation in den Achtzigern kennt«, erzählte er kurz vor der Eröffnung der Hauptausstellung im Herbst 2014, »hat damit gerechnet, was seit etwa zwanzig Jahren in Polen passiert. Dass nämlich die Zahl der hier lebenden Juden wächst, dass das durchschnittliche Alter niedriger wird. Dass es wieder viele jüdische Institutionen gibt und dass die Zahl der Rabbiner in Polen mehrfach gestiegen ist. Das sind doch Anzeichen für die Wiederbelebung des jüdischen Lebens, was übrigens hauptsächlich für junge Leute gilt. Entweder sind es die, die schon immer in Polen gelebt haben und nun zu der Identität ihrer Großeltern zurückkehren, oder die, die als Immigranten ins Land kommen.«[8]

Es ist in der Tat eine paradoxe Situation, zumal die letzte Emigrationswelle der Juden aus Polen – infolge einer antisemitischen Kampagne, die im März 1968 begann – das Gefühl entstehen ließ, dass es eine jüdische Bevölkerungsgruppe in Polen nie wieder geben würde. »Der März '68 hatte eine besondere Dimension, und zwar nicht nur für die Juden, sondern auch für die Polen«, schrieb einmal der inzwischen verstorbene Publizist Henryk Dasko, der damals nach Kanada emigriert war. »Ich kenne keinen anderen Moment, in dem es nach dem Ende der Stalin-Zeit in einem zivilisierten Land, ob kommunistisch oder nicht, eine vergleichbare Kampagne gegeben hätte. Es war der einzige mir bekannte Fall einer massenhaften, organisierten antisemitischen Aktion, die das Werk eines Staates war. Nicht einer Einzelperson oder einer Clique, sondern eben eines Staates, der gleichzeitig den Ehrgeiz hatte, Europa anzugehören.«[9]

Die Ereignisse, von denen er sprach, begannen bereits Mitte der 1960er-Jahre. Es war eine Zeit, in der Polens kommunistische Führung mit wachsenden innerparteilichen Konflikten fertigwerden musste. Auf der einen Seite gab es eine Gruppe von Altkommunisten, die mit Hilfe der Sowjets an die Macht gekommen war und die mit allen Mitteln um deren Erhalt kämpfte. Auf der anderen Seite die Mitglieder des sogenannten »Partisanenflügels« um Innenminister Mieczysław Moczar (so wegen der Kriegsvergangenheit seines Anführers genannt), die endlich die Spitzenpositionen übernehmen wollten. Ein unerwartetes Ereignis kam ihnen dabei entgegen: der sogenannte »Sechstagekrieg« vom Juli 1967. Der Konflikt im Nahen Osten wurden in Polen von Anfang an aufmerksam verfolgt, allerdings waren die Sympathien verschieden verteilt: Die Regierenden solidarisierten sich mit den Arabern, da diese von der Sowjetunion unterstützt wurden, die Bürger – mit den Israelis. Dieses als antisowjetisch empfundene Klima in der Gesellschaft nahmen die »Moczaristen« sofort zum Anlass, den »Zionisten«, die in ihren Augen mit allen Juden (von denen es auch viele innerhalb des Machtapparates gab) gleichzusetzen waren, den Kampf anzusagen. Bei ihren Versuchen, im Gegenzug ein antijüdisches Klima zu schaffen, wollten sie auch die Stimmung der Unzufriedenheit nutzen, die damals in der Bevölkerung herrschte. Sie wussten, dass nach all den Jahren, die seit dem »Tauwetter« (1956/57) vergangen waren und die statt der erhofften Verbesserung der Lebensqualität erneut politische Radikalisierung und wirtschaftliche Misere mit sich brachten, nur ein kleiner Zwischenfall genügen würde, um die unterdrückte Wut der Menschen zu entfesseln.

Dieser Zwischenfall war ein scheinbar zweitrangiges Ereignis kulturpolitischer Natur: die Absetzung einer Inszenierung am Warschauer Nationaltheater. Seit dem 25. November 1967 wurde dort unter der Regie von Kazimierz Dejmek das Drama ›Totenfeier‹ des Nationaldichters Adam Mickiewicz, das teilweise vor dem Hintergrund des von den Russen niedergeschlagenen »Novemberaufstands« von 1830/31 spielt. Ursprünglich war die Inszenierung zum 50. Jahrestag der Oktoberrevolution geplant, doch stattdessen wurde sie von der Partei als antisowjetisch erklärt und am 30. Januar 1968 vom Spielplan genommen. Angeblich wurde dies vom Ersten Sekretär Władysław Gomułka persönlich angeordnet: Antirussische Passagen, die vom Publikum mit lautem Beifall bedacht wurden, könnten im Kreml für Irritationen sorgen.

Doch die Absetzung des Stücks rief sofort eine Welle von heftigen Protesten hervor: Noch am selben Abend zogen die ersten Demonstranten vor das Warschauer Mickiewicz-Denkmal, in den folgenden Tagen waren die Straßen mehrerer polnischer Städte Schauplatz von Kundgebungen, Warnstreiks und gewaltsamen Auseinandersetzungen mit der Polizei. Der Polnische Schriftstellerverband versammelte sich zu einer Sondersitzung, in der bekannte Literaten wie Jerzy Andrzejewski oder Stefan Kisielewski gegen die Eingriffe der Zensur und das Verfälschen der Geschichte protestierten. Am heftigsten jedoch waren die Reaktionen der Studenten, gegen die das Regime auch am schärfsten vorging. Mehrere Hochschulen, allen voran die Warschauer Universität, wurden von den Sicherheitskräften gestürmt, die gegen die Demonstranten mit Knüppeln und Tränengas vorgingen. Als dann in den Medien unter den Namen der Anführer der Proteste die einiger jüdischer Studenten auftauchten – etwa von Adam Michnik, dem heutigen Chefredakteur der ›Gazeta Wyborcza‹ –, sahen die »Moczaristen« ihre Zeit gekommen: Die antisemitische Kampagne, auf die sie seit Monaten hingearbeitet hatten, konnte beginnen.

Am 19. März hielt Gomułka im Kongresssaal des Kulturpalastes eine zweistündige, von allen Medien verbreitete Rede, in der er Israel und die USA angriff, die »Feinde des Sozialismus« verteufelte und vor den »Zionisten«, der »fünften Kolonne« im Lande, warnte. Es gebe in Polen drei Kategorien von Juden, verkündete er. Solche, die der Volksrepublik treu seien, solche, die eine doppelte Loyalität an den Tag legten, und schließlich solche, die Israel als ihre Heimat ansähen. Auf diese Worte hatten Moczar und seine »Partisanen« nur gewartet; sie fühlten sich nun endgültig legitimiert, den »Vaterlandsverrätern und Zionisten« den Kampf anzusagen. Die Folge war eine Welle von Repressalien und Verhaftungen und schließlich die Massenvertreibung der letzten polnischen Juden, von denen die meisten nicht einmal wussten, dass sie Opfer eines innerparteilichen Konflikts waren.

Die größte Ausreisewelle der polnischen Nachkriegsgeschichte – die Zahlen schwanken zwischen 13 000 und 20 000 – dauerte bis ins Jahr 1969 hinein. Manche verließen Polen freiwillig, angeekelt von der Atmosphäre der Lüge und Denunziation, die meisten aber auf Druck der Behörden und unter Umständen, die bei vielen bis heute Wut und Scham hervorrufen. Sie wurden aus ihren Arbeitsstellen entlassen, in den Medien diffamiert, aus ihren Wohnungen geworfen und durch drakonische Zollmaßnahmen gezwungen, ihre gesamte Habe zurückzulassen. Anstelle des Passes trugen sie ein einmaliges »Reisedokument« bei sich, in dem vermerkt war, dass der Inhaber kein polnischer Staatsbürger sei und kein Recht auf Rückkehr habe. Und da es vor allem die jüdische Intelligenz war, die der Verfolgung ausgesetzt war, verließen damals entsprechend viele Juristen, Wissenschaftler, Schriftsteller, Verleger, Filmemacher und Schauspieler das Land. Sie wurden von Israel, Amerika, Kanada, Australien und von etlichen westeuropäischen Staaten aufgenommen, wo sie nicht selten eine steile Karriere machten. Der »März der Schande«, wie er oft genannt wird, hatte wenigstens für einen Teil von ihnen auch eine positive Seite.

Was die Polen betrifft, so hatte das Jahr 1968 für sie paradoxerweise nicht nur eine spaltende, sondern auch eine konsolidierende Wirkung. Denn einerseits entstand eine Kluft zwischen dem Teil der Gesellschaft, der bereit war, den »Moczaristen«

den Rücken zu stärken, und dem, der gegen ihren skandalösen Umgang mit den Juden war. Und andererseits verstärkte sich bei den Intellektuellen, die besonders stark protestierten, das Gefühl der Isolation, was wiederum dazu führte, dass sie enger zusammenrückten. Das Ergebnis war die immer konsequentere Formierung einer Opposition, die Jahre später die Entstehung der Solidarność-Bewegung und schließlich den Sturz des Regimes zur Folge hatte.

Für das polnisch-jüdische Verhältnis waren die folgenden paar Jahre dennoch keine gute Zeit. Wie auch? Die antisemitische Hetze hatte bei allen einen schlechten Nachgeschmack hinterlassen. Es gab nur noch wenige Juden im Land. Jüdische Institutionen stellten ihre Tätigkeit ein. Jüngere Jahrgänge assimilierten sich oder reisten irgendwann auch aus. Doch auf einmal, erinnerte sich Professor Stola bei der besagten Ausstellungseröffnung, sei etwas Seltsames passiert: »Ende der 1970er-Jahre als sich die demokratische Opposition in Polen formierte und die ersten unabhängigen Verlage entstanden, tauchte in den unzensierten Publikationen und in den Vorträgen der sogenannten Fliegenden Universität immer wieder das Thema der polnischen Juden auf. Und es stellte sich heraus, dass dieses Thema für die Polen, zumindest für die polnische Intelligenz, immer noch sehr wichtig war. Was nicht bedeutet, dass es bis dahin völlig ignoriert worden wäre – im Gegenteil, in der Literatur, im Film und vor allem in den Familienüberlieferungen war es schon immer präsent gewesen, doch naturgemäß nur in fragmentarischer Form, ohne seine ganze Bandbreite auszuschöpfen.«[10]

Dies sei auch einer der wichtigsten Gründe gewesen, in Warschau ein – so die offizielle Bezeichnung – »Museum für die Geschichte der polnischen Juden« zu errichten, setzte Professor Stola seine Erzählung fort. In den Jahren davor seien zwar in Europa und in den USA etliche jüdische Museen entstanden, doch die meisten von ihnen würden sich auf den Holocaust konzentrieren. Im Falle Polens habe man aber ein anderes Konzept ausarbeiten müssen, um zu verhindern, dass im Schatten dieses Massentodes die tausend Jahre eines sehr reichen und farbigen Lebens verschwanden. Ein Besucher, der sich für den Holocaust interessiere, solle auch erfahren, was dieser noch vernichtet habe – außer den drei Millionen Menschenleben natürlich. »Am besten sieht man es am Beispiel unserer rekonstruierten Synagoge«, beendete der Museumsdirektor stolz. »Im alten Polen gab es zweihundert solcher Synagogen – erhalten hat sich keine einzige. Die mühsame Rekonstruktion ist also eine unserer Antworten auf den Versuch, die Kultur der europäischen Juden auszulöschen. Wobei mit europäischen Juden vor allem die polnischen Juden gemeint sind, denn die meisten lebten ja auf polnischem Boden. In diesem Sinne ist auch der Staat Israel ein Erbe Polens.«[11]

Mit diesem Erbe muss sich nun die Polen regierende Rechte auseinandersetzen, und sie tut es in der ihr eigenen Manier – mal antijüdische Exzesse duldend, mal um versöhnliche Töne bemüht. Letzteres gilt in jüngster Zeit sogar für den katholischen Rundfunksender Radio Maryja, der seit Langem für seine fremdenfeindlichen und antisemitischen Parolen bekannt ist. Sein Leiter, Pater Tadeusz Rydzyk, sorgte schon mehrmals für Unmut, etwa indem er die polnische Regierung dafür kritisierte, dass sie eingewilligt hatte, für das Pogrom in Jedwabne 65 Milliarden Dollar Entschädigung zu zahlen – und wurde dafür auch wiederholt getadelt, mal von den polnischen Bischöfen, mal vom Vatikan. So beschloss er offenbar, sein Image aufzupolieren, und organisierte im November 2017 in Thorn, wo sich der Sitz des Senders befindet, eine internationale Konferenz, die den Titel ›Erinnerung und Hoffnung‹ trug – sie war den Polen gewidmet, die während des Holocaust Juden gerettet hatten. Die Namen der 1170 von ihnen, die bei diesen »großangelegten« Hilfsaktionen ihr Leben verloren, wurden in einer eigens dafür errichteten Kapelle verewigt. Zu den Hauptrednern gehörte die noch amtierende und aus Warschau angereiste Premierministerin Beata Szydło, die keine starken, emotionsgeladenen Worte scheute. »Wir sind Freunde, wir sind Brüder«, verkündete sie. »Wir müssen heute gemeinsam laut die Wahrheit über jene Zeit sagen. Wir müssen von den heldenhaften Juden und heldenhaften Polen sprechen. Wir sind es eben, Polen und Juden – Polen und Israelis, die wir in dieser Angelegenheit das meiste zu sagen haben. Denn es ist unsere gemeinsame Angelegenheit, gemeinsame Hoffnung, gemeinsame Wahrheit, gemeinsame Liebe.«[12] Und wie bei jedem ihrer Schritte ließ sich auch diesmal aus dem Hintergrund die Stimme des PiS-Chefs Jarosław Kaczyński vernehmen, der sich an die Teilnehmer der Konferenz in Form eines Briefes wandte. »Das gesellschaftliche Bild von der Hilfe, die den Juden seitens der Polen zuteilwurde, ist immer noch verfälscht«, stellte er darin fest, nicht ohne gleich eine Erklärung für diesen Zustand zu liefern: Das liege größtenteils daran, »dass das polnische Establishment jahrelang eine Pädagogik der Scham und, was daraus resultiert, eine antihistorische Politik betrieben hat«.[13]

Darüber, wie es tatsächlich um die Hilfsbereitschaft der Polen während des Holocaust stand, wird gewiss noch lange gestritten. Schon wenige Tage nach der Konferenz gab Barbara Engelking, eine bekannte Soziologin und Mitarbeiterin des Polnischen Zentrums für Holocaust-Forschung, ein Interview, in dem sie einige neue Erkenntnisse bekanntgab, die wohl mehr der Wahrheit entsprechen. Denen zufolge hätten sich die meisten Polen passiv verhalten – ob aus Angst oder aus Abneigung gegen die Juden, sei »ein anderes Thema«. Ungefähr zwei von drei Juden, die sich hätten retten wollen, seien umgekommen, »meistens unter Mitwirkung der Polen«. Aus den Ghettos seien so wenige geflohen, »weil sie sich dessen bewusst waren, dass sie sehr geringe Chancen hatten, unter den Polen zu überleben.« Und diejenigen, die ihnen halfen, taten es oft »im Alleingang und im Verborgenen«, weil sie Denunziationen seitens der Bekannten, Nachbarn oder sogar Familienmitglieder gefürchtet hätten. Es habe zwar »Żegota«, den Rat für die Unterstützung der Juden, gegeben, doch er sei erst Ende 1942 entstanden, als »die meisten polnischen Juden bereits tot waren«. Eine der wenigen positiven Feststellungen der Soziologin lautete, nicht alle, die geholfen hätten, hätten auch den Titel »Gerechter unter den Völkern« bekommen – es habe viel mehr Helfer gegeben. Alles in allem aber, so ihr Fazit, würden genau die, »die behaupten, dass es großangelegte Hilfsaktionen waren, nicht nur die Geschichte verfälschen, sondern auch alle Gerechten um die Erinnerung an ihren Mut und die Einzigartigkeit ihrer Taten bringen«.[14]

Wie einzigartig sie waren, wird man sich in Polen bestimmt noch viele Male vor Augen führen müssen. Denn in einem Punkt hatte Jan T. Gross recht: Das Kriegskapitel der polnischjüdischen Vergangenheit ist noch lange nicht aufgearbeitet. Sogar die Fakten, die er in seinem Buch ›Nachbarn‹ schilderte, haben sich inzwischen als »nur die Spitze des Eisbergs« erwiesen – so der Publizist Mirosław Tryczyk, der im Jahre 2015 eine eigene, mit ›Städte des Todes‹ betitelte Arbeit vorlegte. Seine Untersuchungen hatten nicht nur die bis dahin eher vorsichtig formulierte These bestätigt, dass es sich bei Jedwabne um keinen Einzelfall gehandelt habe. Er konnte auch nachweisen, dass es »auf dem Gebiet des gesamten Podlachien, sowohl auf der polnischen als auch auf der heute weißrussischen Seite«, insgesamt »128 Ortschaften« gebe, »in denen Polen allein oder unter Mitwirkung der Deutschen Judenpogrome verübt haben«.[15] Das seien keine spontanen Ausbrüche der Aggression, sondern sorgfältig geplante und vorbereitete Aktionen gewesen. Die Anstifter seien keine primitiven Bauern oder in der Gegend herumstreunenden Banditen, sondern Mitglieder der lokalen Elite, Ärzte, Lehrer oder Unternehmer, gewesen. Und die Behauptung, die Täter hätten keine andere Wahl gehabt, weil sie sonst selbst von den Deutschen erschossen worden wären, sei auch falsch: »Die Übernahme der Macht durch die Deutschen fand in diesen Gebieten erst im Spätherbst 1941 statt – den ganzen Sommer über lag sie in den Händen der polnischen Polizei.«[16] Das seien alles nur neue Mythen, die sich um Gross' Buch gebildet hätten – und damit, sollte man wohl hinzufügen, neue Herausforderungen für Historiker und vor allem für die polnische Gesellschaft, die sich ihnen auch wird eines Tages stellen müssen.

Seit Kurzem muss sie sich allerdings einer aktuellen Situation stellen, die das polnisch-jüdische Verhältnis stark belastet: der Auseinandersetzung um das sogenannte Holocaust-Gesetz, das Ende Januar 2018, unmittelbar vor dem Jahrestag der Befreiung des Vernichtungslagers Auschwitz, vom polnischen Parlament verabschiedet wurde. Es sah Geldbußen oder sogar Gefängnisstrafen bis zu drei Jahren für diejenigen vor, die in Zukunft die Konzentrationslager, die während des Zweiten Weltkrieges von den Nazis in Polen errichtet wurden, als »polnisch« bezeichnen – ein Fehler, der Politikern und Medien im Ausland immer öfter unterläuft. Es dürfte zwar jedem klar sein, dass damit lediglich der Standort der Lager gemeint ist, doch sehr viele Polen sehen darin trotzdem einen Versuch, die historische Schuld der Deutschen zu relativieren bzw. einen Teil davon ihnen zuzuschieben, und reagieren extrem empfindlich. Einen wahren Sturm der Entrüstung löste 2012 eine Rede des amerikanischen Präsidenten Barack Obama aus, in der er von »*Polish death camps*« sprach. Die Empörung war umso größer, als seine Ansprache dem polnischen Widerstandskämpfer Jan Karski galt, der während des Krieges als einer der Ersten den Westen über die Existenz der Vernichtungslager informiert hatte und dafür an dem Tag von Obama posthum mit der amerikanischen Freiheitsmedaille ausgezeichnet wurde. Das Weiße Haus entschuldigte sich umgehend für das »Versehen« des Präsidenten, doch einen schlechten Nachgeschmack hatte die Zeremonie trotzdem hinterlassen. Ein Jahr später begann in Deutschland ein dreijähriger Rechtsstreit zwischen dem Holocaust-Überlebenden Karol Tendera und dem ZDF. Der Mainzer Sender hatte in der Ankündigung einer Dokumentation über Auschwitz und Majdanek dieselbe Formulierung benutzt. Das Gericht gab im Dezember 2016 dem klagenden Tendera recht, und der Sender musste sich für seine »semantische Abkürzung« entschuldigen.

Gegen solche Vorfälle wollte die PiS-Regierung mit Hilfe des neuen, am 1. März 2018 in Kraft getretenen Gesetzes vorgehen. Sie beabsichtige damit nichts weiter, als Polens Ruf zu schützen, so ihre Antwort an die Kritiken, die es seit der Bekanntgabe ihres Vorhabens von allen Seiten hagelte. Denn das Gesetz besagte ferner, dass mit einer Strafverfolgung auch diejenigen rechnen müssen, die der »polnischen Nation oder dem polnischen Staat« eine Mitschuld an den Nazi-Verbrechen geben. Eine Ohrfeige für alle Holocaust-Überlebenden, die gegenteilige Erfahrungen gemacht haben und jetzt auch noch fürchten mussten, für das Berichten der Wahrheit belangt zu werden. Ein gefundenes Fressen für die israelische Regierung, die das Gesetz sofort als einen Versuch der Polen bezeichnete, die eigenen Verbrechen an Juden im Zweiten Weltkrieg zu verschleiern. Ein Grund zur Irritation für das US-Außenministerium, das sich besorgt darüber zeigte, dass das Gesetz die Meinungsfreiheit und den wissenschaftlichen Diskurs einschränken könnte. Und sogar eine Kränkung für die Ukraine, weil in dem Gesetz auch von den Verbrechen ukrainischer Nationalisten und der Kollaboration ukrainischer Militärverbände mit dem Dritten Reich die Rede war.

Zu dem internationalen Desaster, das die PiS mit dem Gesetz angerichtet hatte, kamen die kritischen Stimmen aus dem Inland. So wandten sich etwa 100 Politiker, Künstler und Journalisten, darunter Ex-Präsident Aleksander Kwaśniewski, Ex-Außenminister Radosław Sikorski, die Filmregisseurin Agnieszka Holland und die Schriftsteller Olga Tokarczuk, Andrzej Stasiuk und Adam Zagajewski, mit einem Appell an die Regierung, in dem sie Korrekturen des offenbar sehr schnell formulierten Gesetzes verlangten. »Warum soll eine Diskussion über historische Fakten unter Aufsicht der Staatsanwaltschaft und der Gerichte stattfinden?«, fragten sie. »Warum sollen Opfer und Zeugen des Holocaust ihre Worte abwägen müssen, um sich nicht einer Strafverfolgung auszusetzen? Wird ab jetzt das Zeugnis eines überlebenden Juden, der Angst vor den Polen hatte, als eine Straftat gelten?«[17] Und wie eine Umfrage ergab, war auch die Mehrheit der polnischen Gesellschaft der Meinung, dass die Regierung sich zwar durchaus um ein positives Bild Polens im Ausland kümmern, dies aber nicht mit Hilfe von

Gesetzen, sondern durch Aufklärung und diplomatische Bemühungen tun sollte.

Die Proteste blieben nicht ohne Wirkung, denn Ende Juni 2018 wurde das umstrittene Holocaust-Gesetz überraschend geändert. Das polnische Parlament billigte im Eilverfahren eine Korrektur, nach der die Androhung der Haftstrafen aus dem Gesetzestext entfernt wurde. Laut Ministerpräsident Mateusz Morawiecki, auf dessen Initiative die Änderung zurückging, sollten damit die Beziehungen zu Israel und den USA verbessert werden, was auch in der Tat sofort geschah – Israels Premier Benjamin Netanjahu begrüßte den Schritt, und auch der Jüdische Weltkongress lobte die Nachbesserung. Als Eingeständnis eines Fehlers sollte sie aber nicht verstanden werden, betonte Morawiecki. Die Debatte über das Gesetz habe Wissen und Bewusstsein in Sachen historischer Wahrheit zum Zweiten Weltkrieg erhöht, so der polnische Regierungschef, der sich gleichzeitig freute, dass das Gesetz schon eine »Schockwirkung« entfaltet habe. Ob man allerdings darin etwas Positives sehen sollte, werden wohl auch in Zukunft viele bezweifeln, denn wie der EU-Ratspräsident Donald Tusk es treffend in seinem ironischen Twitter-Kommentar zusammenfasste: »Wer die Lüge über die ›polnischen Lager‹ verbreitet, der schadet dem guten Namen und den Interessen Polens. Die Autoren des Gesetzes haben diese Verleumdung in der ganzen Welt verbreitet, waren also in dieser Hinsicht so wirksam wie bisher noch niemand.«[18]

DIE REIFEPRÜFUNG

Europa – ja, EU – nein?

»Jahrelang verließ mich der Eindruck nicht, dass ich zu spät geboren war. Interessante Zeiten, ungewöhnliche Begebenheiten, phänomenale Menschen – all das gehörte meinem Empfinden nach zur Vergangenheit und war ein für alle Mal zu Ende.«[1] So beginnt der Roman ›Madame‹ (1998) von Antoni Libera, der in etlichen Ländern erschien und dem vor allem als Beckett-Übersetzer und Theaterregisseur bekannten Autor einen großen Erfolg als Prosaschriftsteller bescherte. Es war in der Tat ein besonderes Buch, eine gewagte Bildungsroman-Parodie, in der die Hochkultur, personifiziert durch eine Französisch-Lehrerin und ihren in vielen Disziplinen hochbegabten Schüler, mit der hemdsärmeligen Realität der 1960er-Jahre zusammenstieß. Auf Deutsch kam er im Jahre 2000 heraus, das auch einen Durchbruch in der internationalen Rezeption der polnischen Literatur markierte. Polen war damals Ehrengast der Frankfurter Buchmesse und wartete auf einmal mit einer Flut von Titeln auf, bei denen zwar kein gemeinsamer thematischer und stilistischer Nenner auszumachen war, die aber trotzdem etwas verband: Man konnte spüren, dass die polnischen Schriftsteller sich durch keine historische Bürde und keinen politischen Auftrag mehr belastet fühlten. Junge Autoren, die in den späten 1980ern debütiert hatten, gingen mit dieser neuen künstlerischen Freiheit ganz selbstverständlich um, indem sie gern ästhetische oder erotische Tabus brachen, den medialen Charakter der Kultur nutzten und sich mal mit fiktiven Welten, mal mit einer nichtpolnischen Realität befassten. Und die Älteren, unter ihnen Antoni Libera (Jg. 1949), genossen es, endlich frei davon erzählen zu können, wie es war, jahrzehntelang das Gefühl zu haben, dass das Leben, das sie führen wollten, entweder früher mal gewesen war oder sich anderswo, in dem unerreichbaren Teil Europas, abspielte.

Wie sehr sie doch unter dieser künstlichen Trennung des Kontinents gelitten hatten! Gerade sie, die Schriftsteller und alle anderen Intellektuellen, für die Europa schon immer ein geistiges Gesamtwesen darstellte, das nicht einfach beliebig getrennt oder umgestaltet werden konnte. Die europäischen Werte, das waren in ihren Augen die jüdisch-christliche Zivilisation, die bestimmte ethische Kategorien hervorgebracht hatte, das römische Recht als Basis des freien Marktes und der Demokratie, und das Erbe der Aufklärung, also der Glaube an die Möglichkeiten des menschlichen Geistes, an Fortschritt und Wissenschaft. Und diese Werte hatten für sie niemals ihre Gültigkeit verloren. Deshalb beschränkten sie sich in ihren Publikationen oft nicht nur auf die polnischen Belange, sondern strebten nach der europäischen Perspektive – trotz der Einschränkung der Reisefreiheit und des ideologischen Drucks, dem sie jahrezehntelang ausgesetzt waren.

Jetzt, da es diese Trennung nicht mehr gab, taten sie es mit besonderem Genuss. Auch in ihren öffentlichen Diskussionen, in denen sie gern die Dinge in einer »gesamteuropäischen« Dimension betrachteten, nicht ohne dabei an historische Ereignisse zu erinnern, die ihres Erachtens die Bedeutung Polens für die Geschichte des Kontinents ausmachten. Etwa an die von König Jan Sobieski gewonnene Schlacht bei Wien 1683, der Europa zu verdanken hatte, nicht unter die Herrschaft des Osmanischen Reichs geraten zu sein. An die polnische Verfassung vom 3. Mai 1791 – dass sie unter tragischen Umständen entstand, weil die erste Teilung des Landes zwischen Preußen, Österreich und Russland (1772) bereits vollzogen und sie ein letzter, vergeblicher Versuch war, durch schnelle Reformen den Rest des polnisch-litauischen Doppelstaates zu retten, änderte ja nichts an der Tatsache, dass es die erste demokratische Verfassung Europas war. Oder an die oft als das »Wunder an der

Weichsel« bezeichnete Schlacht bei Warschau 1920, in der Marschall Piłsudski und seine Soldaten Europa vor den Bolschewiken gerettet hatten. Ganz zu schweigen von dem erheblichen Anteil Polens am Sturz des Kommunismus, in dem viele polnische Intellektuelle allerdings nicht nur das Ende einer Diktatur, sondern auch das Ende einer verlockenden Utopie der ganzen europäischen Zivilisation sahen. Und da daraus ihre Überzeugung resultierte, dass die Europäer durch diesen Verlust intellektuell ärmer geworden seien, betonten sie bei jeder Gelegenheit, wie wichtig ihr eigener Beitrag zum europäischen Integrationsprozess sein könnte. Der Umgang mit dieser Utopie war ja ihre jahrzehntelange Erfahrung gewesen – sie konnten also diese Erfahrung zu einem wichtigen Bestandteil des geistigen Austausches mit den Westeuropäern machen.

Da und dort bereiteten sie sich auch darauf in institutioneller Form vor. Zum Beispiel, als sie 1996 die Krakauer Europa-Akademie eröffneten, ein Haus, das sich als ein Begegnungsort im Dienste des europäischen Kulturdialogs verstand und auch eine zu diesem Ansatz passende Vorgeschichte hatte. Sie ging auf die Regierungszeit der letzten Jagiellonen (1506–1572) zurück, die von Offenheit, religiöser Toleranz und Multinationalität geprägt war; das »Goldene Zeitalter« der polnischen Kultur, in dem Künstler, Gelehrte und Handwerker aus ganz Europa nach Krakau kamen, um sich hier anzusiedeln und nicht selten ihre besten Werke zu schaffen. Zu diesen Wahlkrakauern gehörte auch ein Elsässer namens Jost Ludwig Dietz (Jodovicus Ludovicus Decius), der in der Stadt 1508 auftauchte und am Hofe des Königs Sigismund des Alten eine beachtliche Karriere machte. Er übernahm in dessen Auftrag heikle diplomatische Missionen, knüpfte wichtige Kontakte und wirkte auch an der Ausarbeitung der preußisch-polnischen Währungsunion mit.

Als er bereits in hohem Alter war, kaufte er ein großes, am Rande des heutigen Krakau liegendes Grundstück und ließ sich dort von drei italienischen Architekten im schönsten Renaissance-Stil eine Villa bauen, die er in kurzer Zeit zu einem Treffpunkt der berühmtesten Wissenschaftler und Künstler Europas machte. Nach seinem Tod hatte das Haus mehrere Besitzer, danach aber setzte sein Verfall ein, der bis ins 20. Jahrhundert fortdauerte und möglicherweise gar nicht mehr aufzuhalten gewesen wäre, hätte nicht in den späten 1970ern ein glücklicher Zufall Karl Dedecius, den renommierten Übersetzer polnischer Literatur, in die Gegend geführt. Als er bei einem Spaziergang die stark heruntergekommene Villa Decius, wie sie allgemein genannt wurde, entdeckte, beschloss er, sie zu einem Treffpunkt europäischer Intellektueller zu machen. Seinen Vorschlag, sie in ein »humanistisches Forum für Europa« zu verwandeln, konnte er zwar erst 1991, auf einer KSZE-Tagung in Krakau, präsentieren, dafür fand sie aber sofort regen Zuspruch. Fünf Jahre später, nach aufwendigen Renovierungsarbeiten, strahlte das Haus in seinem vollen Renaissance-Glanz, und die Europa-Akademie Villa Decius, wie der ursprüngliche Name lautete (heute wird sie wieder einfach nur als Villa Decius bezeichnet), konnte ihre Arbeit aufnehmen.

Doch die Polen wollten nicht nur über Europa debattieren, sondern so schnell wie möglich in die europäischen Strukturen eingebunden werden. Seit 1999 war das Land Mitglied der NATO, nun strebte es die Aufnahme in die Europäische Union an. Der Antrag wurde bereits 1994 gestellt, und als im Frühjahr 2002 die Arbeiten an einem EU-Mitgliedsvertrag begannen, taten der damalige Ministerpräsident Leszek Miller und seine Regierung alles, um die Beitrittsverhandlungen bis Ende des Jahres abzuschließen. Und diese waren wegen einigen offenen Verhandlungskapiteln, den Übergangsfristen, die mal von der einen, mal von der anderen Seite verlangt wurden, der Rezession in der EU, die auch die Nachfrage nach polnischen Produkten drosselte und damit das angestrebte Wirtschaftswachstum des Landes bremste, alles andere als einfach. Das Ergebnis war dennoch positiv, denn nach einem weiteren halben Jahr, am 9. Oktober 2002, stand Polen auf der Liste der zehn Staaten, die im Mai 2004 der EU beitreten sollten. Ob es dazu wirklich, jedenfalls zu diesem Zeitpunkt, kommen würde, stand

trotzdem noch offen, denn einerseits verlangte Brüssel weitere
Reformen, andererseits war die EU-Begeisterung der Polen selbst
etwas geschwunden – nicht zuletzt wegen der drastischen Sparmaßnahmen, die ihnen infolge einer 2001 ausgebrochenen
Finanzkrise von der Regierung verordnet wurden. So mussten
sie von den Vorteilen der EU-Mitgliedschaft, auf die sie seit
Jahren gewartet hatten, doch noch überzeugt werden, was die
Regierung unter anderem in Form einer landesweiten Aufklä-
rungskampagne zu tun versuchte. Mit Erfolg: Bei einem Refe-
rendum, das im Juni 2003 stattfand, sprachen sich 77,45 Prozent der polnischen Bevölkerung für den EU-Beitritt aus.

Am 1. Mai 2004 war es so weit: Polen wurde eines der zehn
neuen EU-Mitglieder. Die Freude im Land war riesig, Ministerpräsident Miller – der Held der Stunde, auch wenn er einen Tag
später seine kurz davor gemachte Ankündigung in die Tat um-
setzte und von seinem Posten zurücktrat. Damit zog er die
Konsequenzen aus den tief gesunkenen Umfragewerten seiner
Regierung, an denen die besagten Sparmaßnahmen und eine
Reihe von Finanzaffären und Korruptionsskandalen schuld
waren. Allen voran die sogenannte Rywin-Affäre, die Millers
Partei (SLD) eine Spaltung und seiner Regierung den Verlust
der Mehrheit im Parlament beschert hatte. Es war der größte
Bestechungsskandal in der bisherigen Geschichte der Dritten
Republik, der die polnische Öffentlichkeit bis heute beschäftigt. Dessen Hauptakteur, Lew Rywin, war ein bekannter Film-
produzent und Inhaber der Produktionsfirma Heritage, die an
Welterfolgen wie Steven Spielbergs ›Schindlers Liste‹ oder Roman Polanskis ›Der Pianist‹ mitgewirkt hatte. Am 22. Juli 2002
suchte er Adam Michnik, den Chefredakteur der Tageszeitung
›Gazeta Wyborcza‹, auf und unterbreitete ihm im Namen einer
nicht näher genannten »an der Macht befindlichen Gruppe«
ein schockierendes Angebot. Ein umstrittener Gesetzentwurf,
der den Einstieg der Zeitungsverleger ins Fernsehgeschäft stark
beschränken und im Falle der Eigentümer großer, überregiona-
ler Tageszeitungen ganz verbieten sollte, könnte für 17,5 Millionen Dollar Schmiergeld geändert werden. Diese Änderung

würde dem Verlag Agora, dem Eigentümer der ›Gazeta Wyborcza‹, des größten polnischen Tageblattes, den geplanten Kauf des Fernsehsenders Polsat ermöglichen. Er, Rywin, würde für seine Vermittlungsdienste den Posten des Direktors des Senders verlangen, der angeblich involvierte Ministerpräsident Miller – eine positivere Berichterstattung über seine Regierung in der ›Gazeta‹ erwarten.

Eines hatte der Filmemacher allerdings nicht vorausgesehen: dass das Gespräch aufgezeichnet werden könnte. Genau das geschah aber – Adam Michnik hatte ein Tonband mitlaufen lassen und rief gleich nach dem dubiosen Treffen Leszek Miller an. Der Ministerpräsident bestritt alles, sowohl bei dem Telefonat als auch bei einer Gegenüberstellung mit Rywin, woraufhin dieser sein Angebot sofort zurückzog. Wer der geheimnisvollen »machthabenden Gruppe« angehören sollte, wollte er nicht verraten, woraufhin das ganze Land von seinem Bestechungsversuch erfuhr: Einige Tage später war der gesamte Tonbandmitschnitt in der ›Gazeta Wyborcza‹ nachzulesen. Die darauffolgenden Ermittlungen der Staatsanwaltschaft brachten auch nicht die Wahrheit ans Licht, trotzdem war das Vertrauen der Polen in die Politiker, insbesondere in ihren Ministerpräsidenten, erheblich erschüttert.

Am 1. Mai 2004 dachte aber wohl niemand an die vergangenen Skandale. Dafür mischte sich in die Beitrittsfreude ein wenig Sorge um die Zukunft – die des Landes und die der polnischen Kultur. Nicht zuletzt deshalb hatten in den Jahren davor unzählige Historiker, Schriftsteller und Journalisten versucht, dem westlichen Publikum deren Eigenart zu erklären. Dass sie also aus der spezifischen geschichtlichen Erfahrung des Landes resultiere und in den beiden letzten Jahrhunderten von der Auflehnung geprägt worden sei. Und dass das Land im 19. Jahrhundert die Fremdherrschaft dreier Nachbarländer und im zwanzigsten die deutsche Okkupation und das kommunistische Regime habe erdulden müssen, weswegen es immerfort nötig gewesen sei, die Würde und die geistige Unabhängigkeit der Nation zu verteidigen. Von dem künstlerischen Ergebnis dieser geschichtlichen Konstellation war man ja auch in Westeuropa immer wieder tief beeindruckt. In der Zeit nach 1956, als es den polnischen Künstlern plötzlich gelang, den propagandistischen Forderungen des Regimes auszuweichen und ihr wahres Potenzial zu zeigen, aber auch in den folgenden drei Jahrzehnten, in denen die polnische Kultur oft von sich reden machte. Die »polnische Filmschule« (Andrzej Wajda, Roman Polański, Jerzy Kawalerowicz), die phantasievoll an die romantische Tradition anknüpfte, gefolgt von dem sogenannten »Kino der moralischen Unruhe« (Krzysztof Zanussi, Krzysztof Kieślowski), das die Entartungen der kommunistischen Realität aufzeigte. Das polnische absurde Theater, das in den Dramen von Sławomir Mrożek und Tadeusz Różewicz dem Publikum vor Augen führte, was es heißt, mit Mitteln der Groteske und der Parodie auf die Deformation der Wirklichkeit zu reagieren. Die bahnbrechenden Bühnenexperimente von Tadeusz Kantor und Jerzy Grotowski. Die »polnische Komponistenschule«, die Berühmtheiten wie Krzysztof Penderecki, Witold Lutosławski oder Mikołaj Górecki hervorbrachte. Die polnische Plakatkunst, die jahrelang bei internationalen Wettbewerben und Ausstellungen den Ton angab. Man könnte die Aufzählung noch lange fortsetzen.

Das hohe Niveau der polnischen Kultur war aber nicht der einzige Grund für ihre Beliebtheit in Westeuropa. Hinzu kam ihre Andersartigkeit, die eine Folge der geografischen Lage des Landes war – der Tatsache also, dass sie schon immer eine »Grenzkultur« war, die in sich die Traditionen des Ostens und des Westens, die Einflüsse der lateinischen und der byzantinischen Zivilisation verband. Ein buntes, vielfältiges Geflecht, dem das kommunistische Regime seine eigene, enge Vision der Kultur entgegenzustellen versuchte. Die Spannung, die durch diese Opposition entstand, faszinierte die Westeuropäer immer wieder aufs Neue. Sie kannten den Osten nicht gut genug, um zu wissen, dass die Originalität der polnischen Kultur manchmal schlicht, so paradox es klingt, den kommunistischen Kontrollpraktiken zu verdanken war. Denn das Regime, das sich seiner Unbeliebtheit durchaus bewusst war, trieb mit den Intellektuellen und Künstlern von Anfang an ein raffiniertes Spiel: Einerseits versuchte es, sie mit Privilegien zu ködern, sie zu hofieren und zu umschmeicheln, andererseits sollten sie für keinen Augenblick vergessen, dass der Staat ihre uneingeschränkte Loyalität erwartete. Die Folge war ein ständiges Wechselbad von Liberalität und Strenge. Mal drückte die Zensur ein Auge zu, und die Kulturschaffenden genossen eine relative Gestaltungsfreiheit, mal mussten sie über jedes geschriebene Wort und jeden gemalten Strich Rechenschaft ablegen; mal durften sie frei reisen, mal wurde ihnen jahrelang der Pass verweigert. Dieses Zuckerbrot-und-Peitsche-Prinzip hatte gewissermaßen immer eine positive Seite: In guten Zeiten ermöglichte es den Austausch mit anderen europäischen Kulturen, in schlechten förderte es den eigenen Einfallsreichtum.

Nun, fünfzehn Jahre nach dem politischen Umbruch und zum Zeitpunkt des EU-Beitritts, schien in der polnischen Kultur eine weitgehende Normalität zu herrschen. Ihre organisatorischen Strukturen und finanziellen Rahmenbedingungen ähnelten denen der westeuropäischen Kulturen (zumal sie nach den dortigen Mustern aufgebaut worden waren), und auch bezüglich der Themen und Ausdrucksmittel wies sie kaum noch Besonderheiten auf. Es gab zwar einige Künstler, die behaupteten, sich immer noch ihrem gesellschaftlichen Auftrag von einst verpflichtet zu fühlen und der Kultur des Westens, die in einer postmodernistischen Krise stecke, eine entgegensetzen zu wollen, die sich auf grundlegende Werte berufe und eine Mission erfülle. Die meisten aber empfanden angesichts dieser Normalität große Erleichterung und behaupteten, nur noch »in europäischen Kategorien« zu denken. Dieses Stichwort schien in allen Kulturbereichen eine geradezu magische Aura zu verströmen; ob es Schriftsteller, Filmemacher, Theaterleute, Maler oder Musiker waren – alle wollten eine möglichst universelle Kunst schaffen.

Inwieweit sich dieser Wunsch zugunsten der künstlerischen Qualität ihrer Werke auswirken würde, war schwer zu beantworten. Wurde nicht jetzt schon in der gesamten Kultur über die um sich greifende Kommerzialisierung geklagt? Über das zunehmende Diktat des Massenpublikums, das immer aggressiver sein Gefallen an der Popkultur westlicher Provenienz demonstrierte? Hörte man nicht vom Tod des polnischen Kinos, das, um der Konkurrenz der Hollywood-Produktionen standzuhalten, nur noch alberne Actionfilme und billige Komödien hervorbringe? Vom blinden Nachahmen fremder Muster, der Dominanz sinnloser Aggression, der Flucht vor echten Gefühlen? Vom schlechten Zustand des polnischen Theaters, das – wie ein Insider es ausdrückte – Europa nichts zu bieten habe, weil es viel zu sehr damit beschäftigt sei, dieses Europa auf eigenen Bühnen zu kopieren? Zwar hörten die polnischen Künstler auch, dass sie angesichts der europäischen Vereinigung vor einer besonderen Chance stünden, dass der Westen seinerseits mit der EU-Erweiterung die Hoffnung auf einen »Ex Oriente lux«-Effekt, auf neue Impulse aus dem Osten, verbinde. Und dass die Augen der meisten dabei eben auf Polen, das Land von Wajda, Kantor und Penderecki, gerichtet seien. Doch ob es sich dabei nicht nur um eine kurz anhaltende Beitrittseuphorie handelte, erschien vielen zweifelhaft.

Hinzu kam die Sorge wegen der instabilen politischen Lage in Polen und der Krise der gesamten europäischen Kultur. Beides war kaum eine gute Voraussetzung, um daran zu glauben, dass das vereinte Europa nur darauf wartete, von den polnischen Impulsen zu profitieren. Dennoch versuchten die Medien, anlässlich des EU-Beitritts eine Aufbruchsstimmung aufkommen zu lassen und das Selbstbewusstsein der Nation durch das Erinnern an die alten Erfolge zu stärken. Und an eine weitere Quelle der Einzigartigkeit ihrer Kultur, nämlich an die Tatsache, dass sie über Jahrhunderte gemeinsam von zwei Völkern geschaffen wurde: den Polen und den Juden. Darin sah man durchaus eine Chance, Europa zu einigen neuen Erkenntnissen zu verhelfen. Denn einerseits fiel schon seit Langem auf, dass das Interesse der Westeuropäer dann besonders stark wurde, wenn es sich nicht um eine »rein« polnische, sondern um eine polnisch-jüdische Angelegenheit handelte. Ob es der Erfolg eines Schriftstellers, die Beliebtheit eines Ortes oder die Aufmerksamkeit war, mit der eine Debatte verfolgt wurde – immer trug das jüdische Element zur Popularität des Themas bei. Und andererseits zeigte es sich immer wieder, dass die Vertrautheit des Westens mit der polnisch-jüdischen Geschichte recht gering war. Oft beschränkte sie sich auf die Kenntnis der Tatsache, dass die meisten europäischen Juden bis zum Zweiten Weltkrieg auf polnischem Boden lebten, und auf die mit besonderem Genuss kolportierte Meinung, dass in Polen starker Antisemitismus herrsche. Welche Wirkungen aber die Koexistenz der Polen und Juden hatte, inwieweit sich ihre Kulturen und Religionen gegenseitig beeinflussten, war den westeuropäischen Eliten kaum bekannt (woran sich bis heute nicht viel geändert hat).

Dabei gab es kaum eine Kulturdisziplin, in der das Nebeneinander der Polen und der Juden keine Spuren hinterlassen hätte. Allein die Aufarbeitung des 19. und 20. Jahrhunderts – in dem einen wies die Geschichte beider Völker die stärksten Parallelen auf, in dem anderen trugen die Blütezeit der polnischen Kultur nach 1918 und die Assimilierung eines Teils der jüdischen Bevölkerung die besten Früchte – würde vermutlich mehrere Bände füllen. Diese duale Prägung der polnischen Kultur wurde in kommunistischer Zeit kaum thematisiert, sodass sie den Polen selbst auch nicht immer bewusst war. Mittlerweile hatte sich das aber stark geändert. ›Nach Europa – ja, aber nur zusammen mit unseren Toten‹, hieß das im Jahre 2000 erschienene Buch von Maria Janion, in dem sie auf die Notwendigkeit hinwies, »die emphatische Erinnerung« an »alle Völker und Nationen« zu pflegen, »die in unserem Teil der Welt lebten, sich gegenseitig bekämpften und starben«.[2] Es wurde aber trotzdem in erster Linie als ein Aufruf zur Pflege des jüdischen Teils der polnischen Kultur verstanden und fand als solcher viel Beachtung und Zustimmung. Man wusste, dass es diese gegenseitige Befruchtung in einer neuen Form nie wieder geben würde. Man war sich aber auch dessen bewusst, dass dieses einstige Zusammenleben mit den Juden die Polen, ihre

Art zu denken und zu empfinden, ihren Sinn für Humor, ihre Assoziationswelt, genauso tief geprägt hatte wie etwa die starke Verbundenheit mit dem Katholizismus oder der Kampf gegen den Kommunismus.

Mit all dem also – und nicht nur damit, was ihre Künstler und Literaten geschaffen hatten – kamen sie nun nach Europa und hofften, dass es als Bereicherung der gesamten europäischen Kultur angesehen werde.

Nach dem EU-Beitritt sollten die Polen allerdings eine neue Seite an sich selbst entdecken: ihren Hunger nach wirtschaftlichem Erfolg. Entsprechend schnell, schneller als manche andere postkommunistische Gesellschaft, fanden sie sich in den Strukturen zurecht, deren Teil sie nun waren, und präsentierten sich auf einmal als Musterschüler der Union. So erwies sich der EU-Beitritt Polens als der Anfang einer beispiellosen Erfolgsgeschichte. Das Stichwort »polnische Wirtschaft« galt nicht mehr als Synonym für schlechte Organisation und Ineffizienz, wie das alte, noch über das Ende des Kommunismus hinauswirkende Stereotyp lautete, sondern für kontinuierliches ökonomisches Wachstum, das nicht einmal durch die allgemeine Finanz- und Wirtschaftskrise von 2008/2009 zu bremsen war: ein Phänomen, das andere Länder in Staunen versetzte.

Als am 1. Juli 2011 Polen für ein halbes Jahr die EU-Ratspräsidentschaft übernahm, strahlte es ein neues Selbstbewusstsein aus, und entsprechend ehrgeizig waren auch seine Pläne. Es wollte die europäische Wirtschaft ankurbeln, den EU-Haushalt aufstocken, eine einheitliche Energiepolitik anregen, die Partnerschaft mit den östlichen Nachbarn ausbauen, der europäischen Verteidigungspolitik neue Impulse geben und einiges mehr. Das Ergebnis fiel zwar bescheidener aus, was vor allem daran lag, dass diese Präsidentschaft in eine für die EU extrem schwierige Zeit fiel und die Polen, statt sich auf die Umsetzung ihrer Ziele zu konzentrieren, auf die vielen Krisen reagieren mussten. Die dramatische Situation in Griechenland, Spannungen in anderen Ländern, die durch die Eurokrise entstanden waren, der Regierungswechsel in Italien, die Folgen des Rechts-rucks in Ungarn, die Weiterentwicklung des »Arabischen Früh-lings«, all das erforderte viel Aufmerksamkeit und Geschick. Dennoch hatten die polnischen Politiker, wie ihnen von allen Seiten bestätigt wurde, allen Grund, mit sich zufrieden zu sein. Sie hatten während ihrer Präsidentschaft bewiesen, dass sie nach sieben Jahren EU-Mitgliedschaft die Brüsseler Spielregeln gut beherrschten und dass sie durchaus imstande waren, eine Staatengemeinschaft anzuführen.

Im Jahre 2014, als es galt, eine Bilanz der zehnjährigen EU-Mitgliedschaft zu ziehen, schien die Stimmung in Polen sogar noch besser zu sein. Bis auf die Bauern, die über die hohen Pro-duktionskosten in der Landwirtschaft und die niedrigen Sub-ventionen aus Brüssel klagten, machte die Gesellschaft einen sehr gutgelaunten Eindruck. Und die aktuellen Umfragen zeig-ten, dass sie die Verbindung zwischen dem Anstieg des eigenen Lebensstandards, den Erfolgen der Regierung und den Vorteilen der EU-Mitgliedschaft durchaus auch im Einzelnen erkannte. Sie sah also, dass der dank der EU mögliche Ausbau der Infra-strukturen für das Land neue Autobahnen und Fußballstadien, für die entsprechenden Regionen aber auch geringere Arbeits-losigkeit und Abwanderung der Bevölkerung bedeutete. Dass Polen zum wichtigen Standort für westliche Investoren gewor-den war, was weitere Arbeitsplätze garantierte. Dass es mittler-weile den achten Platz unter den europäischen Exporteuren einnahm, was zur Folge hatte, dass es andere Länder nicht nur mit billigen Arbeitskräften, sondern auch mit Produkten der eigenen Metall-, Autobau- und Elektroindustrie und sogar der Hightech-Branche belieferte. Oder dass die Bildungsmöglich-keiten, die der jungen Generation im Ausland offenstanden, eine neue Gruppe hochqualifizierter Experten und Manager hervorbrachten. Die allgemeine Zufriedenheit drückte sich auch in Zahlen aus. Schon 2011, bei der Übernahme der EU-Ratspräsidentschaft, hatte sich der Staatspräsident Bronisław Komorowski über den großen Rückhalt im eigenen Land ge-freut, weil die EU-Befürworter 83 Prozent der polnischen Gesellschaft ausgemacht hatten. Jetzt, drei Jahre später, waren es sogar 89 Prozent.

Und dann kam der Herbst 2015, nach dem sich plötzlich alles in Polen änderte und bald auch die zehnjährigen EU-Integrationsbemühungen als eine Sisyphusarbeit erwiesen. Die PiS-Regierung schaffte es in kürzester Zeit, nach außen den Eindruck zu vermitteln, dass zwischen Warschau und Brüssel Interessengegensätze bestünden, und nach innen mit ihrer massiven nationalistischen und antieuropäischen Propaganda einen Teil der Bürger zu überzeugen, dass dies wirklich zutreffe. Dass also der Zustand, der im Westen mit »Europa der zwei Geschwindigkeiten« umschrieben und als besorgniserregend empfunden wird, für Polen genau das Richtige wäre: weniger Integration und Dirigismus aus Brüssel, mehr Mitspracherecht für die nationalen Parlamente. Nur so könne man die Krise der Union überwinden und gleichzeitig die für einen einfachen Bürger zu kompliziert und bedrohlich gewordene Welt wieder verständlicher und freundlicher machen.

Hinzu kamen die schon erwähnten direkten Konflikte der PiS-Regierung mit der EU. Zunächst wegen ihrer Weigerung, Flüchtlinge aus Syrien und Nordafrika aufzunehmen – was mit ein Grund ist, warum sie den EU-Haushalt, der ab 2021 gelten soll, ablehnte: Da Polen weder Flüchtlinge aufnimmt noch der Euro-Zone angehört, würde es von den für die entsprechenden Ländergruppen vorgesehenen Sonderbudgets nicht profitieren. Und dann wegen ihrer internen Maßnahmen: der Eingriffe in die Medien- und Versammlungsfreiheit und vor allem der umstrittenen Justizreform. Schon die im November 2015 begonnene Reformierung des Verfassungsgerichts, die auch im Land eine Welle von Protesten hervorrief, war für die EU ein Grund, Polens Rechtsstaatlichkeit anzuzweifeln. Und als im Sommer 2017 die PiS weitere Gesetzentwürfe vorlegte, nach denen unter anderem das Verfassungsgericht dem Justizminister unterstellt werden und er auch freie Hand bei der Besetzung der Richterposten bekommen sollte, leitete die EU-Kommission ein Vertragsverletzungsverfahren gegen Polen ein und drohte ihm zudem mit dem Entzug des Stimmrechts nach Artikel 7 des EU-Vertrages. Ob es zu dessen Anwendung kommen könnte, wurde zwar sofort angezweifelt, weil dafür die Einstimmigkeit aller Staats- und Regierungschefs der EU-Länder nötig wäre. Doch schon das Strafverfahren als solches war ein sehr deutliches Signal, das auch von dem gegen die Reformen ohnehin heftig protestierenden Teil der Polen erkannt wurde. Der Druck auf den bis dahin als Marionette des PiS-Chefs geltenden Staatspräsidenten Andrzej Duda wurde so stark, dass er zumindest gegen die Gesetze zur Reform des Verfassungsgerichts und des Landesrichterrates (KRS) sein Veto einlegte, wodurch sich die Situation wieder ein wenig entspannte.

Heute, drei Jahre nach dem Sieg der PiS-Partei, steht Polen trotzdem vor einem Dilemma, das der Politikwissenschaftler und Journalist Piotr Buras so umschreibt: »Wird das Land den aktuellen Kurs fortsetzen und sich einer stärkeren Zusammenarbeit in den wichtigen Bereichen verweigern, droht Polen in die Rolle des Außenseiters zu fallen, die den Ambitionen des Landes nicht gerecht wird. Ohne die Gewinne der Integration aufs Spiel zu setzen, kann Warschau diesen Weg nicht einschlagen. Eine aktive und konstruktive Teilnahme an der Weiterentwicklung der EU würde allerdings ein Umdenken der nationalen Interessendefinition und ihre Hierarchisierung sowie die Aufgabe des politischen Maximalismus erfordern, demzufolge jeder Kompromiss praktisch eine Niederlage sei. Vor allem aber müsste die polnische Regierung die Relevanz der Europapolitik wiedererkennen, die in den vergangenen zwei Jahren zu einem bloßen Instrument der Innenpolitik degradiert worden ist.«[3] Dass es zu diesem Umdenken und Wiedererkennen bald kommen könnte, erwartet allerdings kaum jemand.

Doch wie immer die Beziehungen zwischen Warschau und Brüssel sich in Zukunft gestalten werden – schon allein der Imageverlust, den Polen in den letzten drei Jahren erlitten hat, ist etwas, was noch lange nachwirken wird. Denn es geht ja nicht allein um das Misstrauen Brüssels und seine Abmahnungen an die Adresse der PiS-Regierung, sondern auch um die neuerwachte Skepsis der Westeuropäer, die sich auf die gesamte polnische Gesellschaft bezieht. Um ihren Verdacht also, dass die Polen möglicherweise doch noch nicht so reif für die Demokratie sein könnten, wie bis jetzt angenommen. Zwar ist die Situation in Polen zum Teil auch ein Abbild der antidemokratischen und populistischen Tendenzen, die in ganz Europa, von den Niederlanden bis Italien, zugenommen haben, doch nirgendwo sonst haben sie eine Partei hervorgebracht, die mit absoluter Mehrheit regieren kann, und einen politischen Kurswechsel bewirkt, der einer 180-Grad-Drehung gleicht.

Etwas optimistischer stimmt die Haltung der jungen Generation, deren Mehrheit ungebrochen zur EU stehen soll. Das ergaben jedenfalls die jüngsten Umfragen, etwa jene, die 2017 von der Bertelsmann Stiftung und dem Warschauer Institut für öffentliche Angelegenheiten (ISP) durchgeführt wurde. Von den dreitausend jungen Menschen aus Deutschland, Österreich, Polen, der Slowakei, Tschechien und Ungarn, die daran teilnahmen, optierten über zwei Drittel für den Verbleib ihres Landes in der EU; in Polen waren es 76 Prozent der Befragten. Sie sprachen sich zwar gleichzeitig für die Reform der Union aus, doch wenn sie dabei irgendwelche Ängste äußerten, dann war es vor allem die Befürchtung, dass die jetzige Regierung Polen aus der EU führen könnte.

Inzwischen sind auch immer mehr von ihnen bereit, sich dafür zu engagieren, dass es nicht so weit kommt – eine der wenigen positiven Seiten der Krise zwischen Polen und der EU. Junge Leute, die sich bislang lieber um ihre Karrieren kümmerten, statt sich für die Politik zu interessieren, was ihnen schon vor Jahren die abschätzige Bezeichnung »Lemminge« bescherte, werden plötzlich aktiv, gehen zu Demonstrationen, streiten auf Facebook und Twitter über die Verfassung oder die Gewaltenteilung. Früher hatten sie das Gefühl, dass es sinnlos sei, nun sehen sie es offenbar anders. Vielleicht weil sie erst jetzt, angesichts der massiven Proteste, verstanden haben, dass der auf die Gesellschaft angewandte Begriff »Solidarität« nicht nur im Zusammenhang mit dem antikommunistischen Kampf ihrer

Eltern und Großeltern, sondern auch im Zusammenhang mit der aktuellen Situation funktioniert? Und dass es höchste Zeit wird, endlich auszuprobieren, wie sich diese Solidarität anfühlt? Es scheint so. Denn, wie ein Student der Warschauer Universität es formulierte, auch der Patriotismus werde von der jungen Generation »gerade neu gedacht: nicht mehr als Kampf gegen äußere und innere Feinde, sondern als Respekt für die Werte der Verfassung«. Eine neue Entwicklung, die auch ihn selbst optimistisch stimmte: »Wenn liberal denkende junge Polen wählen gehen, im Internet über Politik diskutieren und sich selbst zur Wahl stellen, dann gibt mir das Hoffnung für ein demokratisches Polen.«[4]

Es ist seit Langem im polnischen Parlament Tradition, den runden Geburts- oder Todestag eines berühmten Landsmanns zum Anlass zu nehmen, das entsprechende Jahr zu seinem Jahr zu erklären. So verwunderte es auch nicht, als der Sejm beschlossen hatte, das Jahr 2011 dem Dichter und Literaturnobelpreisträger Czesław Miłosz zu widmen, der damals seinen 100. Geburtstag gefeiert hätte. Allerdings betonte man dabei seinen Rang nicht sosehr wegen der philosophischen Inhalte oder stilistischen Finessen seiner Werke, sondern wegen seiner politischen Eignung, sozusagen. Die wichtigste Überschrift des Jahres lautete »EU-Präsidentschaft«, und da Polen eine Weltmacht auf dem Gebiet der Poesie und Miłosz das beste Beispiel dafür sei – so der damalige scherzhafte Kommentar eines Abgeordneten der regierenden Bürgerplattform –, hatte man sich auf ihn geeinigt.

Der Dichter selbst wäre über diese Wahl höchstwahrscheinlich wenig begeistert gewesen. Schon als er 1980, im Jahr der Solidarność-Gründung, den Nobelpreis bekam, litt er am meisten unter der politischen Instrumentalisierung seiner Lyrik und dieser besonderen Art Popularität, die das Interesse der Medien erzeugte. Er wusste, dass er als ein elitärer, hermetischer Autor galt, und hatte nichts dagegen, diesen Ruf beizubehalten. Als er 2004 starb, würdigten ihn seine Landsleute dennoch als den größten Dichter Polens und lobten dabei nicht nur seinen intellektuellen Rang und seine moralische Tiefe, sondern auch die Treffsicherheit seiner politischen Aussagen.

Nun, sieben Jahre später, sollte er im Mittelpunkt eines Veranstaltungsprogramms stehen, das der EU-Präsidentschaft Rechnung tragen würde, und die Organisatoren gaben sich größte Mühe, diese Erwartung zu erfüllen. In Krakau fand zum zweiten Mal ein Miłosz-Festival statt, das unter dem Motto »Heimatliches Europa« stand – so heißt einer von seinen Essaybänden, der seinerzeit in Deutschland unter dem Titel ›West und Östliches Gelände‹ erschien. In Krasnogruda an der polnisch-litauischen Grenze, in einem wiederaufgebauten Gutshaus, das vor dem Krieg der Familie Miłosz gehörte, wurde ein Internationales Dialogzentrum eröffnet. Und das Warschauer Theaterinstitut kündigte die Inszenierung von Miłosz' einzigem, jahrzehntelang für verschollen gehaltenem Drama mit dem Titel ›Prolog‹ an: Es würde von einem Streit zwischen einem Politiker und einem Dichter kurz vor dem Ende des Zweiten Weltkriegs handeln und jene zwei Strömungen beschreiben, die man auch im heutigen Europa verstärkt erlebe: die konservativ-nationalistische und die modern-weltoffene.

Gegen solche Festivitäten, die Politik und Literatur verbinden, ist natürlich nichts einzuwenden. Und doch wird man nach jedem dieser wichtigen Ereignisse – Polens EU-Beitritt, polnische EU-Präsidentschaft, 60. Jahrestag der Römischen Verträge (2016) oder 70. Jahrestag des Haager Europa-Kongresses (2018) – etwas irritiert oder zumindest nachdenklich. Man fragt sich nämlich, wann das offizielle Polen endlich einen Anlass findet, den Landsmann zu feiern, der sich wie kein anderer um die europäische Einheit verdient gemacht hat: den genialen politischen Visionär und Strategen Józef Hieronim Retinger (1888–1960). Zugegeben, auch unter seinen Zeitgenossen galt er als nicht unumstritten. Für die einen war er ein Meister diskreter politischer Schachzüge, ein Virtuose verbaler Gefechte, immer voller origineller Ideen, Energie und Esprit. Für die anderen eher eine zwielichtige Gestalt, ein Abenteurer, womöglich ein Spion, wenn nicht gar ein Doppelagent. Nur in einem Punkt waren sich alle einig: dass er zweifellos die farbigste Persönlichkeit der polnischen Emigration in London war, soweit die Bezeichnung »Emigrant« überhaupt auf ihn zutraf, denn Retinger war vor allem eines – ein Weltbürger.

1888 in Krakau geboren, wurde er mit achtzehn Jahren von seinem Vormund, dem Grafen Władysław Zamoyski, nach Paris geschickt (sein Vater, ein bekannter Anwalt, starb, als er selbst neun war) und lebte seitdem die meiste Zeit im Westen. Dabei unternahm er ständig Reisen, stürzte sich in immer größere Abenteuer und sammelte interessante Bekanntschaften wie andere Bilder oder Porzellan. In Paris wurde er der jüngste Doktor der Sorbonne und ein Dauergast des Salons des Marquise Boni de Castellane, in London ein enger Freund von Joseph Conrad und Winston Churchill, in Mexiko ein Berater des Staatspräsidenten Plutarco Elías Calles. Die Franzosen hatten ihn ausgewiesen, die Amerikaner ins Gefängnis gesteckt. Bald rankten sich um ihn zahlreiche Gerüchte und Anekdoten, bis er schließlich gegen Ende seines Lebens von einem Freund zu hören bekam, man erzähle sich, er sei ein Freimaurer, ein Agent des britischen SIS, der CIA, des Vatikans und dazu ein Sympathisant der Kommunisten. Manchmal füge man noch hinzu: Jude und Homosexueller. Worauf der amüsierte und durch die Skala der Verdächtigungen sichtlich geschmeichelte Retinger geantwortet haben soll, das sei noch lange nicht alles.

Nach dem Krieg wurde er ein engagierter Fürsprecher der europäischen Einigung und gehörte, seine vielen politischen Kontakte nutzend, zu den Mitbegründern der Europäischen Bewegung (*European Movement*), deren Generalsekretär er bis 1952 war. Einer der Schlüsselmomente seiner damaligen Tätigkeit war die Mitinitiierung des Haager Europa-Kongresses, der im Mai 1948 stattfand und dessen Abschlussmanifest zur Gründung des Europarates (*Council of Europe*) führte. Retinger machte sich auch von Anfang an Gedanken über das Verhältnis zwischen Europa und den USA, das er ebenfalls gut kannte. So kam er in den frühen 1950er-Jahren zu dem Schluss, »dass die

Amerikaner überhaupt nicht verstünden, was in Europa los sei«, wie Jan Karski, ein weiterer enger Freund Retingers, später erzählte. »Sie würden den alten Kontinent wie ihre Kolonie behandeln. ›Dabei wird ihre Bedeutung bald abnehmen‹, argumentierte er, ›und Europa sein Gleichgewicht wiederfinden. Es wird wieder selbstständig und bekommt seine alte Stellung in der Welt zurück. Man muss Europa nur neu organisieren, vereinen.‹«[5] Die Folge waren die transatlantischen Bilderberg-Konferenzen, die Retinger mit Unterstützung von Winston Churchill und gemeinsam mit dem niederländischen Prinzen Bernhard zur Lippe-Biesterfeld ins Leben rief. Es sollte ein informeller Meinungsaustausch führender Politiker, Wirtschaftsexperten und Intellektueller sein – eine Tradition, die mit der ersten Konferenz, die im Mai 1954 im Hotel de Bilderberg im niederländischen Oosterbeek stattfand (daher der Name) begründet wurde und die bis heute, nur an wechselnden Orten, fortgesetzt wird.

Retingers Verdienste um die Grundlagen der europäischen Einigung sind zwar in Polen bekannt, doch sie wurden dort bisher recht halbherzig gewürdigt. Zwei oder drei Bücher über ihn, eine Gedenktafel an seinem Krakauer Geburtshaus, ein nach ihm benannter Saal im College of Europe in Warschau, ein kleines Archiv in der Ökonomischen Akademie Krakau – das ist im Wesentlichen alles. Früher lag diese Zurückhaltung an den besagten Gerüchten, die um ihn entstanden waren. Und heute? Wäre es nicht endlich an der Zeit, sich zu diesem großen Mann und Politiker richtig zu bekennen und ihn zum geistigen Schirmherrn des nächsten von Polen ausgerichteten EU-Großereignisses zu machen, statt dafür literarische Größen einzuspannen, die man auch bei jedem anderen Anlass präsentieren kann? Vorausgesetzt natürlich, dass es zu einem solchen Großereignis überhaupt einmal wieder kommt, wofür die Chancen zurzeit leider schlecht stehen.

DER PROTEST

Anfang einer neuen Zivilgesellschaft?

»Ich, ein einfacher, grauer Mensch«: Nur diese fünf Wörter stehen auf der schlichten Steinplatte. Darunter das Datum, 19. Oktober 2017. Der ganze Platz ist ein einziges Stein- und Betonchaos, doch die Platte, die in eine der breiten Stufen eingemauert ist, die zum Warschauer Kulturpalast führen, ist trotzdem nicht zu übersehen – dafür sorgen die Blumen und brennenden Grablichter, von denen sie ständig umringt ist. Sie soll an den Vorfall selbst, aber auch an die Worte des »einfachen, grauen Menschen« erinnern: »Wacht auf! Es ist noch nicht zu spät.« Zwei kurze Sätze, die für viele Polen längst einen Credo-Charakter haben.

Es war kurz nach sechzehn Uhr, der Arbeitstag der meisten Warschauer ging langsam zu Ende, die nahe gelegenen Bus- und Straßenbahnhaltestellen waren noch überfüllter als sonst. Im Kulturpalast war gerade eine Sitzung des Stadtrates zu Ende gegangen; als eine der Ersten verabschiedete sich die linke Abgeordnete Paulina Piechna-Więckiewicz. Nachdem sie das Gebäude verlassen hatte, bot sich ihr ein Anblick, den sie vermutlich ihr Leben lang nicht vergessen wird. Mitten auf dem Defiladenplatz, wie die riesige Betonfläche vor dem Palast heißt, brannte ein Mann. Einige Menschen versuchten, das Feuer zu löschen. Auf dem Boden lagen Flugblätter, ein hingeworfenes Megafon und eine halb offene Tasche. Aus einem Lautsprecher ertönte das bekannte Lied ›Ich liebe und verstehe die Freiheit‹, das zwar aus den 1980er-Jahren stammt, seit Monaten aber bei den Demonstrationen gegen die PiS-Regierung gesungen wurde. Als die junge Frau eines von den Flugblättern aufhob und dessen Inhalt las, zögerte sie nicht lange: Sie veröffentlichte ihn auf Twitter. Kurze Zeit später wusste bereits das ganze Land, was der Grund für die schreckliche Tat des Unbekannten gewesen war. Was ihn dazu bewogen hatte, sich auf einem zentralen Platz Warschaus mit einer brennbaren Flüssigkeit zu übergießen und anzuzünden.

Dass er Piotr Szczęsny hieß, erfuhr man erst zehn Tage später, nachdem er in einem Krankenhaus gestorben war. Bis dahin wurde er von den Medien nur Piotr S. genannt. Oder so, wie er sich in seinem Abschiedsbrief selbst bezeichnet hatte: »ein einfacher, grauer Mensch«. Den Inhalt des Briefes kannte man aber von Anfang an. »Ich rufe euch alle auf: Wartet nicht länger. Diese Regierung muss so schnell wie möglich entmachtet werden – bevor sie unser Land völlig vernichtet, bevor sie uns die Freiheit ganz nimmt.« Es folgten fünfzehn Punkte, in denen er der PiS-Regierung vorwarf, die Demokratie und Rechtsstaatlichkeit in Polen zu zerstören. »Ich protestiere dagegen, dass die Machthaber die staatsbürgerlichen Freiheiten einschränken«, hieß es im ersten Punkt. »Ich protestiere dagegen, dass die Regierenden die Prinzipien der Demokratie verletzen, insbesondere gegen die faktische Zerstörung des Verfassungsgerichts und das System unabhängiger Gerichte«[1], lautete der zweite. Die Liste der Missstände, die er in dieser Form kritisierte, war lang: die Spaltung der Gesellschaft, die Aufhebung der Gewaltenteilung, die wachsende Marginalisierung Polens, die falsche Migrantenpolitik, die Hetze gegen die freien Medien, die Verbreitung der Hasssprache und vieles mehr. Schließlich lastete er den Regierenden auch seinen eigenen Tod an: Er möchte, schrieb er, dass sie zur Kenntnis nehmen, dass er sie unmittelbar belaste, dass sein Blut an ihren Händen klebe.

Einen Tag später erschien in der ›Gazeta Wyborcza‹ ein Text über Piotr Szczęsny – eine lange Reportage, die auf Gesprächen mit seinen Freunden, Nachbarn und vor allem seinen beiden erwachsenen Kindern basierte. Sie erzählten von seinem Leben, seiner Denkweise, seinen Träumen, Gewohnheiten und Vorlieben. Das Bild, das sich daraus ergab, hatte nichts Außergewöhnliches an sich. Der 54-Jährige hatte Chemie studiert und arbeitete dann in der südpolnischen Kleinstadt Niepołomice als Unternehmer. Er führte eine glückliche Ehe und hatte einen Sohn und eine Tochter, die zurzeit an ihren Promotionen arbeiten. Er nahm niemals an Demonstrationen teil, gehörte keiner oppositionellen Gruppierung an, und ob er sich als rechts oder als links bezeichnete, war schwer zu sagen. Er war aber ein engagierter Bürger, dem es wichtig war, dass das öffentliche Leben gut funktionierte. Er liebte die Natur und arbeitete gern im Garten. Er litt seit Jahren an Depressionen, die aber nicht so stark waren, dass sie seinen Alltag beeinträchtigt hätten. Als seine Kinder klein waren, las er ihnen den ›Hobbit‹ und ›Robinson Crusoe‹ vor. Manchmal schrieb er Gedichte, am liebsten Limericks. Er las gern die Bücher von Tadeusz Konwicki.

Deswegen also hatte er diesen Ort gewählt? Damit die Fiktion aus Konwickis Roman ›Die polnische Apokalypse‹ zur Realität wurde? Dessen Protagonist, ein alternder Warschauer Schriftsteller, wird von seinen Freunden mit dem Vorschlag konfrontiert, ein Zeichen gegen das kommunistische Regime zu setzen und sich am Abend vor dem Gebäude des Zentralkomitees der Partei zu verbrennen (das Buch erschien 1979 im Untergrund). Nach längerem Zögern willigt er ein, wählt aber als Kulisse seiner Tat den Kulturpalast, dieses »Denkmal des Hochmuts, Unfreiheitsstatue, eine steinerne Mahntorte«[2] , die den Polen in den 1950er-Jahren von Stalin geschenkt wurde. Bis zu seinem Autodafé bleiben noch ein paar Stunden, die er damit verbringt, in der trostlos grauen, heruntergekommenen Stadt herumzuirren und dabei in halb reale, halb traumartige Situationen zu geraten. Erst am Abend erfüllt er sein Versprechen: »Ich beginne langsam, auf die Steinplattform zuzugehen, die die niedrige Treppe beschließt. Die Beine beginnen schwer zu werden und die schwere Last des Kopfes zieht zur Erde hin, von der ich einst erstanden bin und zu der ich aus eigenem Willen zurückkehren muss. Ihr Menschen, gebt mir Kraft. Ihr Menschen, gebt Kraft einem jeden in der Welt, der um diese Zeit mit mir zur Selbstverbrennung schreitet.«[3]

Die Reportage über Piotr Szczęsny in der ›Gazeta Wyborcza‹ trug den Titel »Hört meinen Schrei«, und dessen Pathos stand in einem seltsamen Kontrast zu dem eindrucksvoll sparsamen Foto und dem sachlichen Stil des Textes. Doch er war bewusst gewählt; der junge Autor Marcin Wójcik wollte damit an eine andere Selbstverbrennung erinnern, die fast ein halbes Jahrhundert zurücklag und von der die meisten Polen erst viele Jahre später erfuhren – dank eines Films, der ebendiesen Titel trug. Wer ihn gesehen oder zumindest von ihm gehört hatte, begriff die Anspielung sofort. Wer nicht – und im Falle von Wójciks Altersgenossen war dies mehr als wahrscheinlich –, wurde durch seinen Text auf ihn aufmerksam. Und damit auf die Geschichte selbst:

Der 8. September 1968 war ein sonniger, heißer Sonntag. Ein Paradewetter für das zentrale Erntedankfest. Im Warschauer »Stadion des Jahrzehnts« herrschte jene besondere Atmosphäre, die allen kommunistischen Festen eigen war: viel Pomp und einstudierte Fröhlichkeit. Bauerndelegationen in Tracht, strahlende Schuljugend, winkende Parteigenossen auf der Tribüne. Brot und Salz für den Ersten Parteisekretär. Musik, Tänze, Blumen, künstlich aufgeregte Stimmen der Radioreporter. Viele behaupteten später, es sei während der Ansprache von Parteichef Władysław Gomułka passiert, doch es war nicht in diesem Moment. Aus den Lautsprechern ertönte gerade laute Musik, und auf dem Rasen führten Hunderte von Jugendlichen einen Tanz vor, als ein Mann von seinem Platz in einem nahe der Tribüne gelegenen Sektor aufstand, sich mit Benzin übergoss und anzündete.

In wenigen Sekunden erfassten die Flammen seinen ganzen Körper, doch er stand da, unbeeindruckt von den panikartig fliehenden Menschen und von den Versuchen der wenigen Mutigen, sich ihm zu nähern und das Feuer zu löschen. Auch den physischen Schmerz schien er nicht zu spüren. Er stand da und schrie seinen einsamen Protest hinaus. Die Musik übertönte seine Worte. Unten, auf dem Rasen, setzte die Jugend ihren Tanz fort. Lediglich diejenigen, die direkt vor ihm tanzten, schienen den Vorfall bemerkt zu haben. Doch auch sie unterbrachen den Tanz nicht; wie lebendige Marionetten vollführten sie die nächsten Figuren. Nur die Köpfe drehten sich immer wieder in seine Richtung, und an den Gesichtern waren Schock und Entsetzen abzulesen.

Diese Szene bildet die Schlusssequenz in Maciej Drygas Film ›Hört meinen Schrei‹, der 1991 uraufgeführt wurde und prompt den Europäischen Filmpreis in der Kategorie Bester Dokumentarfilm gewann. Der Titel stammte von dem Mann, der sich verbrannt hatte; so lautete einer der letzten Sätze in seinem Abschiedsbrief. Als Drygas im Sommer 1989 zum ersten Mal seinen Namen – Ryszard Siwiec – hörte und beschloss, einen Film über ihn zu drehen, wusste er, dass die Recherchen sehr mühsam sein würden. Er begann in Zeitungs- und Filmarchiven zu suchen, doch es gab so gut wie kein Material; sogar der Sender Radio Free Europe hatte damals eine Information über Siwiec' schrecklichen Tod erst nach einigen Monaten gebracht. Doch genau das ließ dem Filmemacher keine Ruhe: Es hatte den Anschein, als ob niemand ernsthaft versucht hätte, dem Vorfall auf den Grund zu gehen. Warum nicht? Wie war es möglich, dass in einem überfüllten Stadion, vor den Augen von hunderttausend Menschen ein Mann in Flammen stand und dass dies weder in dem Moment noch in den folgenden Tagen zu einer Sensation wurde?

Und vor allem: Wie kam es, dass in den nächsten Jahren, als kein Zweifel mehr bestand, dass es sich um einen politischen Protestakt gehandelt hatte, keine Legende um Ryszard Siwiec entstand? Als sich vier Monate später Jan Palach auf dem Prager Wenzelsplatz verbrannt hatte, wurde er sofort zu einer Ikone der Tschechen, die auch im Handumdrehen dafür sorgten, dass von seiner Tat die ganze Welt erfuhr. Wieso war dann Siwiec' Tod so wenig im Bewusstsein der Polen präsent? Weil sie zu jenem Zeitpunkt zu einer apathischen, völlig entmündigten, durch die ständigen Lügen und Demütigungen gleichgültig gewordenen Nation geworden waren, die sogar einem einsamen, heroischen Tod keinen tieferen Sinn abgewinnen konnte?

Es war ebendiese doppelte Tragik, die Maciej Drygas auf die Idee brachte, seinen Film zu machen. Über Siwiec und die polnische Gesellschaft der späten 1960er-Jahre, die gerade die Revolte vom März 1968 und den Einmarsch in die »brüderliche« Tschechoslowakei hinter sich hatte und die nun zuschaute, wie das Regime die letzten polnischen Juden aus dem Land jagte.

Seine Hartnäckigkeit hat sich gelohnt. Nach und nach fanden sich die ersten Zeugen, und das Material wurde immer umfangreicher. Vor allem tauchte Siwiec' Testament auf – eine Kassette mit seiner letzten Botschaft, die er zwei Tage vor der Fahrt nach Warschau aufgezeichnet hatte. Und das Wichtigste: sieben Sekunden Filmmaterial, die von einem Kameramann der Wochenschau gedreht worden waren und den Moment der Selbstverbrennung von Siwiec zeigten. Einem 60-jährigen Mann aus der ostpolnischen Stadt Przemyśl, wo er in einer Weinhandlung als Buchhalter gearbeitet hatte. Den Inhalt des Abschiedsbriefes an seine Frau, den er im Zug nach Warschau verfasst hatte, durfte lange Zeit niemand erfahren; er wurde von den Sicherheitsbeamten sofort konfisziert. Selbst die Ehefrau bekam ihn erst viele Jahre später zu lesen. »Verzeih mir«, schrieb er darin, »ich konnte nicht anders. Ich sterbe, damit Werte wie Wahrheit, Menschlichkeit und Freiheit nicht untergehen, das ist ein kleineres Übel als der Tod von Millionen …«[4]

In dieser Hinsicht hatte Piotr Szczęsny, sein Nachahmer von 2017, mehr Glück. Sein Abschiedsbrief wurde sofort allgemein bekannt, und die zahlreichen Mahnwachen und Gedenkfeiern, die für ihn abgehalten wurden, zeigten deutlich, dass es viele gab, die sich über dessen Inhalt Gedanken machten. Man sah es zunächst in Warschau und dann in Krakau, wo am 14. November seine Beerdigung stattfand. Der Anblick der etwa tausend Menschen, die auf dem kleinen Salwatorski-Friedhof schweigend, mit weißen Rosen in den Händen, den ruhigen, besonnenen Worten des hochangesehen Theologen und Priesters Adam Boniecki lauschten, sprach Bände. »Wir verabschieden einen Menschen, der wie ein Schrei war, der die Stille

185

teilt«, sagte der Geistliche. »Wie ein Feuer, das aus der Dunkelheit die Gestalt der Dinge hervorhebt, die im Dunkeln scheinbar nicht existent, weil unsichtbar sind.« Aber auch: »Ein Schrei weckt Angst, ein Feuer weckt Angst, der Tod weckt Angst«[5] – als hätte er die Gedanken all derer gelesen, die zwar gekommen waren, um Piotr Szczęsny die letzte Ehre zu erweisen, trotzdem aber nicht genau wussten, wie sie mit seinem Tod umgehen sollten. Die sich fragten, welchen Sinn sein unvorstellbares Leiden haben könnte.

»Erst die Geschichte mag solche Helden – die Gegenwart hat Angst vor ihnen«, schrieb drei Tage nach Szczęsnys Tod die Filmregisseurin Agnieszka Holland auf einem Internetportal. »Denn wie sollen wir, die gewöhnlichen Menschen, darauf reagieren? Wir mögen es nicht besonders, aufzuwachen oder geweckt zu werden.«[6] Sie selbst maß seiner Selbstverbrennung die gleiche Bedeutung bei wie der von Jan Palach, über den sie 2013 den TV-Dreiteiler ›Die Helden von Prag‹ gedreht hat. »Palach hat nicht sein Leben geopfert, um gegen die sowjetische Invasion zu protestieren, wie man oft irrtümlicherweise behauptet«, erklärte sie. »Er wusste, ähnlich wie Ryszard Siwiec, dass es sich nicht lohnt, das Leben *gegen* etwas zu opfern. Dass seine Tat nicht den geringsten Eindruck auf die Sowjets machen wird und dass sie ihre Truppen aus der Tschechoslowakei nicht zurückziehen werden. Es ging ihm darum, seinen Mitbürgern vor Augen zu führen, dass das, was in ihrem Land gerade geschah, so ernst, so gefährlich und erniedrigend war, dass es sich lohne, sein Leben für die Verteidigung von Werten zu opfern, an die er und der Großteil der Tschechen und Slowaken glaubten und die in jenem Moment tödlich bedroht waren.« Und genauso habe es sich mit Piotr Szczęsny verhalten. Er habe den Polen zeigen wollen, dass man noch radikaler gegen die Politik der Regierung vorgehen müsse, »gegen die schon das Komitee zur Verteidigung der Demokratie, die parlamentarische und außerparlamentarische Opposition, Chefredakteure diverser unabhängiger Medien, Journalisten, Juristen, Lehrer, Frauen, Künstler, Studenten, Aktivisten verschiedener Organisationen und Zehntausende Bürger aus den unterschiedlichsten Milieus« protestiert hätten. Genau das habe »der Graue Mensch vom Defiladenplatz« in seinem Abschiedsbrief »klar und deutlich« gesagt. Deswegen verstehe sie auch nicht – meinte sie in Anspielung auf den Vorschlag einer bekannten Publizistin, man solle Szczęsnys Tod nicht in politischen Kategorien bewerten –, mit welchem Recht die liberalen Medien versuchen würden, die Tat dieses Mannes kleinzureden; wie sie behaupten könnten, es sei kein politischer Akt gewesen. »Wenn eine solche Tat, so begründet und ausgeführt, kein politscher Akt ist, was ist sie dann?!« Wer daran zweifle, der suche wohl nach einer bequemen Erklärung für die eigene Ratlosigkeit. Denn: »Wenn wir diese Selbstverbrennung ernst nehmen wollen, dann stehen wir vor sehr schwierigen Fragen. Dann müssen wir uns dessen bewusst werden, dass die Situation in unserem Land sehr ernst ist. Bereits jetzt. Und nicht erst nächstes Jahr oder in drei Jahren.«[7]

Agnieszka Holland gehört zu den Künstlern, die das politische Geschehen schon immer genau beobachtet und kritisch kommentiert haben. In den letzten drei Jahren ist deren Zahl allerdings sehr stark gestiegen, zumal der Rechtsruck in der Politik sich auch sehr schnell in der Kultur bemerkbar machte. Die Entwicklung war so rasant, dass die Ereignisse, die ihr den Anfang gaben, aus heutiger Sicht fast schon unwichtig erscheinen. Etwa die Kontroverse um das Breslauer Teatr Polski (Polnisches Theater) im November 2015, die durch den Versuch des Kulturministers Piotr Gliński ausgelöst wurde, die dortige Aufführung von Elfriede Jelineks Theaterstück ›Der Tod und das Mädchen‹ zu verbieten. Die Inszenierung, in der ein kopulierendes Paar vorgesehen war, verstoße gegen die Prinzipien des gesellschaftlichen Zusammenlebens, befand der Minister noch vor der Premiere, woraufhin der Theaterdirektor Krzysztof Mieszkowski ihm einen beispiellosen Zensurversuch vorwarf und seinen Rücktritt forderte. Im Endeffekt fand die Premiere statt, und der Minister blieb auf seinem Posten, dafür aber hatte der Vorfall, wie sich bald zeigen sollte, ein symptomatisches

Nachspiel: Trotz zahlreicher Proteste wurde Mieszkowski entlassen und durch den Schauspieler Cezary Morawski ersetzt, der, statt wie sein Vorgänger auf ein anspruchsvolles, experimentierfreudiges Theater, auf Unterhaltung und patriotische Töne setzte.

Seitdem zeichnet sich in allen Bereichen der Kultur zunehmend ein Zustand ab, den die Betroffenen selbst wohl öfter als Dominoeffekt oder Lauffeuer bezeichnen würden, hätten sie nicht mit einem Gegner zu tun, dessen Zerstörungswut ihnen eher Wörter wie Dampfwalze, Hammer oder Keule in den Mund legt. Überall, wo man hinschaut, wurden wichtige Kultureinrichtungen nach den Vorstellungen der PiS umgemodelt. Zu einem der ersten Opfer des »guten Wechsels« wurde das verdienstvolle Polnische Buchinstitut, dessen langjähriger Direktor Grzegorz Gauden im Frühjahr 2016 seinen Stuhl räumen musste. Das Institut, das aus einer kleinen Arbeitsgruppe hervorgegangen ist, die das literarische Programm »Gastland Polen« für die Frankfurter Buchmesse 2000 auszuarbeiten hatte, soll für die polnische Literatur im Ausland werben, und das tut es seit Jahren und mit großem Erfolg. Aktuelle Informationen über den polnischen Buchmarkt, Präsentationen von Neuerscheinungen auf internationalen Buchmessen, Mitgestaltung literarischer Festivals, Studienreisen für Journalisten und Verleger, Seminare für Übersetzer, Vergabe von Förderungen für die Übersetzung polnischer Literatur an ausländische Verlage und eines Preises an die Vermittler polnischer Literatur – all das steigert deren Bekanntheit im Ausland, auch in Deutschland. Bis jetzt zumindest, denn seit Gaudens Entlassung, nach der auch die meisten seiner Mitarbeiter gingen, wird die Arbeit des neuen Instituts öfter bemängelt.

Ein anderes Beispiel: die polnischen Kulturinstitute im Ausland, jahrelang ein sehr wichtiger Bestandteil der polnischen Diplomatie. Ende 2016 wurden gleich drei Institutsleiter entlassen, darunter die renommierte Kulturmanagerin Katarzyna Wielga-Skolimowska, die seit 2013 dem Berlin Institut vorstand. Der Hauptvorwurf gegen sie lautete, sie würde in ihrem

Programm zu stark auf jüdische Themen setzen, die schon oft genug in Warschau behandelt würden – ihre Aufgabe sei es gewesen, den polnisch-deutschen Dialog zu fördern. Inzwischen wurde übrigens auch ihre Nachfolgerin gefeuert, was damit zu tun haben dürfte, dass es seit einiger Zeit strenge Leitlinien gibt, nach denen die Kulturinstitute ihr Programm zu gestalten haben. Sie sollen sich vor allem auf die Bekämpfung von Vorurteilen gegen Polen, das Korrigieren falscher historischer Bilder und die Propagierung der Verdienste bestimmter Persönlichkeiten konzentrieren, zu denen selbstredend der tragisch ums Leben gekommene Staatspräsident Lech Kaczyński gehört.

Die Liste der Entscheidungen von Minister Gliński, die in den Augen der meisten Intellektuellen unter die Kategorie »Zerstörung der polnischen Kulturlandschaft« fallen, wird immer länger. Dazu zählen die Übernahme des Danziger Museums des Zweiten Weltkrieges, ein Streit mit der Leitung des Malta-Theaterfestivals in Posen, dem er die vereinbarte Subventionierung verweigerte, und die Entlassung der Direktorin des Polnischen Filminstituts ebenso wie der von Anfang an hochumstrittene Kauf der Czartoryski-Kunstsammlung, der mittlerweile zu einer der größten Finanzaffären der letzten Jahre geworden ist. Sein zerstörerischer Eifer machte nicht einmal vor einer Nationalbühne halt: Im Mai 2017 begann ein Konflikt um das legendäre Krakauer Stary Teatr (Altes Theater), als bekannt wurde, dass der damalige Chef des Hauses, der international bekannte Regisseur Jan Klata, nach dreieinhalb Jahren den Intendantensessel räumen und durch den kaum bekannten Theaterkritiker und Journalisten Marek Mikos ersetzt werden sollte. Das hatte eine neunköpfige Jury dem Kulturminister empfohlen, der daraufhin Klata entließ. Man befand, er sei als Theaterchef und Hausregisseur zu kontrovers, Mikos' Vorschläge hingegen würden ein offenes, polyphones, der Shakespeare'schen Tradition verpflichtetes Theater versprechen. Es half nichts, dass die Gegner des Wechsels konterten, kontrovers bedeute unabhängig, zum Nachdenken zwingend, polyphon – jeden Geschmack bedienend. Oder dass das Ensemble sofort reagierte, indem es aus dem Arbeitszimmerfenster des Entlassenen eine schwarze Fahne heraushängte, und dass die kritischen Medien dem neuen Direktor jede Kompetenz absprachen. Die Entscheidung war endgültig, und am 1. September 2017 übernahm Mikos die Leitung des Alten Theaters.

Für seine Gegner bedeutete dies nur eines: den Untergang einer der traditionsreichsten polnischen Bühnen. Entsprechend misstrauisch wurde von allen Seiten jeder von Mikos' ersten Schritten beobachtet: das anfängliche Hin und Her um den Posten des Dramaturgen, die späte Bekanntgabe des neuen Spielplans. Was aber am meisten beunruhigte, waren die folgenden Entscheidungen der unmittelbar Betroffenen, der Schauspieler, Regisseure, Bühnenbildner und Komponisten, die ihre bestehenden Verträge kündigten oder ihre Mitarbeit an den neuen Produktionen verweigerten. Und die Tatsache, dass immer öfter von »Kollaboration«, »Boykott« und »Razzia« auf zweit- und drittrangige Künstler die Rede war, was alle Beteiligten vor die Aussicht auf einen langen Konflikt stellte und die Älteren von ihnen an die Situation der Kulturschaffenden während des Kriegszustands (1981–1983) erinnerte.

Solche Assoziationen waren allerdings, so paradox es klingt, möglicherweise das Beste, was der polnischen Gesellschaft hätte passieren können – nach dem Motto: Wo eine deutliche historische Parallele vorliegt, schlagen die Alarmglocken am lautesten. Denn genau diese Wirkung hatte nicht nur der Streit in Krakau, sondern zeitigten auch einige andere Zwischenfälle, allen voran die fatale Breslauer Theater-Episode, bei der viele an die schon erwähnten Ereignisse vom März 1968 zurückdenken mussten. Der Auslöser damals war die Absetzung einer Inszenierung von Adam Mickiewicz' Drama ›Totenfeier‹ am Warschauer Nationaltheater, die Folge eine Revolte der Intellektuellen und Studenten, die zu einer antisemitischen Hetze führte, infolge derer Tausende Juden das Land verließen. Letzteres war das Werk einer Kommunisten-Clique um Innenminister Mieczysław Moczar, die nach eigenem Empfinden sich viel zu lange mit zweitrangigen Posten hatten begnügen müssen und die als ihre größten Rivalen innerhalb des Partei- und Regierungsapparates die jüdischen Genossen ansahen.

Auch der PiS-Regierung wird oft das Gefühl attestiert, nach acht Regierungsjahren von Donald Tusk und seiner Bürgerplattform (PO) viel zu lange auf dem Abstellgleis gewesen zu sein, und ein daraus erwachsenes Bedürfnis nach Rache und Zerstörung vorgeworfen. Und auch ihre Politik brachte schon manchen Kulturschaffenden dazu, wenn nicht Ausreisepläne zu schmieden, dann zumindest die geplanten Projekte aufzugeben. Etwa den Starregisseur Krystian Lupa, der auf eine für das Breslauer Teatr Polski geplante Inszenierung von Kafkas ›Prozess‹ sofort verzichtete – er realisierte sie im Herbst 2017 in Warschau – und in einem höchst emotionalen Interview den Regierenden eine unmissverständliche Absage erteilte. »Diese Menschen sind im Grunde lebendige Leichen«, befand er. »Nach acht Jahren in der Opposition haben sie so viel Gift in sich, sind so auf das ihnen angeblich angetane Unrecht konzentriert, dass sie nicht imstande sind, sich auf ein Gespräch einzulassen oder eine andere Meinung anzuhören.« Der Breslauer Zensur-Versuch hatte aber auch in seinen Augen eine gute Seite – so hätten sich die PiS-Leute wenigstens schnell demaskiert: »Es ist nicht so wie bei Orbán, der im richtigen Moment das Pferd bestiegen hat. Sie sind von ihrem Pferd vor acht Jahren gefallen, und im Moment tun sie alles, um zu zeigen, dass sie es wieder besteigen können. Nur dass sie dazu einen so fanatischen Anlauf nehmen, dass sie gleich auf der anderen Seite des Pferdes landen werden.«[8]

Ähnliche Wut empfinden inzwischen sehr viele Künstler, Schriftsteller und Journalisten, die angesichts der immer stärkeren Einmischung der Politik in die Kultur ihre schöpferische Freiheit und ihre Arbeitsbedingungen in Gefahr sehen. Und die sich immer öfter nicht nur an bestimmte Momente aus der kommunistischen Zeit, sondern an diese generell erinnert fühlen, was – um noch einmal Agnieszka Holland zu zitieren – eine Art Ohrfeige für all diejenigen sei, »die den Geist der

Volksrepublik vergessen wollten. Denn jetzt siegt in Polen genau dieser Geist. Es kann sein, dass Kaczyński sich als eine Art Piłsudski sieht – in Wirklichkeit aber spricht er die Sprache Gomułkas und Moczars.«[9]

Es gibt übrigens, um bei dem Vergleich Kaczyński – Piłsudski zu bleiben, noch eine weitere historische Periode, mit der die jetzige Zeit immer wieder verglichen wird: die der Zweiten Polnischen Republik (1918–1939), deren Gründung sich am 11. November 2018 zum 100. Mal jährt. Besonders im November 2017, als der sogenannte Unabhängigkeitsmarsch in der Warschauer Innenstadt Tausende von aggressiv auftretenden, rassistische und antisemitische Parolen brüllenden rechtsextremen Demonstranten versammelte und die Regierung darauf weitgehend passiv reagierte, fragte sich die polnische Öffentlichkeit, inwieweit die heutige Situation inzwischen der im Vorkriegspolen ähnele, in dem auf die erste Freiheitseuphorie die Jahre politischer Kämpfe und gesellschaftlicher Spannungen folgten.

Bevor es überhaupt zur Wiedergründung ihres Staates kam, mussten die Polen noch die Ausrufung eines marionettenhaften Königreiches hinnehmen, das die beiden Mittelmächte Deutschland und Österreich-Ungarn ihnen als das ersehnte Ende ihrer Unfreiheit präsentierten. Die Proklamation, die am 5. November 1916 den Bewohnern von Warschau von ihrem Generalgouverneur, General Hans von Beseler, verkündet wurde, war am selben Tag in der ›Frankfurter Zeitung‹ nachzulesen. Sie begann mit der feierlichen Mitteilung, dass der deutsche Kaiser Wilhelm II. und der »Kaiser von Österreich und Apostolische König von Ungarn« Franz Joseph I. darin übereingekommen seien, aus den »von ihren tapferen Heeren mit schweren Opfern der russischen Herrschaft entrissenen polnischen Gebieten einen selbstständigen Staat mit erblicher Monarchie und konstitutioneller Verfassung zu bilden«.[10] Doch ihrer Versicherung entgegen, sie seien »von dem Wunsche geleitet«, die Polen »einer glücklichen Zukunft entgegenzuführen«, hatten die beiden Herrscher vor allem ein Ziel vor Augen: sie als Kanonenfutter im weiteren Krieg und ihr neugegründetes Königreich als Puffer gegen Russland zu benutzen.

Erst zwei Jahre später war es wirklich so weit: Am 11. November 1918 wurde die Zweite Republik proklamiert, an die Spitze von Staat und Armee Józef Piłsudski gestellt. Millionen von Menschen, die jahrzehntelang in drei Teilungsgebieten gelebt hatten, durften sich endlich wieder als ein Volk empfinden. Allerdings wurde dieses freudige Gefühl schon bald durch politische Konflikte getrübt, die immer radikalere Formen annahmen und schließlich ein tragisches Ende fanden: Nachdem das rechte Lager aus den Parlamentswahlen nur leicht gestärkt hervorgegangen war, tat es alles, um die Wahl des Präsidenten für sich zu entscheiden. Als dann zur allgemeinen Überraschung der Kandidat der Linken, Professor Gabriel Narutowicz, gewählt wurde, entfachten die Nationaldemokraten (die stärkste rechte Partei) eine der schmutzigsten Hetzkampagnen in der polnischen Geschichte. Sie schreckten vor nichts zurück, um die Bevölkerung gegen den neugewählten Präsidenten aufzuhetzen. Mit Erfolg: Als Narutowicz zwei Tage nach der Wahl in einer offenen Kutsche zum Parlament fuhr, wo er vereidigt werden sollte, wurde er von der aufgebrachten Menge mit Steinen und Schmutz beworfen. Nur mit Mühe gelang es ihm, das Parlamentsgebäude zu erreichen und die Vereidigungszeremonie über sich ergehen zu lassen. Seine Präsidentschaft sollte lediglich fünf Tage dauern: Am 16. Dezember 1922 wurde er während einer Ausstellungseröffnung in der Galerie Zachęta von dem Maler Eligiusz Niewiadomski, einem rechtsradikalen Fanatiker, erschossen.

In den nächsten Jahren spitzte sich die Lage immer weiter zu. Das politische und gesellschaftliche Klima wurde immer rauer, wofür meistens die von Roman Dmowski angeführten Nationaldemokraten, kurz Endecja genannt (von ND – Narodowa Demokracja), verantwortlich waren. Fast täglich erschienen in der rechten Presse neue Attacken auf die politischen Gegner und auf nationale Minderheiten. Rechtsradikale und faschistische Parolen wurden auf Versammlungen und auf der Straße verbreitet; offen antisemitische Exzesse an den Universitäten gehörten zum Alltag. Auch der Klerus hatte sich in seiner überwiegenden Mehrheit dem rechten Flügel angeschlossen und betrieb von den Kanzeln aus nationalistische und antisemitische Propaganda. Hinzu kamen Machtkämpfe innerhalb des Parlaments, häufige Regierungswechsel, soziale Spannungen, die vor allem aus der ethnischen Zusammensetzung der Bevölkerung resultierten, die aus Polen, Litauern, Russen, Ukrainern, Weißrussen, Deutschen und Juden bestand, und eine schwierige wirtschaftliche Situation, von der zunehmenden Bedrohung von außen ganz zu schweigen. Und Piłsudskis Politik der *Sanacja* – einer grundlegenden Reformierung des Landes, die auch eine moralische »Sanierung« der Gesellschaft beinhalten sollte – stieß nicht immer auf Zustimmung, geschweige denn auf Begeisterung, zumal er seine Visionen mit sehr autoritärem Führungsstil durchzusetzen versuchte.

Ist die heutige Situation mit der damaligen vergleichbar? Und selbst wenn nicht – wie geht es mit der polnischen Demokratie weiter, fragen sich all die Unzufriedenen, die sich immer zahlreicher zu Wort melden und die seit Kurzem neu erstarkte Opposition unterstützen. Die Politiker kleineren Kalibers, die eigene Akzente auf Regional- und Kommunalebene setzen, die Anhänger des Komitees zur Verteidigung der Demokratie (KOD), der größten polnischen Protestbewegung, der liberale Flügel der Kirche, die Intellektuellen und Künstler, die Studenten, die Naturschützer und natürlich die zwei sozialen Gruppen, die in den letzten Jahren besonders aktiv geworden sind: die Homosexuellen und die Frauen. Die einen, nicht zuletzt angeregt durch die literarischen Erfolge von zwei schwulen Autoren, Jacek Dehnel und Michał Witkowski, kämpfen immer mutiger um ihre anderswo längst selbstverständlichen Rechte. Die anderen folgten 2007 dem Aufruf der größten Exzentrikerin der polnischen Literatur, Manuela Gretkowska, die eine Bewegung namens »Polen ist weiblich« ins Leben gerufen hatte, gründeten eine Frauenpartei und zogen in den Wahlkampf. Ihr

Wahlergebnis fiel zwar mager aus, doch sie sahen sich erst am Anfang ihres Kampfes, und die Chancen auf Erfolg standen nicht schlecht, zumal sie bald etliche prominente Unterstützerinnen hatten.

Man kann sich sogar ausmalen, dass die Dinge schon in viel früheren Jahrzehnten einen anderen Lauf hätten nehmen können, dass die von Natur aus energischen und zielstrebigen Polinnen gar zur Spitze der europäischen Frauenbewegung aufgestiegen wären, hätten der Zweite Weltkrieg und die kommunistische Ära nicht den Mythos der tapfer-selbstlosen »Mutter Polin« wiederbelebt. Während der Okkupation wurde die Befreiung des Vaterlandes zum Gebot der Stunde, und unter den Kommunisten fiel der Familie, die sich naturgemäß um die Frau versammelte, eine ähnlich integrierende Rolle zu wie während der Teilungen. Die offizielle Propaganda trug zum Status quo bei, indem sie unter Berufung auf den hohen Prozentsatz berufstätiger Frauen die feministischen Ansätze im Keim erstickte, die Kirche verfocht weiterhin ein konservatives Frauenbild, und die Männer – froh darüber, keiner Frauenbewegung im westlichen Sinne gegenüberzustehen – geizten nicht mit galanten Gesten. All das führte dazu, dass die Frauen, die im öffentlichen Leben kaum eine Rolle spielten, dennoch das Gefühl hatten, im Land das Sagen zu haben.

Heute erheben sie ihre Stimme wirklich. Gegen die Männer, die ihre Rechte nicht respektieren. Gegen die Kirche, die in dem viel diskutierten Gender-Konzept etwas Widernatürliches sieht, weil es die Rollen, die für Mann und Frau in der von Gott geschaffenen Ordnung vorgesehen seien, in Frage stelle. Und vor allem gegen die PiS-Regierung, die seit längerer Zeit ein neues Abtreibungsgesetz plant. Als im Frühjahr 2016 erstmals bekannt wurde, dass ein völliges Abtreibungsverbot vorgesehen sei, gingen sofort Tausende Frauen auf die Straße. Sie wollten es nicht hinnehmen, dass ein Gesetz, das ohnehin zu den strengsten in Europa gehört, weil es nur dann den Schwangerschaftsabbruch zulässt, wenn der Fötus schwere Missbildungen aufweist, das Leben der Frau gefährdet oder die Schwangerschaft Folge einer Vergewaltigung ist, noch weiter verschärft wird. Seitdem flammen die weiblichen »schwarzen Proteste« immer wieder auf. Doch damit erschöpfen sich natürlich die emanzipatorischen Aktivitäten der Frauen nicht – mittlerweile sind sie bestens vernetzt, helfen sich gegenseitig, haben eigene Beratungsstellen und Fortbildungskurse, kommen jährlich zu einem Frauenkongress zusammen, auf dem sie über ihre Situation und einiges mehr debattieren, etc.

Und sie fallen immer stärker überall dort auf, wo am energischsten gegen die regierende PiS gekämpft wird. Mal indem sie in der politischen Opposition den Ton angeben – wie Katarzyna Lubnauer, die aktuelle Chefin der »Modernen« , wie sich die Partei der polnischen Liberalen schlicht nennt. Mal indem sie gemeinsam für die Rechte einer benachteiligten Gruppe kämpfen – wie die Mütter von Behinderten, die im Frühjahr 2018 zusammen mit ihren Kindern vierzig Tage lang auf den Fluren des polnischen Parlaments ausharrten, um mehr staatliche Unterstützung für sie zu erhalten. Mal indem sie sich öffentlich den Anordnungen der Regierung widersetzen – wie Małgorzata Gersdorf, Präsidentin des Obersten Gerichts, die wenige Wochen später, trotz Zwangspensionierung mehrerer Richter desselben, zu denen auch sie selbst gehörte, demonstrativ zum Dienst erschien und damit zu einem neuen Symbol des immer wieder aufflammenden Streits um die Justizreform wurde.

Oder sie sind unter den Künstlern zu finden, die in ihren Werken für eine gute Sache kämpfen. Für den Umweltschutz zum Beispiel, der in den letzten Jahren viel stärker ins öffentliche Bewusstsein gerückt ist – vor allem durch den Streit um den Umgang mit dem Urwald von Białowieża, von dem Ryszard Kapuściński schon vor Jahren schrieb, dass dort zwei Mentalitäten aufeinanderprallten. Die Mentalität von Jägern und Sammlern, die in der Natur die Dienerin des Menschen sehen würden, und die von Beschützern der Natur, in deren Augen diese keine Beute, sondern etwas sei, dessen Dasein erst unsere Existenz möglich mache. Oder durch ein Thema, das seit etwa vierzig Jahren die Polen beschäftigt und das 2014, dank des Warschauer Autors Dominik W. Rettinger, der es zum Hintergrund seines politischen Thrillers ›Die Klasse‹ (dt. 2017) machte, wieder aktuell wurde. In den 1970er-Jahren wurden im Nordosten Polens, in der landschaftlich reizvollen Gegend um Suwałki, riesige Lagerstätten von Titan sowie von Vanadium, Eisenerz und einigen weiteren seltenen Rohstoffen entdeckt. Die Meinungen über die Rentabilität ihrer Förderung gingen auseinander, im Endeffekt aber wurde die Ausbeutung der Vorkommen beschlossen; der damalige Parteichef Edward Gierek nahm dafür sogar einen Kredit von 750 Millionen DM in der Bundesrepublik auf. Doch über den Bau einer Siedlung für 20 000 Bergleute, die aus Schlesien kommen sollten, gingen die Arbeiten nicht hinaus. Die Solidarność-Bewegung, die Verhängung des Kriegsrechts (1981) und schließlich der Sturz des Kommunismus machten die Pläne zunichte – zur Freude der zahlreichen Gegner des Projekts, die sowohl damals als auch später die Zerstörung der schönen Seelandschaft befürchteten. Trotzdem kam man auch im neuen Polen noch mehrmals auf das Thema zurück, doch jedes Mal wurde die Realisierung von irgendeiner Instanz verhindert. Und das sorgte wiederum für Spekulationen und Verschwörungstheorien, zumal die Expertenmeinungen bis heute auffallend auseinandergehen. Für die einen liegen die Rohstoffe zu tief und in kleineren Mengen als ursprünglich angenommen, was ihre Förderung unrentabel und für die Umwelt belastend machen würde – die Aktivisten des Umweltschutzprogramms Natura 2000 stimmen ihnen sofort zu. Für die anderen sind die Vorkommen von unschätzbarem Wert und könnten Polen zu enormem Aufschwung und weitgehender wirtschaftlicher Unabhängigkeit verhelfen.

Und heute wird das Thema Umweltschutz auch mal von Künstlerinnen wie Agnieszka Holland aufgegriffen: in ihrem verstörenden Öko-Thriller ›Pokot – Die Spur‹ (2017), als dessen Vorlage Olga Tokarczuks Roman ›Der Gesang der Fledermäuse‹ (2009, dt. 2011) diente. Sie schrieben auch gemeinsam das Drehbuch und erweckten damit die Hauptprotagonistin des Buches, Janina Duszejko – eine ältere, alleinstehende Frau, die in einem Dorf im polnisch-tschechischen Grenzgebiet ein scheinbar unkompliziertes Leben führt und der die Natur sehr am Herzen liegt – zu einem neuen Leben. Ihre Naturverbundenheit äußert sich vor allem in der Liebe zu Tieren, weshalb ihre größten Feinde die Wilderer sind, denen sie, als ihre Hunde plötzlich erschossen werden, einen offenen Krieg erklärt. Als kurz darauf aber einige rätselhafte Todesfälle folgen, entwickelt sie eine eigene, recht gewagte Theorie. Sie behauptet, bei den Verstorbenen handele es sich um Opfer eines mehrfachen Mordes, und bei den Mördern nicht um Menschen, sondern um Tiere. So zeigt auch der Film, ähnlich wie seinerzeit der Roman, die lebensgefährliche Spannung auf, die entstehen kann, wenn sich gegensätzliche Naturen in die Quere kommen, nur bekommt dieses Aufzeigen diesmal eine erstaunliche politische Aktualität. Der ursprünglich als phantastische Szenerie gedachte Streifen sei von der Wirklichkeit eingeholt worden, stellte die Regisseurin selbst in einem Interview fest, er spiegele die Spaltung der polnischen Gesellschaft: autoritärer Machismo versus Frauenrechte und Umweltschutz.

Es ist viel Bewegung im Land, und die aktuellen Umfragen deuten darauf hin, dass die nächsten Parlamentswahlen (2019) die politische Szene Polens erneut radikal verändern könnten. Vielleicht hat also der Warschauer Publizist Marek Beylin recht, wenn er jetzt schon Szenarien für die Nach-Kaczyński-Zeit entwirft und in den aktuellen Ereignissen eine schmerzhafte Feuerprobe sieht, aus der die polnische Gesellschaft gestärkt hervorgehen werde. Als eine neue Zivilgesellschaft, die sich auch mit der Demokratie aus der Zeit davor nicht mehr begnügen, sondern nach einer anderen, besseren verlangen werde? Wer weiß. Im Moment sind die politischen Hauptakteure noch da, ihre Anhänger und ihre Gegner stehen sich genauso unversöhnlich gegenüber wie in den letzten drei Jahren. Auch glauben nicht alle, die auf die Erfüllung von Beylins Prognose hoffen, dass dies so bald geschehen könnte. Trotzdem haben sich manche gewiss schon den Ratschlag des polnischamerikanischen Börsenspekulanten Zenon Komar gemerkt, dessen Bücher in Polen Kultcharakter haben und der neulich in einem Interview allen Spielern empfahl, sich nicht gleich von den ersten Misserfolgen entmutigen zu lassen und immer an den berühmten Satz von Mahatma Gandhi zu denken: »Zuerst ignorieren sie dich, dann lachen sie über dich, dann bekämpfen sie dich und dann gewinnst du.« Der schnell hinzugefügte kurze Satz »dies zur Stärkung der Herzen« – ein Motto, das Henryk Sienkiewicz einer vielgelesenen historischen Romantrilogie voranstellte – ließ ahnen, dass er nicht allein die Börse im Sinn hatte.

Anmerkungen

DIE KLUFT

1 Renata Kim: Joanna Szczepkowska: »PiS tworzy nową formę komunizmu«, in: Newsweek Polska, 1.1.2018.
2 Łukasz Pawłowski / Tomasz Sawczuk: Nastał czas bezkrólewia. Rozmowa z Robertem Krasowskim, in: Kultura Liberalna, 27.10.2015.
3 Stefan Chwin: Ein deutsches Tagebuch. Hg. v. G. Krystyna Turkowska-Chwin, Marta Kijowska. Aus dem Polnischen v. Marta Kijowska, edtion.fotoTAPETA, Berlin 2015, S. 61.
4 Günter Verheugen: Persönlichkeiten, in: Mein Polen – meine Polen. Zugänge & Sichtweisen. Hg. v. Dieter Bingen, Marek Hałub, Matthias Weber, Verlag Harassowitz, Wiesbaden 2016, S. 280.
5 Aleksandra Pawlicka: Norman Davies: »Takich ludzi jak Jarosław Kaczyński marszałek Piłsudski wsadzałby do więzienia«, in: Newsweek Polska, 16.1.2017.
6 Beitrag in der Tagesschau vom 13.12.2015.
7 Michał Danielewski: Sondaż w Wyborczej i TOK FM. Opozycja broni miast, PiS w defensywie, in: Gazeta Wyborcza, 24.11.2017.
8 Stefan Chwin: Władza sześciu milionów, in: Polityka, 4.7.2017.
9 Mariusz Sepioło: W ogródku z Matką Boską, www.wiadomosci.gazeta.pl, 20.10.2017.
10 Hans-Günther Thiele: Wir sind weltlicher, als wir geglaubt haben. Gespräch mit dem polnischen Schriftsteller Andrzej Szczypiorski über Katholizismus und Kommunismus, Philosophie und Politik, in: Weser Kurier, 9.6.1997.
11 Aleksandra Pawlicka: ›Dyktatura ignorancji‹, in: Neewsweek Polska, 3.7.2017.
12 Ebd.
13 Ryszard Makowski: Stan wojenny podzielił Polaków i ten podział trwa do dzisiaj, www.wpolityce.pl, 14.12.2017.
14 Patrycja Wieczorkiewicz: Obchody 36. rocznicy wprowadzenia stanu wojennego. Jarosław Kaczyński: »Rany wtedy zadane nie są do końca zagojone«, in: Gazeta Wyborcza, 13.12.2017.

15 Magda Ruta: Małgorzata Niezabitowska opowiada młodzieży o stanie wojennym, in: Gazeta Wyborcza, 13.12.2017.

16 Aleksandra Kaniewska: Polska mała apokalipsa. Wnuk-Lipiński o największej chorobie Polaków – wzajemnej nieufności, in: Polityka, 20.2.2014.

17 Katharina Schmidt: Die EU zu verlassen wäre das Schlimmste, was Polen passieren könnte. Was junge Polen über ihre Regierung denken, www.bento.de, 27.7.2017.

18 Jarosław Marek Rymkiewicz: Nie mam ani kropli polskiej krwi, in: Dziennik, 9.11.2017.

19 Artur Międzyrzecki: Nervenkrieg. Aus dem Polnischen v. Karl Dedecius, in: Deutsch-polnische Ansichten zur Literatur und Kultur. Hg. v. Deutschen Polen-Institut, Darmstadt 1990, S. 107.

DAS HÄSSLICHE SPIEGELBILD

1 Matthias Kneip: 111 Gründe, Polen zu lieben. Eine Liebeserklärung an das schönste Land der Welt, Schwarzkopf & Schwarzkopf Verlag, Berlin 2015.

2 Maria Dąbrowska: Tagebücher 1914–1965. Ausgewählt u. hg. v. Tadeusz Drewnowski. Aus dem Polnischen v. Klaus Staemmler, Suhrkamp Verlag, Frankfurt am Main 1989, S. 268f.

3 Witold Gombrowicz: Tagebuch 1953–1969. Gesammelte Werke, Bd. 6–8. Aus dem Polnischen v. Olaf Kühl, Carl Hanser Verlag, München 1988, S. 397.

4 Ebd., S. 398.

5 Andrzej Szczypiorski: Grzechy, cnoty, pragnienia. Wydawnictwo Sens, Posen 1997, S. 84.

6 Ebd., S. 93f.

7 Ryszard Kapuściński: Notizen eines Weltbürgers. Aus dem Polnischen v. Martin Pollack, Eichborn Verlag, Frankfurt am Main, Berlin 2007, S. 199.

8 Tadeusz Konwicki: Kompleks polski, Index of Cencorship, London 1977, S. 86.

9 Paweł Smoleński: Mlodzież jaka jest, in: P. S.: Pokolenie kryzysu, Instytut Literacki, Paris 1989, S. 9.

10 Ebd., S. 10.

11 Ebd., S. 11.

12 Gustaw Herling: Tagebuch bei Nacht geschrieben. Ausgewählt u. aus dem Polnischen übersetzt v. Nina Kozlowski, Carl Hanser Verlag, München, Wien 2000, S. 314.

13 Ebd., S. 315.

14 Jacek Cieślak: Błazeństwa końca wieku. Wywiad z Januszem Głowackim, in: Rzeczpospolita, 15.8.1999.

15 Janusz Głowacki: Przyszłem, czyli jak pisałem scenariusz o Lechu Wałęsie dla Andrzeja Wajdy. Świat Książki, Warschau 2013, S. 42.

16 Stefan Chwin: Ein deutsches Tagebuch, a. a. O., S 239.

17 Steffen Möller: Viva Polonia. Als deutscher Gastarbeiter in Polen. Scherz Verlag, Frankfurt am Main 2008, S. 61.

18 Ebd., S. 62.

19 Ebd., S. 63

20 Ebd., S. 64.

21 Tadeusz Konwicki: Kompleks polski, a. a. O., S. 79.

SMOLENSK

1 Zbigniew Herbert: Knöpfe, Übersetzung Klaus Staemmler, in Z. H.: Herrn Cogitos Vermächtnis. 89 Gedichte. Aus dem Polnischen v. Karl Dedecius, Oskar Jan Tauschinski u. K. S., Suhrkamp Verlag, Frankfurt am Main, 2000, S. 26.

2 Volkskommissariat für Staatssicherheit.

3 Kazimierz Brandys: Nierzeczywistość. Verba, Chotomów 1989, S. 90 f.

4 Marta Kijowska: Polnisches Trauma: Andrzej Wajda und sein Film Katyn, in: Das Kulturjournal, Bayerischer Rundfunk, 10.2.2008.

5 Ebd.

6 Thomas Urban: Katyn 1940. Geschichte eines Verbrechens. Verlag C.H. Beck, München 2015, S. 13.

7 Marta Kijowska: Trauer und Verlust. Ein Gespräch mit der großen polnischen Intellektuellen Maria Janion, in: Das Kulturjournal, Bayerischer Rundfunk, 4.10.2014.

8 Donata Subbotko: Cudowny kraj ta Polska! Rozmowa z Józefem Henem, in: Gazeta Wyborcza, 26.4.2013.

9 Sylwester Latkowski: Huelle: »Smoleńsk? Polska niekompetencja«, in: Wprost, 15.1.2014.

10 Renata Radłowska: Polska wolna od głupich. Maria Nurowska bierze się za polityków, in: Gazeta Wyborcza, 24.4.2017.

11 Czesław Miłosz: Który skrzywdziłeś, in C. M.: Wiersze. Bd. 1, Wydawnictwo Literackie, Kraków 1987, S. 261.

12 Joanna Weyna-Szczepańska: Maria Nurowska odważnie o dobrej
zmianie, www.kobieta.wp.pl, 11.4.2017.

13 Czesław Miłosz: Który skrzywdziłeś, a. a. O.

14 Mn: Sariusz-Skąpska: »Marzę, żeby zakończyła się koszmarna gra ws.
Smoleńska«, www.mf24.pl, 8.10.2017.

PATRIOTEN

1 Stefan Chwin: Die Schleuse, in S. Ch.: Ein deutsches Tagebuch,
a. a. O., S. 93f.

2 Ebd., S. 94f.

3 Aleksander Janta-Połczyński: Cmentarze powstanców, in A. J.-P.:
Wracam z Polski, Instytut Książki, Warschau 2013, S. 17f.

4 Gustaw Herling: Tagebuch bei Nacht geschrieben, a. a. O., S. 423f.

5 Ludwik Hering: Spuren. Drei Erzählungen. Aus dem Polnischen u.
mit Anmerkungen versehen v. Lothar Quinkenstein, edition.fotoTA-
PETA, Berlin 2016, S. 90.

6 Tomasz Stefanek: Die Botschaft der Freiheit über alles Trennende hinweg. Über die polnische Erinnerungspolitik. Aus dem Polnischen v.
Ulrich Heiße, in: Jahrbuch Polen 2017. Bd. 28 / Politik, hg. v. Deutschen Polen-Institut Darmstadt, Harrassowitz Verlag, Wiesbaden 2017,
S. 50.

7 Bohdan Budrynowycz: Polska i problem ukraiński w latach 1921–
1929, in: Zeszyty Historyczne, 1983, Nr. 66.

8 Lech M. Nijakowski: Die polnische Erinnerungspolitik. Aus dem Polnischen v. Jan Conrad, in: Jahrbuch Polen 2017, a. a. O., S. 40.

9 Radek Sikorski: Das polnische Haus. Die Geschichte meines Landes.
Aus dem Englischen v. Anne Middelhoek, Europäische Verlagsanstalt,
Hamburg 2000, S. 14.

10 Maria Dąbrowska: Tagebücher 1914–1965, a. a. O., S. 218.

11 Monika Żeromska: Wspomnień ciąg dalszy. Czytelnik, Warschau 1994,
S. 258.

IM EWIGEN CLINCH

1 Józef Conrad-Korzeniowski: Zbrodnia rozbiorów, in: Kultura, 1948, Nr. 6, S. 65f.

2 Ebd.

3 Michael Lange: Steffen Möller: »Deutsche sind für Polen geizig«, in: Neue Presse, 2.12.2015.

4 Günter Verheugen: Persönlichkeiten, a. a. O., S. 279f.

5 Ebd.

6 Agata Łoskot-Strachota: The case against Nord Stream 2; zitiert nach Piotr Buras: Die Europäisierung. Polens Kollisionskurs in der EU. Aus dem Englischen v. Dagmar Engel u. Andreas Rostek, in: Polska first. Über die polnische Krise. Hg. v. Andreas Rostek, edition.fotoTA PETA, Berlin 2017, S. 142.

7 MJ: Kaczyński dla Gazety Polskiej: »Wszystko, co powiedziałem, jest prawdą«, in: Newsweek Polska, 8.9.2010.

8 Maybrit Illner, ZDF, 3.11.2017.

9 KNA: Ein großes Hoffnungszeichen. ZdK dankt polnischen Bischöfen, www.domradio.de, 16.9.2017.

10 PAP: Czy Niemcy zapłacą Polsce reparacje wojenne w kwocie 850 mld dolarów?, www.salon24.pl, 18.3.2018.

11 Ryszard Kapuściński: Die Welt im Notizbuch. Aus dem Polnischen v. Martin Pollack, Eichborn Verlag, Frankfurt am Main 2000, S. 329 f.

12 Ebd. S. 323f.

13 Ebd., S. 324.

14 Gustaw Herling: Tagebuch bei Nacht geschrieben, a. a. O., S. 415.

15 Maciej Stasiński: Niemcy. Nienawidzimy i zazdrościmy, in: Gazeta Wyborcza, 5.11.2016.

16 Ivo Mijnssen: Polen demontiert seine Sowjet-Vergangenheit, in: NZZ, 29.6.2016.

17 Dorota Wysocka-Schnepf: Anne Applebaum: »Polacy, Rosja wyciąga was z Europy. Naprawdę tego nie widzicie?«, in: Gazeta Wyborcza, 3.3. 2018.

18 Ebd.

19 MS: Jan Olszewski krytykuje ustawę o IPN: »Coś pomiędzy obsesją, a dywersją«, in: Newsweek Polska, 26.2.2018.

20 Ziemowit Szczerek: ›Mordor kommt und frisst uns auf‹. Aus dem Polnischen v. Thomas Weiler, Verlag Voland & Quist, Dresden, Leipzig 2017, S. 105.

21 Ebd., S. 42.

22 Stanislaw Jerzy Lec: Alle unfrisierten Gedanken. Hg. u. übersetzt v. Karl Dedecius, Carl Hanser Verlag, München, Wien 1982, S. 45.

DER FREMDE

1 Joanna Pluta: W Turcji prowadzi obozy dla uchodźców. Niesienie pomocy humanitarnej to jego życie: Marek Rafael Nowakowski, www.bydgoszcz.naszemiasto.pl, 6.6.2017.

2 Ebd.

3 Ernst-Ludwig von Aster u. Anja Schrumm: Polen und seine Flüchtlinge. Sicherheit statt Freiheit, DLF Kultur, 12.4.2017.

4 Henryk Dasko: Dworzec Gdański. Historia niedokończona. Wydawnictwo Literackie, Krakau 2008, S. 108.

5 Agaton Koziński: W Polsce wciąż jest zakorzeniony strach przed innością. Wywiad ze Zdzisławem Najderem, www.polskatimes.pl, 5.9.2016.

6 Ebd.

7 Mirosław Pęczak: Sami swojscy, in: Polityka, 3.3.2011.

8 Martin Pollack: Kaiser von Amerika. Die große Flucht aus Galizien, Paul Zsolnay Verlag, Wien 2010, S. 96.

9 Slawomir Mrożek: Emigranten und andere Stücke. Aus dem Polnischen v. Christa Vogel, Diogenes Verlag, Zürich 1997, S. 37.

10 Andrzej Szczytko am 9.5.2017 über Janusz Głowackis ›Antigone in New York‹; eine Äußerung des Regisseurs im Rahmen der Vorstellungsbeschreibung im Lodzer Teatr Nowy, www.nowy.pl.

11 Emilia Smechowski: Die unsichtbaren Polen. Ich bin wer, den du nicht siehst, in: die tageszeitung, 22.6.2015.

12 Donata Subbotko: Emigrant jest osobą marginalną i taką pozostaje. Wywiad z Ireną Grudzińską-Gross, in: Gazeta Wyborcza, 14.3.2018.

13 Krzysztof Janoś: Rząd przekonuje, że jesteśmy europejskim liderem w pomocy dla uchodźców. Liczby mówią co innego, www.money.pl, 2.1.2018.

14 Piotr Olejarczyk: Prezydent Adamowicz: »Pomoc uchodźcom to nasz moralny obowiązek«, www.trojmiasto.onet.pl, 19.6.2017.

15 Polnische Presseagentur (PAP): Karnowski: »Wciąż próbuję sprowadzić do Sopotu syryjskich uchodźców«, www.dziennik.pl, 2.1.2018.

16 Krzysztof Ogiolda: Ks. Arnold Drechsler: »Kościół musi zmierzyć się

z fobiami części wiernych i pomóc uchodźcom«, in: Gazeta Pomorska, 15.6.2016.

NACHBARN

1 Leszek Kołakowski, Zbigniew Mentzel: Czas ciekawy, czas niespokojny. Znak, Krakau 2007, S. 248.
2 Wiktor Tomir Drymmer: Zagadnienia żydowskie w Polsce w latach 1935–1939. Wspomnienie z pracy w Ministerstwie Spraw Zagranicznych, in: Zeszyty Historyczne, 1968, Nr. 13, S. 59.
3 Jan Józef Lipski: Zwei Vaterländer – zwei Patriotismen. Bemerkungen zum nationalen Größenwahn und zur Xenophobie der Polen. Übersetzung N. N., www.europa.clio-online.de / Themenportal Europäische Geschichte.
4 Jan T. Gross: Die Osteuropäer haben kein Schamgefühl, in: Die Welt, 13.9.2015.
5 Ebd.
6 Leszek Kołakowski, Zbigniew Mentzel: Czas ciekawy, a. a. O., S. 98.
7 Jan T. Gross: Nachbarn. Der Mord an den Juden von Jedwabne. Aus dem Englischen v. Friedrich Griese. Mit einem Vorwort v. Adam Michnik, Verlag C.H. Beck, München 2001, S. 122.
8 Dariusz Stola: Israel ist auch ein Erbe Polens. Der Direktor des Museums für die Geschichte der polnischen Juden im Gespräch mit Marta Kijowska, in: FAZ, 29.10.2014.
9 Henryk Dasko, Dworzec Gdański, a. a. O., S. 109.
10 Dariusz Stola: Israel ist auch ein Erbe Polens, a. a. O.
11 Ebd.
12 Międzynarodowa Konferencja Pamięć i nadzieja, www.radiomaryja. pl, 26.11.2017.
13 Ebd.
14 Adam Leszczyński: O. Rydzyk i PiS: »Polacy masowo pomagali Żydom w czasie wojny«. Jak było naprawdę? Pytamy ekspertkę, www.OKO.press, 30.11.2017.
15 Jacek Tomczuk: Pogromy Żydów: Łopatą, sztachetą, kijem. Wywiad z Mirosławem Tryczykiem, autorem książki ›Miasta śmierci. Sąsiedzkie pogromy Żydów‹, in: Newsweek Polska, 10.7.2017.
16 Ebd.
17 N. N.: Apel ws. ustawy o IPN. »Dlaczego dyskusja o faktach history-

cznych ma się toczyć w asyście ·prokuratury?«, www.tokfm.pl, 31.1.2018.

18 Donald Tusk: Twitter-Eintrag vom 1.2.2018.

DIE REIFEPRÜFUNG

1 Antoni Libera: Madame. Aus dem Polnischen v. Karin Wolff, dtv, München 2000, S. 7.

2 Marta Kijowska: Trauer und Verlust, a. a. O.

3 Piotr Buras: Polen und Europa (Teil des Dossiers ›Neue EU-Skepsis‹), in: Aus Politik und Zeitgeschichte, 2.3.2018.

4 Katharina Schmidt: Die EU zu verlassen wäre das Schlimmste, was Polen passieren könnte, a. a. O.

5 Maciej Wierzyński: Jan Karski – Emisariusz własnymi słowami. Zapis rozmów przeprowadzonych w latach 1995–1997 w Waszyngtonie, emitowanych w Głosie Ameryki. PIW, Warschau 2012, S. 135.

DER PROTEST

1 Pod Pałacem Kultury i Nauki w Warszawie podpalił się człowiek. W ten sposób zaprotestował przeciwko działaniom PiS i Jarosława Kaczyńskiego. Zostawił poniższy list, Facebook, 19.10.2017.

2 Tadeusz Konwicki: Die polnische Apokalypse. Aus dem Polnischen v. Gabriele Hanussek, S. Fischer Verlag, Frankfurt am Main 1982, S. 6.

3 Ebd., S. 278.

4 Maciej Drygas: Usłyszcie mój krzyk, PL 1991.

5 Ks. Boniecki żegna Piotra Szczęsnego: Testament Piotra jest krzykiem niepokoju, bezradności, protestu, in: Gazeta Wyborcza, 14.11.2017.

6 Agnieszka Holland: Ogień niszczy, ale też oświetla. Jak gniew, www. OKO.press, 22.10.2017.

7 Ebd.

8 Jacek Tomczuk: Krystian Lupa: »Czuję się tutaj chory«, in: Newsweek Polska, 7.12.2015.

9 Agnieszka Kublik: Holland: »Kłamstwo w narodowym sztandarze«, in: Gazeta Wyborcza, 30.12.2015.

10 Sösi: Ein neues Polen, in: FAZ, 10.11.2016.